Hans und Doris Maresch

Berlins und Brandenburgs

Schlösser, Burgen & Herrenhäuser

Husum

Umschlaggestaltung unter Verwendung von Motiven aus dem Buch
Alle Aufnahmen stammen vom Autor Hans Maresch.

Bibliografische Information der Deutschen Nationalbibliothek

Die Deutsche Nationalbibliothek verzeichnet diese Publikation in der Deutschen Nationalbibliografie; detaillierte bibliografische Daten sind im Internet über http://dnb.d-nb.de abrufbar.

Abbildungsnachweis

Stiftung Preußische Schlösser und Gärten Berlin-Brandenburg/Maresch
S. 14–15, 21, 27–28, 37–38, 60, 65, 135, 179–181, 191–197, 209–210, 215

Gesamtherstellung: Husum Druck- und Verlagsgesellschaft
Postfach 1480, D-25804 Husum – www. verlagsgruppe.de

ISBN 978-3-89876-646-3

Inhaltsverzeichnis

Vorwort

Im Laufe der Geschichte entstanden in Berlin und Brandenburg Hunderte von Burgen, Schlösser sowie Guts- und Herrenhäuser, deren Historie es im vorliegenden Band zu erforschen gilt. Oft von Gärten oder Parkanlagen umgeben, bieten sie zusammen mit ihrer romantischen Umgebung dem Besucher einen unvergesslichen Anblick. Viele ehemals reizvolle Schlösser und Herrenhäuser findet man heute im zerfallenen, recht maroden Zustand, während andere im neuen Glanz erstrahlen. Nach der Wiedervereinigung Deutschlands gab es über viele Jahre ungeklärte Besitzverhältnisse. Rückübertragungen bzw. Rückkauf einstigen Eigentums wurden den Nachfahren zum Teil gewährt, zum Teil abschlägig beschieden, was auch am Zustand einzelner Gebäude erkennbar ist. Die Stiftung Preußische Schlösser und Gärten Berlin-Brandenburg hat schon Immenses für in ihrer Obhut befindliche Objekte geleistet, ebenso die Deutsche Stiftung Denkmalschutz und die Brandenburgische Schlösser GmbH. Aber auch Privatinvestoren haben ehemalige Adelssitze der Historie angepasst in Hotels, Alten- und Pflegeheime, privat oder anderweitig umgenutzt, durch Umbau vor dem Verfall gerettet. Aufgrund ihrer Pracht erscheinen manche Herrenhäuser wie Schlösser und werden gern als solche bezeichnet, andere sind in ihrem Äußeren eher bescheiden. Beim Besuch von Schlössern und Herrenhäusern, die sich im Privatbesitz befinden und keine öffentlichen Einrichtungen beherbergen, bitten wir darum, diese im respektvollen Abstand zu betrachten, ohne die Privatsphäre zu stören.

Fast 300 der schönsten und interessantesten Burgen, Schlösser und Herrensitze, teils der Öffentlichkeit zugänglich, stellen wir in diesem Band vor. Alle diese Bauwerke im Land wurden von uns aufgesucht, fotografiert und es wurde wenn möglich an Ort und Stelle zur Geschichte recherchiert. Bei Ihren Aufenthalten in Berlin und Brandenburg soll Ihnen dieses Buch ein nützlicher Reisebegleiter sein. Zu Beginn der Beschreibung der einzelnen Objekte geben wir jeweils einen kurzen Lagehinweis und einen knappen historischen Abriss. Die Bauwerke haben wir den Ortschaften zugeordnet, in oder bei denen sie sich befinden. Dem schließen sich die Gemeindeverwaltungsorte oder Städte sowie die Landkreise und eine Piktogrammleiste an. Letztere verweist, schnell erfassbar, auf mögliche Veranstaltungen beziehungsweise Einrichtungen wie Museen, Hotels, Gastronomie und weitere Besonderheiten vor Ort. Das Objektregister im Anhang gewährt ein schnelles Auffinden gesuchter Bauwerke. Auf die Angabe von Telefonverbindungen wurde wegen der häufigen Änderungen der Rufnummern verzichtet, ebenso auf die Nennung der Öffnungszeiten der Museen oder anderer Einrichtungen. Zur Baugeschichte haben wir uns an Georg Dehio, Handbuch der Deutschen Kunstdenkmäler Berlins und Brandenburgs angelehnt. Wir weisen darauf hin, dass diese Objekte im Laufe der Zeit Veränderungen unterliegen können. Demzufolge kann keine Gewähr für die Vollständigkeit und Aktualität seit der persönlichen Inaugenscheinnahme und über das Erscheinungsjahr des Reiseführers hinaus erfolgen.

Besonderen Dank sagen wir den Mitarbeitern der Touristinformationen, Hotel- und Museumsmitarbeitern sowie den Schloss-, Guts- und Herrenhausbesitzern, die uns aktiv, umfassend und freundlich bei den Recherchen zum Buch unterstützten. Dank auch den Mitarbeitern der Deutschen Burgenvereinigung e. V. in Braubach am Rhein, deren langjährige Mitglieder wir sind und die immer ein Plätzchen zur Veröffentlichung unserer Bücher in der Fachzeitschrift finden. Schließlich ein großes Dankeschön an die Mitarbeiter der Verlagsgruppe Husum, die auf dem Arbeitsweg bis zur Ausgabe stets einen schönen, handlichen Reiseführer gestalten.

Wir wünschen Ihnen viel Freude beim Besuch der Burgen, Schlösser und Herrenhäuser Berlins und des Bundeslandes Brandenburg.

Berlin, Hauptstadt der Bundesrepublik Deutschland

Berlin ist nicht nur die größte Stadt Deutschlands und Hauptstadt der Bundesrepublik, sie hat auch ihren gut 3,5 Millionen Einwohnern einen reichen Fundus an architektonischen und kulturellen Besonderheiten zu bieten. Die gewaltige Stadt entstand vor allem durch die Eingemeindung der sieben umliegenden Städte Charlottenburg, Spandau, Wilmersdorf, Schöneberg, Neukölln, Köpenick und Lichtenberg 1920, denen 59 Landgemeinden und 27 Gutsbezirke folgten, worauf Groß-Berlin entstand. Im Ergebnis des Zweiten Weltkrieges war Berlin bis 1990 eine in Ost- und West-Berlin gespaltene Stadt. Die einstige Reichshauptstadt erhielt mit diesem Jahr wieder ihren Hauptstadt-Status und wurde 1991 als Regierungssitz bestätigt. Heute besteht die Metropole aus 12 Bezirken. Das Aussehen der Stadt wurde durch die preußischen Könige und ihre Baumeister geformt. Ein großer Teil der Berliner Architektur wurde im Zweiten Weltkrieg zerstört, wie das große Stadtschloss, das später abgerissen wurde. Ein Wiederaufbau ist geplant. Das Schloss Bellevue, seit 1959 Sitz des Bundespräsidenten, Schloss Charlottenburg, Schloss Köpenick, die Zitadelle Spandau und einige kleinere Bauten zählen heute zu den Sehenswürdigkeiten Berlins. Zahlreiche Neubauten der DDR-Zeit veränderten nachhaltig das architektonische Bild des Berliner Ostteils und doch zählt die Stadt zu den meist besuchten Großstädten der Welt. Kultur, Kunst und Wissenschaft werden großgeschrieben. Zahlreiche bedeutende Museen und viele Seen sowie zwei Tiergärten locken Wissbegierige und Erholungsuchende in die Metropole. Die historische Entwicklung entstand vor allem durch die Zusammenlegung des 1244 erstmals erwähnten Ortes Berlin und des 1237 genannten Cölln zur Doppelstadt. Diese war 1308 führend im Märkischen Städtebund und wurde später Hansemitglied. Unter Kurfürst Johann Cicero war Berlin im 15. Jahrhundert ständige Residenz und Hauptstadt von Kur-Brandenburg. Unter dem Großen Kurfürsten Friedrich Wilhelm I. erlebte die Stadt ihre Blütezeit durch die beginnende Industrialisierung. Im Jahre 1709 ließ dieser Cölln endgültig mit Berlin vereinigen. Unter König Friedrich Wilhelm I. und Friedrich dem Großen wurden die Akademien der Künste 1696, der Wissenschaften 1700 und die Universität 1810 gegründet. Ein geistig-kulturelles Zentrum war entstanden. Von 1871 bis 1945 war Berlin die Hauptstadt des Deutschen Reiches. 1948 kam es zur politischen und administrativen Spaltung der Stadt, die 1961 mit einer Mauer durch Berlin zementiert wurde und in der Folge nachweislich 136 Grenztote forderte. Auch das, wenn auch eine traurige Geschichte, gehört zu Berlin. Heute ist die Hauptstadtmetropole eine offene und moderne Stadt und jederzeit eine Reise wert.

Das Bundesland Brandenburg

Brandenburgs Landschaft ist geprägt durch die sandige Norddeutsche Tiefebene mit ihren Tälern der Elbe und Havel im Westen und denen der Oder und Neiße im Osten. Einen weiteren geografischen Bereich bilden der Fläming und das Lausitzer Gebiet im Süden bis hin zum Baltischen Landrücken im Norden. Karl der Große fiel bereits 789 und 812 in das Gebiet ein, in dem die Sorben im Süden, im Zentrum die Wilzen und Heveller und im Norden die Obotriten (alle Westslawen) lebten. Karl dem Großen ging es um Gebietsaneignung und Kaiser Otto I. später um die Christianisierung. Der Beginn einer neuen deutschen Ostbesiedelung begann 1134 unter Kaiser Lothar, dem ehemaligen Herzog von Syplinburg mit der Belehnung Albrechts des Bären, des Grafen von Ballenstedt, mit der Altmark. Diese fiel 1323 bis 1373 an die Wittelsbacher und 1373 bis 1415 an die Luxemburger. Im Dreißigjährigen Krieg 1618 bis 1648 verwüsteten Truppen Wallensteins und der Schweden das Land. Die stark dezimierte männliche Bevölkerung war durch einwandernde, aus ihrer Heimat vertriebene französische Hugenotten, durch Schweizer, Pfälzer, Holländer, Friesen, Sachsen und Pommern ausgeglichen. Im Jahre 1701 gründete man in Königsberg das Königreich Preußen. Potsdam wurde 1713 unter dem Soldatenkönig Friedrich Wilhelm I. von Preußen Garnisonstadt. Preußen wurde 1947 aufgelöst und 1949 einer der fünf Bezirke in Ostdeutschland. Zu den besonderen historischen Bauwerken Brandenburgs zählen heute zahlreiche Schlösser, so das weltbekannte Sanssouci. Aber auch weitere Herrensitze und Rathäuser, Museen und Theater, von denen viele nach der Wiedervereinigung restauriert wurden und sich heute strahlender denn je dem Besucher präsentieren. Zahlreiche Seen bieten einen Ort der Erholung oder des Sports. Ein Besuch des Landes wird stets in positiver Erinnerung bleiben.

Die Piktogramme bedeuten

 Herrenhaus

 Burg

 Burgruine

 Schloss

 Schlossruine

 Museum

 Park, Garten

 Übernachtungsmöglichkeit

 Gaststätte, Café, Imbiss

 Veranstaltungen, Konzerte, Ausstellungen, Tagungen

Schlösser, Burgen & Herrenhäuser von A–Z

Berlin

Schloss Charlottenburg

14059 Berlin-Charlottenburg
Bezirk Charlottenburg-Wilmersdorf

Die prächtige Schlossanlage, einstige Hohenzollernresidenz, entstand im Auftrag von Kurfürst Friedrich III., dem späteren König Friedrich I., für die Kurfürstin Sophie Charlotte als Lustschloss und Sommersitz. Es zeigt eindrucksvoll die höfische Kultur vom Barock bis in das 20. Jahrhundert hinein und birgt eine der größten Sammlungen französischer Malerei des 18. Jahrhunderts in den prachtvollen Räumlichkeiten. Das Corps de Logis entwarf Johann Arnold Nering, es wurde von 1695 bis 1699 durch Martin Grünberg errichtet. Johann Friedrich Eosander erweiterte die Anlage zum Dreiflügelbau und es kamen 1702 bis 1713 ein Turm mit vergoldeter Fortuna, eine Kapelle und die Orangerie hinzu. Georg Wenzelslaus von Knobelsdorff fügte von 1740 bis 1746 einen neuen Flügel

Schloss Charlottenburg

Schloss Charlottenburg, Orangerie

östlich der Orangerie an. Carl Gotthard Langhans verlängerte 1787 bis 1791 den Orangerie-Trakt durch einen Theaterbau. Im Jahre 1926 stimmte im Exil Kaiser Wilhelm II. der Öffnung des Schlosses als Museum zu. Während des Zweiten Weltkrieges wurde die Anlage schwer beschädigt, wobei große Teile der Bauten ausbrannten. Von 1956 bis 1970 stellte man die ruinöse Anlage unter der Leitung von Margarete Kühn wieder her. Das Schlossmuseum zeigt heute historische Räume im Kernbau und Neuem Flügel. Im Ehrenhofflügel befindet sich der Sitz der Verwaltung der Staatlichen Schlösser und Gärten Berlins. Sehenswert sind der Konzertsaal und die Eosanderkapelle sowie die Paradekammern Sophie Charlottes und Friedrichs I. mit Porzellankabinett und Wohnräumen Friedrichs des Großen. Der Barockgarten nach Plänen von Siméon Godeau sowie der später von Johann A. Eyserbeck und Peter Joseph Lenné gestaltete Landschaftsgarten bilden eines der bedeutendsten

Schloss Charlottenburg, Belvedere

Gartendenkmale Deutschlands. Das im Schlossgarten gelegene und von König Friedrich Wilhelm II. in Auftrag gegebene Belvedere wurde 1788 von Carl Gotthard Langhans als Aussichtspavillon erbaut. Es beherbergt eine Porzellansammlung zur Geschichte der Königlichen Porzellanmanufaktur Berlin (KPM). In der großen Orangerie werden zu besonderen Anlässen Konzerte gegeben. Die Objekte unterliegen der Betreuung der Stiftung Preußische Schlösser und Gärten Berlin-Brandenburg.

Jagdschloss Grunewald

14193 Berlin-Dahlem

Bezirk Steglitz-Zehlendorf

Dieser älteste erhaltene Schlossbau Berlins des hohenzollerschen Fürstengeschlechts steht am südöstlichen Ufer des Grunewaldsees. Er wurde 1542/43 wahrscheinlich nach Plänen des Baumeisters Caspar Theiss errichtet. In Auftrag gegeben wurde der Frührenaissancebau vom brandenburgischen Kurfürsten Joachim II. Hector und trug zuerst den Namen „Zum grünen Wald“. Die Bezeichnung Grunewald bekam das Schloss erst um 1800. Umbauten erfolgten am Objekt in der Zeit von 1705 bis 1708 unter dem ersten Preußenkönig Friedrich I. Der Hofbaumeister Martin Grünberg fügte Elemente des Barock hinzu. Als die Parforcejagden gegen Ende des 19. Jahrhunderts immer häufiger in die Parforceheide und zum Jagdschloss Stern verlegt wurden, war 1907 schließlich der Grunewald für die Hofjagd aufgegeben worden. Zwischen 1901 und 1908 ließ Kaiser Wilhelm II. das Schloss durch Dachinstandsetzungen und Einbringen von Bädern und Toiletten im Obergeschoss modernisieren. Im Jahre 1926 wurde der Besitz enteignet, das Jagdschloss kam in staatliches Eigentum, worauf es ab 1932 als Museum genutzt wurde. Verwaltet und gepflegt wird die Anlage von der Stiftung Preußische Schlösser und Gärten Berlin-Brandenburg. Hier befinden sich heute Möbel des 17. bis 19. Jahrhunderts sowie eine große Anzahl von Gemälden. So auch von Lucas Cranach d. Ä.

Jagdschloss Grunewald, Dahlem

Schloss Friedrichsfelde

und seinem Sohn sowie Werke der niederländischen und deutschen Malerei des 15. bis 19. Jahrhunderts. Es ist der einzige Schlosssaal der Renaissance in Berlin. Im ehemaligen Jagdzeugmagazin Friedrichs des Großen findet man seit 1977 eine Jagdzeugsammlung, vorwiegend mit Handfeuerwaffen des 16. bis 18. Jahrhunderts sowie Hirsch-, Damwild-, Rehbock- und Elchtrophäen. Das Jagdschloss diente 1967 als Filmkulisse für Edgar-Wallace-Verfilmungen sowie für weitere Filme. Nachdem die Anlage drei Jahre aufwendig saniert wurde, ist sie seit 2010 der Öffentlichkeit wieder zugänglich. Ein schöner historischer Restaurantbau befindet sich auf dem Weg, kurz vor dem Jagdschloss.

Schloss Friedrichsfelde

10319 Berlin-Friedrichsfelde
Bezirk Lichtenberg

Das Schloss wurde 1684/85 durch Johann Arnold Nering als Lusthaus für Benjamin Raulé am Tierpark im Berliner Ortsteil Friedrichsfelde erbaut. Erweitert hat den Bau zum heutigen Umfang 1719 unter Markgraf Albrecht Friedrich von Brandenburg-Schwedt der Schlüter-Schüler Martin Heinrich Böhme. Als es sich von 1762 bis 1785 im Besitz des Prinzen Ferdinand von Preußen befand, ließ dieser durch Johann und Georg Friedrich Boumann, Carl von Gontard sowie Carl Gotthard Langhans umfangreiche Umbauplanungen vornehmen, die jedoch erst für Herzog Peter von Kurland vollzogen wurden. Im Innern des Schlosses gab es 1786 frühklassizistische Ausgestaltungen und schon um 1719 ein Treppenhaus im Mittelbau mit reich geschnitzter dreiläufiger Holztreppe in den Formen der Schlüter-Schule. Im Jahre 1800 kaufte Herzogin Katharina das Schloss. Eine umfassende Rekonstruktion erfolgte 1970 bis 1981 am qualitätsvollen zweigeschossigen Rechteckbau mit Putzgliederung und Mansardwalmdach. An den Langseiten befinden sich ein Mittelrisalit und Seitenrisalite mit ionischen Kolossalpilastern. Der ehemalige Schlossgarten wurde 1695 von Nering im holländischen Gartenstil angelegt, mit Parterre und Umfassungskanälen. Peter Joseph Lenné veränderte und erweiterte 1822 den Garten unter Beibehaltung der Mittelachse und des Kanalsystems zum Landschaftspark, der seit 1954 als Tierpark genutzt wird. Das Schloss wird von 1991 bis 2008 dem Tierpark Friedrichsfelde entzogen und von der Stiftung Stadtmuseum Berlin verwaltet, worauf es 2009 wieder vom Tierpark als Träger verwaltet wird. Hier werden Konzerte gegeben und das Schloss museal sowie als wissenschaftlicher Bereich mit Bibliothek und Archiv genutzt. Umfangreiche Sanierungen erfolgten im Jahre 2009. Im Park befinden sich zahlreiche moderne Tierplastiken sowie unweit des sogenannten Lenné-Tempels eine Marmorgruppe von 1891. Beliebt sind die Schlossfeste und Rokoko-Bälle mit Tanz und Picknick.

Zitadelle Spandau

13599 Berlin-Haselhorst
Bezirk Spandau

Die Zitadelle befindet sich im Berliner Ortsteil Haselhorst im Westen der Bundeshauptstadt. Im Jahre 1157 eroberte der erste Markgraf von Brandenburg, Albrecht der Bär, Spandowe und 1220 wurde der Bergfried, 1584 als Juliusturm nach Herzog Julius von Braunschweig-Wolfenbüttel benannt, erbaut. Im Jahre 1232 wird die neben der Burg entstandene Siedlung als Stadt benannt. Das heutige Spandau wurde 1317 erstmals urkundlich als Castro Spandowe erwähnt. Zum Bergfried kam 1350 ein Palas hinzu und der Bereich wurde 1402 als Staatsgefängnis genutzt. Kurfürst Joachim II. beschloss 1557, die bestehende mittelalterliche Burg zur Zitadelle auszubauen, worauf 1560 Christoph Römer nach Plänen von Francesco Chiaramella da

Zitadelle Spandau, Haselhorst

Gandino mit dem Bau begann, den Letzterer von 1562 bis 1578 fortführte. Vollendet hatte diesen 1583 Rochus Guerrini Graf zu Lynar, mit weiterem Ausbau bis 1594. Während des Siebenjährigen Krieges flüchtete sich der Hofstaat vor der feindlichen Besatzung Berlins nach Spandau. Im Jahre 1813 belagerten napoleonische Truppen das Areal, in dessen Folge es hier eine Explosion im Pulvermagazin gab. Unter Mitwirkung von Karl Friedrich Schinkel stellte man 1821 bis 1842 die Anlage mit der prächtigen Wappenkartusche vom Ende des 17. Jahrhunderts wieder her und von 1856 bis 1858 wurde das Neue Zeughaus gebaut. 1874 bis 1919 lagerte man im Juliusturm französische Reparationsgelder als „Reichskriegsschatz“. Für ein Heeresgasschutzlaboratorium wurden 1935/36 Umgestaltungen vorgenommen. 1946 nutzten die Alliierten die Anlage als Kriegsverbrechergefängnis. Auch die Mätresse Kurfürst Joachims II., die „schöne Gießerin“, und Turnvater Friedrich Ludwig Jahn saßen hier ein. Später wurde es Arbeitsbauschule. Das Historische Museum im Palas wurde 1960 eingerichtet und zwei Jahre später bis 1989 mit einer umfassenden Restaurierung begonnen. Eine gastronomische Einrichtung und eine Freilichtbühne für Veranstaltungen laden zum Verweilen ein.

Schloss Köpenick

Schloss Köpenick

12557 Berlin-Köpenick
Bezirk Treptow-Köpenick

Nahe der Mündung der Dahme in die Spree, auf einer Insel am Köpenicker Altstadtkern, ist das Schloss im Südosten Berlins zu finden. Auf der bereits im 9. Jahrhundert burgartig bebauten Insel gab es im 12. Jahrhundert eine slawische Wallanlage, die als Zufluchtsort des letzten Slawenfürsten Jaczo von Köpenick diente. Diese Anlage ließ Joachim II. um 1550 abreißen und ein Jagdschloss vom Stettiner Baumeister Wilhelm Zacharias errichten. Es war ein Winkelbau aus zwei dreigeschossigen Gebäuden, von zwei Wehrmauern umschlossen und mit einem quadratischen Hof. Die vier Ecktürme gaben der Anlage ein wehrhaftes Aussehen. Im Jahre 1681 wurde dieser Bau aufgrund von Beschädigung im Dreißigjährigen Krieg nach Plänen des Holländers Rutger van Langevelt durch das noch heute bestehende Schloss ersetzt. In Auftrag gegeben hatte es noch als Kurprinz der preußische König Friedrich I. Johann Arnold Nering wurde 1682 mit weiteren Bautätigkeiten beauftragt. Es entstand der von Wachhäusern flankierte Portalbau an der Schlossbrücke und in der Folge die Schlosskirche sowie die Galerie an der Nordseite des Schlosses. Von 1749 bis 1782 war das Anwesen Sitz der Prinzessin Henriette Marie von Brandenburg-Schwedt. Es wurde 1804 an den Grafen von Schmettau verkauft. Im Besitz der Königlichen Domänenverwaltung befand es sich seit 1819 und war von 1823 bis 1830 Staatsgefängnis, nach inneren Umbaumaßnahmen 1851 bis 1926 Lehrerseminar. Nach dem letzten Weltkrieg wurde das Schloss zu einem Kultur- und Erholungszentrum ausgebaut und ab 1963 ein Kunstgewerbemuseum eingerichtet. Im rechten Flügel befindet sich der prächtige Wappensaal. Restaurierungsarbeiten folgten 1960 bis 1967 und in den 1980er-Jahren. Umfassend erneuert wurde nochmals 1994 bis 2004. In Schloss und Park werden zu besonderen Anlässen Konzerte gegeben.

Schloss Schönhausen

13156 Berlin-Niederschönhausen
Bezirk Pankow

Nördlich des Berliner Zentrums liegt der Ortsteil Niederschön-

Schloss Schönhausen, Niederschönhausen

hausen, durch den auch die B 96a führt. Seit 1662 gab es hier ein Rittergut mit einem zweigeschossigen Herrenhaus und kurzen Flügeln mit kleinem Ehrenhof, als Landsitz der Familie Dohna an der Panke. In den Besitz des Kurfürsten Friedrich III. kam die Anlage 1691 und wurde 1693 durch Johann Arnold Nering umgestaltet. Das Herrenhaus bekam eine barocke Fassade zur Straße und der Mittelbau war mit Bogengiebel, flankiert von zwei Doppelsäulen, geziert. Johann Friedrich Eosander von Göthe schuf durch Umbau nach 1704 eine repräsentative Dreiflügelanlage mit seitlichen Pavillons in einer weitläufigen Gartenanlage. Zur Letzteren hin befindet sich ein Vorbau mit vier toskanischen Pilastern, einem Fries und Bogengiebel mit Akanthusschmuck sowie preußischer Königskrone, die von Genien flankiert ist. Der Bau wurde von 1740 bis 1797 ständige Residenz der Königin Elisabeth Christine, Gemahlin Friedrichs II. Nach ihrem Tod wurde das Schloss nur noch selten bewohnt und die Innenausstattung auf andere Schlösser verteilt. Um- und ausgebaut wurde das Schloss nochmals nach dem Siebenjährigen Krieg 1763/64 durch Johann Boumann zur heutigen Gestalt. Der Rechteckbau wurde durch dreigeschossige Anbauten anstelle der Pavillons erweitert und statt des Ehrenhofes ein prächtiges, zweiläufiges Treppenhaus mit rustiziertem Sockelgeschoss angefügt. Von 1949 bis 1959 diente das Schloss dem Präsidenten der DDR, Wilhelm Pieck, als Residenz. Ab 1965 gestaltete man den Bau zum Gästehaus der Regierung der DDR aus. 1978 erfolgten weitere umfangreiche Umbaumaßnahmen und die Überziehung mit Glaskröselputz 1983. Nach erfolgter Sanierung für eine Nutzung als Museum und Ort für kulturelle Veranstaltungen wurde das Schloss 2009 übergeben und untersteht der Stiftung Preußische Schlösser und Gärten Berlin-Brandenburg. Das Innere blieb weitgehend mit Sala terrena und dem Festsaal mit Pilastergliederung und reichem Dekor in der Ausstattung des 17. und 18. Jahrhunderts erhalten. Der Schlosspark wurde ab 1664 unter Gräfin von Dohna im holländischen Stil im Wiesengrund der Panke angelegt. Unter Königin Elisabeth Christine erfolgte eine weitere Ausgestaltung und im späten 18. Jahrhundert die Umgestaltung im englischen Stil, bis diesen 1828 bis 1831 Peter Joseph Lenné zum Landschaftsgarten veränderte.

Schloss Tegel

Schloss Tegel

13507 Berlin-Tegel
Bezirk Reinickendorf

Das Schloss, auch Humboldt-Schlösschen genannt, dessen Park an das Nordufer des gleichnamigen Sees grenzt, liegt im Berliner Ortsteil Tegel. Erwähnt wurde die Vorgängeranlage 1558 als neu erbauter Gutshof des Kurfürstlichen Sekretärs und späteren Cölner Bürgermeisters Hans Bretschneider. Zum Jagdschloss umgebaut hatte es Kurfürst Friedrich Wilhelm, in das 1766 die Familie von Humboldt einzog und das später von den Nachkommen weiter genutzt wurde. Die im 16. Jahrhundert mit Haupt- und Nebenflügel durch einen Turm verbundene Anlage blieb bis weit in das 19. Jahrhundert erhalten. Das Gärtnerhaus stammt aus der Zeit um 1760 und der Gutshof wurde von 1820 bis 1824 für Wilhelm von Humboldt durch Karl Friedrich Schinkel zu einer symmetrischen Anlage mit vier Ecktürmen umgestaltet. A. Witt hatte von 1899 bis 1900 den Wirtschaftshof mit Hofmauer errichtet. Im späten 19. Jahrhundert wurden die einstigen landwirtschaftlichen Nutzflächen zum Park umgestaltet. Hier befindet sich die von einer ionischen Säule überragte Grabstätte der Familie von Humboldt. Restauriert wurde die Anlage in den

Schloss Bellevue, Tiergarten

Jahren von 1956 bis 1959 und 1989 bis 1992. Privatbesitz. Der Park steht Besuchern offen und im Schloss werden Führungen nach Anmeldung angeboten.

Schloss Bellevue

10557 Berlin-Tiergarten
Bezirk Mitte

Errichtet wurde der heutige Sitz des Bundespräsidenten, der außer bei öffentlichen Veranstaltungen nur von außen besichtigt werden kann, 1743 im nördlichen Bereich des Tiergartens, dem Gelände der ehemaligen Knobelsdorff-Meierei. Michael Philipp Daniel Boumann schuf 1785 im Auftrage von Prinz August Ferdinand von Preußen, unter Einbeziehung des Vorgängerbaus, das erste königlich-preußische Schloss in klassizistischem Stil, das jedoch bis zum Erwerb durch Friedrich Wilhelm IV. im Jahre 1843 meist nur als Sommerresidenz genutzt wurde. Die später an die Nationalgalerie übergegangene Gemäldegalerie war 1844 entstanden. Für Herzog Friedrich Wilhelm Nikolaus von Mecklenburg-Schwerin wurde die Anlage Sitz von 1865 bis 1877 und wechselte darauf häufig die Besitzer. In der Zeit von 1893 bis 1896 bekam das Schloss im Außenbereich eine umfassende Sanierung. Als man beschloss, hier ein Museum für deutsche

Volkskunde einzurichten, baute Erich Schonert 1935 das Haus im Innern um. Dessen Eingriffe in der Umgestaltung wurden weiter verstärkt, als 1938 Paul Baumgarten d. Ä. es zum Reichsgästehaus veränderte. Zerstörungen infolge des Zweiten Weltkrieges wurden 1958 bis 1960 von Reinhard Besserer durch eine umfassende Restaurierung beseitigt. Der Eingang wurde dabei in die Mittelachse verlegt und der Dachstuhl durch eine Stahlkonstruktion ersetzt. Nach Plänen von Otto Meitinger wurde das Schloss zu seiner heutigen Gestalt umgebaut. Im Jahre 2005 bekam der Bau nochmals eine Komplettsanierung. Er stellt eine verputzte Dreiflügelanlage mit einem Corps de Logis, zwei Voll- und zwei Halbgeschossen mit Walmdach und drei schwachen Risaliten dar. Den Park legte 1786 bis 1790 der Hofgärtner Weil als einen der ersten Landschaftsgärten Preußens an, er wurde im Laufe der Zeit mehrfach verändert. Im Jahre 1890 wurden Wege reduziert und die meisten Teiche zugeschüttet sowie 1952 ein englischer Garten im Süden der Anlage gestaltet. Der Schlosspark bekam von 1958 bis 1960 nach Plänen von Reinhard Besserer eine Neugestaltung und durch den Neubau der Akademie der Künste sowie 1998 den Neubau des Bundespräsidialamtes eine Verkleinerung. Der Rundtempel stammt von Karl Friedrich Schinkel aus dem Jahre 1826 und die 1799 abgerissene Meierei von Friedrich Gilly.

Schloss Glienicke
Jagdschloss Glienicke
Schloss Pfaueninsel

14109 Berlin-Wannsee
Bezirk Steglitz-Zehlendorf

Schloss Glienicke liegt im Südwesten Berlins, an der Grenze zu Potsdam, nahe der Glienicker Brücke und gehört zum Gelände des kurfürstlichen Jagdschlosses. Schloss Pfaueninsel liegt auf der gleichnamigen Insel in der Havel. Der Berliner Arzt und Hofrat Johann Jakob Mirow legte den Grundstein für

Schloss Glienicke, Wannsee

das durch Karl Friedrich Schinkel in klassizistischen Formen umgestaltete **Schloss Glienicke** und 1764 baute man ein Haus für den Tapetenfabrikanten Joel, welches noch heute den Kern des Schlosses bildet. Frühklassizistisch wurde es durch Carl Heinrich August Graf von Lindenau von 1796 bis 1812 umgebaut. Im Jahre 1814 kam die Glienicker Gutsanlage in die Hände des Staatskanzlers Fürst Karl August von Hardenberg, der sich aus dem bestehenden Gutshaus einen Sommersitz von Karl Friedrich Schinkel errichten ließ. Beauftragt zur Gartengestaltung wurde 1816 Peter Joseph Lenné. Diese prächtige Gartenanlage wurde in den folgenden Jahren erweitert. Besonders verbunden mit dem Glienicker Schloss war Prinz Karl von Preußen, nachdem dieser das Gebäude von Schinkel zur Sommerresidenz umbauen ließ. Als der Prinz 1883 verstarb, verfiel das Gebäude, bis es 1934 von der Stadt Berlin übernommen wurde. Während des Zweiten Weltkrieges war es Lazarett und nach dem Krieg kurzzeitig Offizierskasino der Roten Armee. 1950 richtete man ein Sporthotel und ab 1976 eine Heimvolkshochschule ein. Seit 1980 wird das Schloss als Museum genutzt, das Schinkel-Möbel und Kunstgegenstände zeigt, die vorwiegend aus dem Besitz des Prinzen Karl stammen. Das Hofgärtnermuseum liegt im Westflügel und informiert über die Geschichte der preußischen Hofgärtner. Im Park des Schlosses finden sich zahlreiche beachtenswerte Bauten, so zwei Pförtnerhäuser von Ferdinand von Arnim, erbaut 1851, der 1843 bis 1845 gestaltete Gutshof, die Orangerie von Ludwig Persius und die Große und Kleine Neugierde von Schinkel aus dem ersten Drittel des 19. Jahrhunderts. Seit 1990 steht die Anlage als Weltkulturerbe unter dem Schutz der UNESCO. Eine gastronomische Einrichtung in der Remise bietet Leckereien für den Gaumen.

Das **Jagdschloss** baute Charles Philippe Dieussart von 1682 bis 1693 als Kurfürstliches Schloss mit Ehrenhof und Gartenanlage für den Großen Kurfürsten Friedrich Wilhelm von Brandenburg. Friedrich I. ließ es 1701 im Stil des französischen Barocks ausbauen und verschönern. 1715 wurde die Anlage unter dem Soldatenkönig Friedrich Wilhelm I. Lazarett und wechselte darauf mehrfach die Besitzer. 1763 schenkte Friedrich der Große das Schloss dem Wachstuch- und Tapetenfabrikanten Isaac Levin Joel, der hier produzierte. Wilhelm von Türk bekam 1827 das Jagdschloss in seine

Jagdschloss Glienicke, Wannsee

Hände und richtete 1832 ein Waisenhaus ein. Prinz Karl von Preußen erwarb es schließlich 1859 für seinen Sohn Friedrich Karl und ließ es durch Ferdinand von Arnim im Stil des französischen Barocks und durch seitliche Anbauten umbauen. Die einzigartige Parkanlage von Weltrang schuf 1860 bis 1862 Peter Joseph Lenné. Nochmals verändert und vergrößert wurde das Jagdschloss für Prinz Friedrich Leopold 1889 durch Albert Geyer im frühbarocken Stil. So bekam der Bau einen gartenseitigen Flügel mit Turm und ein Maschinenhaus. Im Jahre 1939 gelangte die Stadt Groß-Berlin an das Objekt und nach dem Zweiten Weltkrieg wurde es Jugendherberge. Das Jagdschloss wurde 1963 entkernt und durch Max Taut zu einer internationalen Begegnungsstätte sowie später zum sozialpädagogischen Fortbildungsinstitut Berlin-Brandenburg ausgebaut. Die Nebengebäude wurden bis 1987 zur Heimvolkshochschule umgebaut und die Toranlage umstrukturiert sowie eine Allee angelegt. Von 2009 bis 2012 erfolgten umfangreiche Sanierungsmaßnahmen. Das Jagdschloss ist ebenfalls Bestandteil des UNESCO-Weltkulturerbes.

Schloss Pfaueninsel, Wannsee

Das **Schloss Pfaueninsel** auf der gleichnamigen romantischen Insel in der Havel, 1680 erstmals „Pfauwerder“ und später Kaninchenwerder genannt, ließ der preußische König Friedrich Wilhelm II. errichten. Dieser hatte die Insel 1685 dem Chemiker und Glastechnologen J. Kunckel überlassen, der hier ein Geheimlaboratorium unterhielt. Gebaut wurde das Schloss 1794 bis 1796 in romantischer Ruinenarchitektur durch Hofzimmermeister Johann Gottlob David Brendel mit preußischem Holz im Stil einer römischen Landvilla und sollte seiner Mätresse Gräfin Lichtenau als eine standesgemäße Unterbringung dienen. Zeitgleich entstanden im Nordosten die Meierei und das Kastellanhaus. Als Friedrich Wilhelm II. 1797 verstarb, ging die Insel an seinen Sohn Friedrich Wilhelm III., der das Schloss zu seinem Sommersitz wählte. Es besitzt noch heute die Ausstattung aus der Zeit um 1800. Friedrich Wilhelm III. ließ den Besitz weiter umgestalten und so wurde unter anderem 1807 die hölzerne Brücke zwischen den Türmen durch eine gusseiserne ersetzt. Kein geringerer als Peter Joseph Lenné mit Ferdinand Fintelmann gestaltete von 1816 bis 1834 die Anlagen zum Landschaftsgarten um, der einen immer größeren Umfang annahm und in dessen Ergebnis ein zoologischer und ein botanischer Garten entstanden. 1829/30 baute man nach Plänen von Schinkel das Schweizerhaus und 1831 das Palmenhaus, das jedoch 1880 abbrannte. Im Jahre 1924 wurde die Insel unter Naturschutz gestellt. Die Pfaueninsel ist ganzjährig per Fähre zu erreichen. Alle drei Objekte werden mit viel Engagement von der Stiftung Preußische Schlösser und Gärten Berlin-Brandenburg betreut.

Brandenburg

Schloss Ahlsdorf

04916 Ahlsdorf –
Stadt Schönewalde
Landkreis Elbe-Elster

Ahlsdorf ist ein Ortsteil nördlich der amtsfreien Kleinstadt Schönewalde, an dessen nördlichem Rand sich die Ausläufer des Niederen Fläming erheben. Das Schloss stellt eine zweigeschossige Zweiflügelanlage mit dem nach Westen gerichteten Hauptflügel von 1709 und einem Nebenflügel aus der Zeit um 1720 dar. Errichtet wurde die Anlage für Anton Friedrich von Seyffertitz. An der Hauptflügelrückfront befindet sich ein vierachsiger, dreigeschossiger Risalit mit einem Mansarddach und an der Hofseite ein Sandsteinportal mit dem Wappenschlussstein von Seyffertitz aus dem Jahr 1709. Mitte des 19. Jahrhunderts bekamen die Fassaden eine Veränderung sowie auch teilweise die Innenbereiche, wobei die barocke Struktur weitgehend erhalten blieb. Ein umlaufender auf Leinwand gemalter Fries mit Landschaftsausschnitten um 1860 sowie Landschaftsbilder mit Schloss- und Parkansichten zieren die Vorhalle. Der Kopfsaal des Nebenflügels birgt eine prächtige Stuckdecke und einen Kamin um 1730. Der Wintergarten an der Stirnseite stammt von 1910. Der 1707 angelegte barocke Garten östlich des Schlosses wurde 1857/58 landschaftlich verändert und Anfang des 20. Jahrhunderts bedeutend nach Osten erweitert. Von den im Park errichteten Kleinbauten sind das reich geschnitzte Teehaus, ein Holzbau mit Schweifdach von 1906, und die im Südosten befindliche Erbbegräbnisstätte der Familie von Siemens zu nennen. Sie wurde Anfang des 20. Jahrhunderts geschaffen und 1994 restau-

Schloss Ahlsdorf

riert. Des Weiteren birgt der Park einen seltenen Baum- und Strauchbestand. Da sich das Schloss in Privatbesitz befindet, ist es für die Öffentlichkeit nicht zugänglich. Der Park steht jedermann offen.

Herrenhaus Alt Madlitz

15518 Alt Madlitz
Gemeinde Madlitz-Wilmersdorf
Landkreis Oder-Spree

Die 1373 als Modelicz urkundlich erwähnte Gemeinde liegt in der Mitte zwischen Fürstenwalde und Frankfurt (Oder). Ab dem Jahre 1551 lebte das Geschlecht der von Wulffen auf dem Gut, das 1751 die Grafen Finck von Finckenstein erwarben. Das Herrenhaus wurde unter Einbeziehung der Grundmauern eines Vorgängerbaus des 16. Jahrhunderts um 1750 als spätbarocker dreigeschossiger Putzbau mit später angebautem zweigeschossigen Seitenflügel errichtet. Graf Karl Wilhelm von Finckenstein, Kabinettminister Friedrich Wilhelms I. und II., hat diesen Bau veranlasst. Erst sein Sohn Friedrich Ludwig mit seiner kinderreichen Familie machte Madlitz zu seinem ständigen Wohnsitz und auch zu einer Begegnungsstätte für Literaten und Philosophen. So waren Achim von Arnim, Wilhelm von Humboldt und Clemens Brentano oft zu Gast. Im Innern haben sich die gewendelte Holztreppe mit gesägten Balustraden, ein Rest der ehemaligen Stuckdekoration im Gartensaal und Nebenzimmer, ein Kaminaufsatz mit Wappenkartusche, mehrere Supraporten und Gesimse erhalten. Im Jahre 1772 hatte man mit der Gestaltung des weitläufigen Landschaftsparks mit Parkarchitekturen, einer Säulenhalle und einer Rotunde begonnen, der jedoch im Wesentlichen erst 1779 bis 1800 unter Leitung von Friedrich Ludwig Karl Finck von Finckenstein entstand. Bis 1945 saßen die

Herrenhaus Alt Madlitz

von Finckenstein auf dem Gut, die im Zuge der Bodenreform enteignet wurden. Fortan wurde das Herrenhaus bis 1990 zuerst für Flüchtlinge und später als Kindergarten und Wohnraum genutzt. Im Jahre 1993 kamen die Finckensteins durch Rückkauf wieder an das Anwesen und begannen 1995 mit einer denkmalgerechten Wiederherstellung des vom Verfall bedrohten Hauses. Der Park ist öffentlich zugänglich und die Hausherren geben nach Anmeldung auch Führungen.

Herrenhaus Neumühle, Alt Ruppin

Herrenhaus Neumühle

16827 Alt Ruppin
Stadt Neuruppin
Landkreis Ostprignitz-Ruppin

Nordöstlich der Kreisstadt, unmittelbar am Ruppiner See, ist an der B 122 Alt Ruppin mit dem Herrenhaus Neumühle zu finden. Neuruppin trägt auch den Namen des Dichters Theodor Fontane, der hier geboren wurde. In der zweiten Hälfte des 19. Jahrhunderts besaß in Alt Ruppin der Kommerzienrat Friedrich Wilhelm Schütt eine nach ihm benannte Dampfmühle sowie seit 1897 die Mühlenanlage Neumühle am Fluss Rhin. Der Landschaftspark von Peter Joseph Lenné entstand um 1840. Als Kommerzienrat Schütt 1901 verstarb, ging Neumühle in den Besitz der Zwillingsgeschwister Konrad und Martha Schütt über. Auf Marthas Gelände wurde das Haus Molchow errichtet, das 1905 nach einem Brand Konrad Schütt nach Plänen des Grafikers und Buchgestalters Fritz Helmuth Ehmcke umbauen ließ. 1907 war die zweigeschossige verputzte Dreiflügelanlage mit elegantem Fassadendekor auf einer Landzunge zwischen Rhin- und Molchow-See fertiggestellt. Die Anlage befindet sich im Privatbesitz und ist nur äußerlich einsehbar. Im Gebäude neben dem Herrenhaus, in der ehemaligen Mühle, befindet sich ein Antiquitätenhandel und Möbelrestaurierung.

Altdöbern

Schloss Altdöbern

03229 Altdöbern
Landkreis Oberspreewald-Lausitz

Altdöbern liegt in der Niederlausitz, nördlich von Senftenberg und südwestlich von Cottbus. Zwischen Altdöbern und dem Ortsteil Pritzen befindet sich der 1016 ha große, durch Flutung des ehemaligen Tagebaues Greifenhain entstandene Altdöbener See. Ein historischer Bau wurde bereits 1377 erwähnt. Vermutlich stand hier einst eine frühdeutsche Wasserburg. Hans von Dieskau, ein kursächsischer Beamter, hatte das Gut erworben, das von 1571 bis 1586 durch einen von einem Graben umgebenen Renaissanceneubau erweitert wurde. Das dreiflügelige, barocke Schloss mit drei Geschossen und seitlichen Kavalierhäusern entstand um 1717 durch den sächsischen General Alexander Dietrich von Eickstädt, der das Anwesen von der Familie von Bomsdorff übernommen hatte. Das Schloss ging später in den Besitz des Privatsekretärs des Grafen Brühl, Karl Heinrich von Heineckens, über. Im Jahre 1749 ließ dieser das Schloss im Stile des Rokoko umbauen. Verschiedene namhafte Künstler gestalteten das Innere des historischen Baus prächtig aus. Bis heute blieben vorzüglich gestaltete Räume und das Treppenhaus mit Wand- und Deckengemälden von 1755 des Malers Krinner erhalten. Von 1881 bis 1890 bekam der Park durch Eduard Petzold im Auftrag des neuen Besitzers, des Grafen von

Schloss Altdöbern

Witzleben, eine Umgestaltung zum Landschaftsgarten, in dem sich ein Wasserparterre mit Sandsteinfiguren von Gottfried Knöffler befindet. Weitere Plastiken am Neptunbrunnen, am Schlossportal und am Hoftor zieren die Anlage. Von 1887 bis 1890 ließ er durch Baumeister Nicolai einen neuromanischen Erweiterungstrakt mit Rundturm nach Entwürfen der Hausherrin Marie von Witzleben errichten. Im Jahre 1917 kam für kurze Zeit der Zigarettenfabrikant Eugen Laib Garbáty in den Besitz des Anwesens, verkaufte es dann an die Fürsten zur Lippe weiter, die es bis 1945 im Besitz hatten. Darauf wurde das Schloss von 1945 bis 1947 Kinder- und Altenheim, stand anschließend leer und begann zu verfallen. Eine Restaurierung erfolgt seit 1996 durch die Brandenburgische Schlösser GmbH.

Herrenhaus Altgolßen

15938 Altgolßen
Stadt Golßen
Landkreis Dahme-Spreewald

Westlich von Golßen, zwischen Baruth und Luckau, liegt der Ortsteil Altgolßen mit seinem noch recht jungen Herrenhaus. Nachdem es längere Zeit leer gestanden hat, befindet es sich heute wieder in Privatbesitz und wurde durch die Eigentümer saniert. Der villenartige, zweigeschossige Putzbau mit einem Säulenportikus und Balkon an der Auffahrt stammt aus dem Jahre 1912. Auf dem vorgelagerten Gutshof befindet sich das alte Herrenhaus, ein lang gestreckter schlichter Putzbau mit abgewalmtem Satteldach aus dem 18. Jahrhundert. Zu den früheren Besitzern gehörten die Familien von Stutterheim und von Karras. Im Jahre 1910 erwarb Rittmeister Gerhard Richnow die Gutsanlage und wohnte hier bis 1945. Nach der Enteignung wurde ein Heim für Kleinkinder und Säuglinge in das Herrenhaus gelegt und es von 1992 bis 2008 als „Hans Christian Andersen-Schule" für geistig und körperlich behinderte Kinder genutzt. Das einstige Herrenhaus wird von einem Park umgeben und ist von außen einsehbar.

Herrenhaus Altgolßen

Schloss Altranft

Schloss Altranft

16259 Altranft
Stadt Bad Freienwalde
Landkreis Märkisch-Oderland

Das im Renaissancestil erbaute Schloss des 16. Jahrhunderts ist fünf Kilometer südöstlich von Bad Freienwalde am Westrand des Oderbruchs und östlich des Barnims zu finden. Besitzer und Bauherr des Schlosses war Jacob II. von Pfuel. Als der Herrensitz 1678 umgebaut wurde, legte man gleichzeitig einen Park an. Letzterer könnte nach Plänen von Peter Joseph Lenné angelegt worden sein, was aber nicht nachgewiesen ist. Das ursprüngliche Fischerdorf entwickelte sich nach 1753 zum Gutsbauerndorf. Im Jahre 1876 vollzog Edwin Graf von Hacke einen grundlegenden Umbau in neobarocken Formen und legte einen nach Süden gerichteten Ehrenhof mit dem zentralen Zugang über eine Freitreppe an. Im Innern befinden sich ein repräsentatives Vestibül und schöne stuckierte Repräsentationsräume im Obergeschoss aus dem Jahre 1878. Schloss und Park wurden nochmals 1910 tief greifend umgestaltet und an den dreiflügligen Neubau später ein parkseitig gelegener Anbau angefügt. Die Ausstattungen im Rahmen der musealen Nutzung aus der Sammlung Lothar Behrfelde wurden vollständig neu erworben. Die Ausstellung zeigt dem Besucher die Geschichte der Region des östlichen Brandenburgs und die gründerzeitlichen gutsherrschaftlichen Wohnverhältnisse. Wechselausstellungen volkskundlicher und aktueller Themen sowie von Künstlern aus der Region Berlin-

Brandenburg und Westpolens ergänzend in der Galerie. Im Jahre 1990 wurde ein Freilichtmuseum eröffnet und im Schloss sowie den Museumshäusern im Ort – Spritzenhaus, Dorfkirche, Fischerhaus, Wasch- und Backhaus, Dorfschmiede und Bockwindmühle – werden Führungen angeboten.

Herrenhaus Dahmshöhe

16798 Altthymen
Stadt Fürstenberg/Havel
Landkreis Oberhavel

Altthymen mit seinem Waldschloss Dahmshöhe liegt am Thymensee, nördlich von Fürstenberg, nahe der mecklenburg-vorpommerschen Landesgrenze. Erstmals urkundlich erwähnt wurde der Ort 1299, der Jahrhunderte zu Mecklenburg gehörte und erst 1950 zu Brandenburg kam. Das umfangreiche Gut Dahmshöhe mit großen Waldflächen erwarb 1929 der Berliner Bankier und Kunstsammler Siegfried Bieber vom Geheimrat Richard Weber aus Berlin. Die vorrangigste seiner Aufgaben bestand darin, sich schnell einen exklusiven Landsitz zu schaffen. Er ließ sich auch bald einen Entwurf vom damals namhaften, doch rassistisch eingestellten Architekten Paul Schultze-Naumburg fertigen. Im Jahre 1930 konnte der 57-jährige Bieber in sein neues Domizil einziehen, gemeinsam mit seiner Frau Josephine, beide engagierte Kunstsammler vor allem der niederländischen Malerei des 17. Jahrhunderts. Zu dem selbst geplanten weitläufigen Park gehörte schließlich auch ein botanischer Garten mit kleinem Tropenhaus. Als 1935 das Ehepaar Bieber in die Schweiz floh, mussten sie 1939 Dahmshöhe an Interessenten mit Nazihintergrund zwangsverkaufen und auf dem Gutshof entstand ein Barackenlager für die Reiterabteilung der Waffen-SS. Dieses Lager diente nach dem Krieg als Notunterkunft für befreite Häftlinge. Ein Kinderkurheim war das Schloss von 1947 bis 1990 und heute befindet sich hier die Bildungs- und Begegnungsstätte der Lebenshilfe Landesverband Brandenburg e.V.

Herrenhaus Dahmshöhe, Altthymen

Schloss Arendsee

17291 Arendsee
Gemeinde Nordwestuckermark
Landkreis Uckermark

Arendsee liegt im Naturpark Uckermärkische Seen, im Norden Brandenburgs, westlich von Prenzlau. Der Ort wurde erstmals im Jahre 1289, später 1375 im Landbuch der Mark Brandenburg als „Arensse“ urkundlich erwähnt. Im 14. und 15. Jahrhundert war Arendsee durch Raub, Krieg und andere negative Geschehnisse eine Wüstung. Seine Prägung erhielt der Ort später durch die Familie von Schlippenbach, die seit 1686 Besitzrechte an Arendsee hatte. Im Jahr 1726 legte man ein Vorwerk vom Rittergut Schönermark hier an. Das von 1839 bis 1843 nach Entwurf von Friedrich August Stüler für Albert Ernst Ludwig Graf von Schlippenbach errichtete Schloss ist ein zwei- bis zweieinhalbgeschossiger Ziegelbau auf Feldsteinsockel. Im Jahre 1840 wurde der Graf zum Kammerherrn des preußischen Königs ernannt. Doch er flüchtete so oft es ging auf sein geliebtes Schloss, wo er gern die von ihm verfassten Gedichte mit Heinrich Heine und Adalbert von Chamisso besprach. Bald wurden viele dieser Werke auch der Öffentlichkeit in einer Sammlung von 1883 bekannt gemacht. Das Schloss besteht aus einem gestaffelten Baukör-

Schloss Arendsee

Schloss Babelsberg

per mit dreigeschossigem oktogonalem Eckturm und einem Gebäudeabschluss mit Zinnenkranz. Der zweigeschossige, von Strebepfeilern gegliederte Portalvorbau ist durch ein Terrakottarelief und Zierleisten geschmückt. An der Rückseite befindet sich ein schmaler Risalit, ursprünglich mit vorgelagerter Pergola. Nach 1945 bekam der Herrensitz niedrige Seitenanbauten. Der ausgedehnte Landschaftspark des 19. Jahrhunderts lässt auf den Einfluss von Peter Joseph Lenné bei seinen Besuchen schließen und lädt mit seinen reizvollen Pfaden zu Spaziergängen ein. Über 50 Jahre hatte man im Schloss bis 2001 Schüler unterrichtet und die Gesamtanlage wurde unter Denkmalschutz gestellt. Gegenwärtig wird das Gebäude nicht genutzt.

Schloss und Kleines Schloss Babelsberg

14482 Babelsberg
Stadt Potsdam
Landeshauptstadt

Kronprinz Wilhelm von Preußen, der spätere Kaiser Wilhelm I., ließ auf den Hügeln an der Havel bei Potsdam **Schloss Babelsberg** als Sommersitz erbauen. Karl Friedrich Schinkel setzte unter maßgeblicher Beteiligung 1834/35 den Plan für den Prinzen von Preußen und Prinzessin Augusta von Sachsen-Weimar um. Es sollte ein Schloss im altenglischen Tudorstil, eine unregelmäßige malerische Anlage mit Bogenhalle, Turm, Erker, Zinnen und türmchenhaften Strebepfeilern wer-

Maschinenhaus im Park, Babelsberg

den. Von 1844 bis 1849 vollzog man entsprechend diesen Vorstellungen den Umbau unter Ludwig Persius und Johann Heinrich Strack, wobei Letzterer den Innenausbau gotisierend mit Sterngewölben, im Tudorstil und mit vielen weiteren Details gestaltete und somit die Schlossräume sowie das Mobiliar auch in die Zeit der Neogotik fallen. Schinkel zog sich von dieser Veränderung zurück. Viele Jahre fühlte sich Kaiser Wilhelm I. auf seinem Sommersitz wohl. Peter Joseph Lenné verwandelte den Babelsberg seit 1833 in einen englischen Garten und Fürst Hermann von Pückler-Muskau gestaltete diesen ab 1843 weiter aus. In die Parkanlage einbezogen wurde eine kolossale Bronzegruppe. Hier findet man solche Kunstwerke wie Michael mit dem Drachen, 1849 von August Kiss gestaltet, weiterhin ein Küchenhaus aus der Zeit von 1844 bis 1849 von Strack und ein Maschinenhaus am Ufer der Glienicker Lake. Am Havelufer entstand 1841/42 von Persius und durch Rudolf Wilhelm Gottgetreu ein kleines neugotisches Schloss im

Kleines Schloss Babelsberg im Park

Burgenstil, nebenan der Marstall und ein Matrosenhaus. Auf der Anhöhe steht die Siegessäule mit Viktoria von Christian Daniel Rauch. Bedeutungsvoll ist der im Park stehende, als Wohnturm errichtete Flatowturm, von Strack 1853 bis 1856 im Stil eines mittelalterlichen Stadttors erbaut. Im Jahre 1999 wurde mit der Innenrestaurierung des Schlosses begonnen und es ist gegenwärtig noch geschlossen. Die Gesamtanlage unterliegt der Betreuung der Stiftung Preußische Schlösser und Gärten Berlin-Brandenburg. Der große, sehr gepflegte Park ist öffentlich und einen Besuch wert. Schloss und Park Babelsberg sind eng mit dem Leben von Kaiser Wilhelm I. und seiner Gattin Augusta verbunden. So war es auch Augusta, die den Hofarchitekten Ludwig Persius beauftragte, ein einfaches Gartenhaus am Ufer des Tiefen Sees nach ihren Ideen für den elfjährigen Kronprinzen Friedrich III. auszubauen, worauf daraus 1841/42 das **„Kleine Schloss"** im englischen Tudorstil entstand. Friedrich verbrachte hier seine Jugendzeit und heiratete 1858 die englische Prinzessin Viktoria. Ihre Flitterwochen verbrachten sie im zweigeschossigen Kleinen Schloss. Gestaltet wurde der Bau mit seitlich vorspringenden Gebäudeteilen und minarettartigen Ecktürmchen sowie Erkervorbauten. Später richtete man hier ein Gästehaus und eine Herberge für die Hofdamen und ihre Bediensteten ein. Nach umfangreicher Renovierung wird seit 2004 das Schlösschen als Café und Restaurant im Park Babelsberg betrieben.

Burg Eisenhardt

14806 Bad Belzig

Landkreis Potsdam-Mittelmark

Am südwestlichen Rand der Kreisstadt Bad Belzig liegt auf einer Anhöhe im Hohen Fläming die Burg Eisenhardt, die ursprünglich im 9. Jahrhundert eine slawische Burg war. Als burgwardium belizi wurde sie 997 in einer Urkunde Kaiser Ottos III. erwähnt und nochmals 1161. Um

Burg Eisenhardt, Bad Belzig

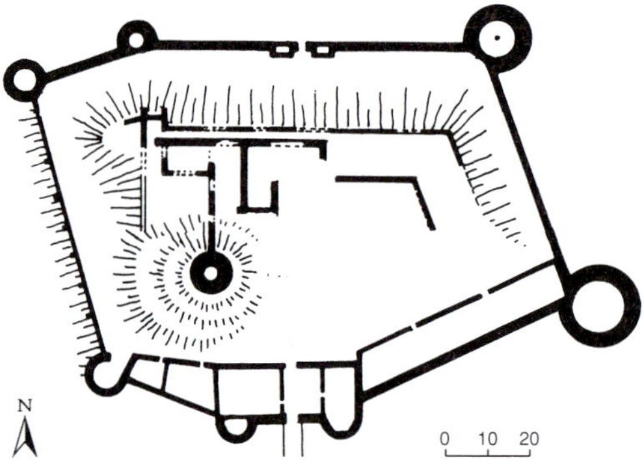

Burg Eisenhardt, Grundriss

1200 entstanden der Bergfried und die Katharinenkapelle und 1298 werden Burg und Ort sächsisch. Im Jahre 1406 wurde die Burg völlig durch Truppen des Erzbischofs von Magdeburg zerstört und 1423 bis 1425 fiel sie mit der sächsischen Kurwürde an das Haus Wettin. Vier Jahre später belagerten sie die Hussiten. Nach 1465 wurde die Anlage unter Kurfürst Ernst von Sachsen in heutiger Form mit zeitgemäßen Fortifikationen wieder aufgebaut. Die Anlage der Bilziger Burg sollte hart gegen Eisen und damit für immer uneinnehmbar sein, worauf sie auch ihren heutigen Namen bekam. Doch hielt sie nicht, was man von ihr erwartet hatte, denn 1636 zerstörten die Schweden die Anlage. Schließlich ließ sie Georg III. von Sachsen von 1685 bis 1691 wieder als kurfürstliches Jagdschloss aufbauen und richtete den Sitz der Amtsverwaltung hier ein. Von der alten Burg blieben nur der romanische Bergfried und ein Rundturm erhalten. Umfangreiche Veränderungen, vor allem im Innern, erfuhr sie im 18. Jahrhundert und 1815 wurde das sächsische Amt Belzig an Preußen angeschlossen. Im selben Jahr zog das neue preußische Landratsamt ein, was aber den Verfall nicht aufhielt. König Friedrich Wilhelm IV. von Preußen restaurierte sie schließlich 1849. Ab 1990 erfolgte eine umfangreiche Restaurierung und die Burg beherbergt heute ein Heimatmuseum, eine Außenstelle des Standesamts der Stadt Bad Belzig, eine Bibliothek mit Schwerpunkt auf der Burggeschichte und ein Hotel. Des Weiteren finden zu besonderen Anlässen Veranstaltungen statt und die Galerie zeigt verschiedene Ausstellungen. Die Burganlage gilt als das älteste überlieferte Beispiel einer frühzeitlichen Fortifikation in Brandenburg.

Burg Eisenhardt, Bad Belzig, Hotelgebäude

Schloss Freienwalde, Bad Freienwalde

Schloss Freienwalde

16259 Bad Freienwalde
Landkreis Märkisch-Oderland

Die Geschichte des Schlosses am sogenannten Apothekerberg im Südwesten der Stadt ist eng mit dem Namen Walter Rathenaus verknüpft. Bad Freienwalde liegt an der Alten Oder am Nordwestrand des Oderbruchs, am Übergang zum Barnimplateau. Errichtet wurde das klassizistisch gestaltete Schloss 1798 bis 1799 als Witwensitz für die Königin Friederike Luise von Preußen, Gemahlin Friedrich Wilhelms II., nach Plänen des aus einer Hugenottenfamilie stammenden Architekten David Gilly. 1805 verstarb Friederike Luise. Das Schloss wurde lange Zeit nicht genutzt. Im Jahre 1822 gestaltete Peter Joseph Lenné den Park auf dem Apothekerberg um, der bereits 1790 angelegt wurde. Nochmals 1836 für nur einen Sommer von Prinzessin Luise Radziwill genutzt, ging 1909 das Schloss an den Industriellen und Schriftsteller sowie Politiker Walther Rathenau, der dem Bau neues Leben einhauchte. Bald ließ er die historischen Räumlichkeiten herstellen, ohne dabei auf Annehmlichkeiten verzichten zu müssen. Als dieser vielseitige Mann 1922 ermordet wurde, verkauften die Erben das Anwesen an den Landkreis Oberbarnim unter der Bedingung, für alle Zeit das geistige Erbe und Andenken Rathenaus zu bewahren. Zum Kriegsende 1945 ging die wertvolle Schlossausstattung mit Seidentapeten des ausgehenden 18. Jahrhunderts verloren und nach dem Krieg wurde das Schloss Kulturhaus. Das schlichte zweigeschossige Gebäude mit Pilastergliederung des Frühklassizismus und erhaltenem Treppenhaus, mit originell gewundener Stiege, bekam einige innere Veränderungen. Im Park erhalten geblieben ist ein sogenanntes Teehäuschen von 1795, auch als kleines Schauspielhaus bezeichnet, mit hölzernem Säulengang. 1990/91 begründete man erneut die 1939 aufgelöste Rathenau-Stiftung und eine Gedenkstätte im Schloss. In der Beletage findet man heute eine Dauerausstellung über die Geschichte des Schlosses, das seit 2007 in neuem Glanz erstrahlt. Es werden auch wieder Konzerte und Theateraufführungen gegeben.

Herrenhaus Eibenhof, Bad Saarow

Herrenhaus Eibenhof

15226 Bad Saarow

Landkreis Oder-Spree

Bad Saarow mit seinem Thermalsole- und Moorheilbad liegt südlich von Fürstenwalde am Scharmützelsee. An der Spitze der Halbinsel erstreckt sich die Gutsanlage „Eibenhof“ mit Herrenhaus, Park und historischen Nebengebäuden des einstigen Rittergutes Sarow. Es befand sich vom 15. Jahrhundert bis 1860 im Besitz der Familie Loeschebrand, die von hier aus ihre Ländereien bewirtschaftete. Das Haupthaus entstand 1723 in der heutigen Form und 1860 starb mit Karl Wilhelm von Loeschebrand der letzte männliche Nachkomme der Familie. Zwei Jahre später erwarb bis 1905 Freiherr von Bonserie die Gutsanlage, dem von 1905 Hofkammerrat Paschke, Freiherr von Reitzenstein und bis 1949 Dr. Karl Grabley folgte. Er begründete den Eibenhof als Sanatorium für Zivilisationskranke und später auch als Krankenhaus. Von 1949 bis 1990 nutzt der Kulturbund das Herrenhaus als Seminar- und Tagungsort für Kulturschaffende der Literatur. Im Jahre 2005 wurde der Eibenhof zum Wohn-, Arbeits- und Ferienort für Familien umgestaltet und ist nicht für die Öffentlichkeit zugänglich.

Schloss Badingen

Schloss Badingen

16792 Badingen
Stadt Zehdenick
Landkreis Oberhavel

Der zweigeschossige rechteckige Putzbau unter Satteldach wurde vielfach verändert und ist neben der Feldsteinkirche in Badingen zu finden. Der Ort selbst liegt in der Mitte zwischen Zehdenick und Gransee. Urkundlich erwähnt wurde Badingen erstmals 1267 als „Badinghe" und gehörte ab 1270 zum Bistum Brandenburg. Das aus der Renaissance stammende Schloss wurde auch als „Festes Haus" bezeichnet, das heute als Veranstaltungszentrum mit einer kleinen Heimatstube genutzt wird. Im damaligen Schloss wohnte vom 13. bis 15. Jahrhundert die Familie von Badingen, die 1460 durch Hans von Bredow auf Friesack abgelöst wurde, bis schließlich 1536 der Herrensitz an den Kurfürsten von Brandenburg ging. 1551 kam das Anwesen an die Familie des Adam von Trott, unter dem wohl das Haus aus Feld- und Backstein großzügig dreigeschossig mit Zwerchhäusern und Ziergiebeln erweitert wurde. Nach 1727 wurde Badingen ein Domänenamt. Der Kern des Festen Hauses geht wohl in das 13. Jahrhundert zurück und wurde spätgotisch verändert. Anfang des 19. Jahrhunderts trug man das oberste Geschoss und das Dach ab und 1982 erfuhr der Bau eine Restaurierung. Die beiden Anbauten an der Rückseite sind mit Wendeltreppe und korbbogigem Backsteinportal gebaut. Der Kapellenanbau stammt aus der Mitte des 16. Jahrhunderts und war ursprünglich durch einen Gang mit der Kirche verbunden. Im Inneren befinden sich Räume mit Sterngewölben des 16. Jahrhunderts. Im Außenbereich findet man die Reste einer mittelalterlichen inneren Mauer mit der Ruine eines Rundturms sowie Teile eines äußeren Mauerrings. Das Schloss gehört der Gemeinde, die hier Räume für den Bürgermeister zur Sprechstunde nutzt, es können aber auch Räumlichkeiten für Feste gemietet werden.

Herrenhaus Bagow

14778 Bagow
Gemeinde Päwesin
Landkreis Potsdam-Mittelmark

Erwähnt wurde das Dorf, das nordöstlich der Stadt Brandenburg am nördlichen Ufer des Beetzsees liegt, urkundlich erstmals 1324. Das zweigeschossige Gutshaus wurde 1545 durch die Familie (Albrecht) von Schlieben erbaut, die es bis 1693 besaß. Es ist in seiner blockhaften Nüchternheit das prägnante Beispiel eines Adelssitzes der Renaissance. Nach den von Schlieben zog die Familie von Ribbeck ein, zu deren Zeit zum Gutshaus ein Vorwerk, eine Schäferei und eine Försterei gehörten, und nutzte es Ende des 18. Jahrhunderts einige Jahre als Stammhaus. Dem Herrenhaus wurde ein Vorbau an der Nordseite vorgelegt und Sandsteinsupraporte mit dem Bildnis des Bauherrn von Schlieben zieren den Bau. Nebenan befindet sich ein Sitznischenportal unter Dreiecksgiebel mit Wappen derer von Grävenitz, wohl von Veränderungen um 1700. Der Keller trägt ein Tonnengewölbe und im Erdgeschoss befinden sich zwei Räume mit Sterngewölben. Der Gutspark zum Beetzsee hin stammt aus der ersten Hälfte des 19. Jahrhunderts und besitzt einen alten Baumbestand. Der Herrensitz wurde 1946 umgebaut und eine Zentralschule in das Haus gelegt, die 1963 auszog. Auch als Jugendherberge wurde das ehemalige Gutshaus zu Sozialismuszeiten genutzt. Im Jahre 1970 bekam das Herrenhaus eine Restaurierung. Fünf Jahre später legte man eine antifaschistische Gedenk-

Herrenhaus Bagow

Schloss Bantikow

stätte ein, zum Gedenken an 100 Gefangene des Zuchthauses Brandenburg, die hier 1945 eine Nacht verbrachten. Seit 1991 ist das Herrenhaus wieder im Familienbesitz derer von Ribbeck. Der Sitz der Gemeindevertretung und die Bibliothek sollen in absehbarer Zeit in ein neues Gebäude umziehen.

Schloss Bantikow

16868 Bantikow

Gemeinde Wusterhausen/ Dosse

Landkreis Ostprignitz-Ruppin

Östlich von Kyritz, am sogenannten Untersee, ist Bantikow mit seiner breitgelagerten, eingeschossigen Dreiflügelanlage in neuklassizistischen Formen von 1906 zu finden. Errichtet wurde sie wohl auf dem Kern eines älteren Schlosses, mit zweigeschossigem Giebelrisalit und ionischen Kolossalpilastern an der Eingangsfront. Erstmals schriftlich wurde der Ort 1307 als Banttecowe in einer Urkunde der Grafen von Schwerin für das Kloster Stepenitz genannt und das ältere Schloss stammt wohl schon aus dem frühen 14. Jahrhundert, als es hier noch einen Rittersitz gab. Dieser war jedoch in seiner Zugehörigkeit seit 1470 bis etwa 1840 meist in zwei Teile zersplittert und hatte zahlreiche Besitzer, von denen Dr. Paul de Gruyter 1920 als Letzter vor dem Krieg genannt wurde. Nach dem Zweiten Weltkrieg legte man in das Schloss die Zentrale Parteischule der LDPD (Liberal-Demokratische Partei Deutschland), die nach der Wende in die FDP integriert wurde. 1957 wurde hier das Märchen „Die Suche nach dem wunderbunten Vögelchen" gedreht. Nach 1990 fand vorübergehend eine Lehrstätte der Bundesanstalt für Arbeit einen Platz, bis das Schloss um 2000 von dem Bauunternehmer Kurt Glass gekauft und in ein Kur- und Wellnesshotel mit vielen Arrangements umgewandelt wurde. Die weitläufige Parkanlage entstand im 19. Jahrhundert, noch bevor das Schloss gebaut wurde.

Schloss Bärenklau

03172 Bärenklau
Gemeinde Schenkendöbern
Landkreis Spree-Neiße

Schloss Bärenklau

Von der B 168 zweigt in Peitz nördlich von Cottbus eine Kreisstraße nach Guben ab. Dort liegt wenige Kilometer vor Guben der kleine Ort Bärenklau mit dem neu restaurierten Schloss am Dorfrand auf einer vom Wald umgebenen Wiesenfläche. Die stattliche Dreiflügelanlage in neubarocken Formen wurde 1927/28 für den Tuchfabrikanten Ernst C. Lehmann errichtet und war der letzte Schlossbau in der Lausitz. Lehmann übernahm 1928 die Tuchfabrik von den Vorbesitzern Wilke, die in einigen Generationen das Unternehmen führten und hatte auch den später weltbekannten Filzhut erfanden. Peter Lehmann war der letzte Eigentümer der Gubener Tuchfabrik Lehmanns Witwe & Sohn. Sein Vater Ernst hatte in den 1920er-Jahren das Schloss Beitzsch (heute Biezc) und die dortige Jagd gepachtet. Seine

Ehefrau Lisa verstarb noch vor dem Umzug nach Bärenklau, so ließ der Gatte ihr hier ein Zimmer originalgetreu so einrichten, wie sie es in der alten Heimat Beitzsch hatte. Seit 1950 nutzte man den zweigeschossigen Putzbau unter Mansarddächern, dessen nördliche Hoffront durch einen Säulenportikus mit Dreiecksgiebel bestimmt ist, als Arbeitererholungsheim, Gewerkschaftsschule des FDGB-Bundesvorstandes, Schulungsheim der Post- und des Fernmeldewesens und als Genesungsheim bis 1990. Die Gartenfront ist durch einen schwachen Mittelrisalit mit Attika und Balustrade sowie durch Altane gegliedert. Das liebevoll restaurierte Anwesen ist Privatbesitz und kann nur von außen eingesehen werden.

Schloss Bärenklau

Schloss Baruth

15837 Baruth/Mark

Landkreis Teltow-Fläming

Baruth liegt 40 Kilometer südlich von Berlin, an der Kreuzung der Bundesstraßen 96 und 115 und in direkter Nachbarschaft zum Spreewald. Baruth ist nicht sicher seit 997 als Burgward des Erzbistums Magdeburgs bezeugt, wohl aber als slawischer Burgort am Übergang der Handelsstraße von Wittenberg ins Havel-Spree-Gebiet, den die Askanier 1216 übernommen hatten. Das Anwesen war von 1596 bis 1945 Sitz der Grafen von Solms-Baruth und seine Entstehung verlief in drei Etappen. Die Orangerie entstand in der zweiten Hälfte des 18. Jahrhunderts, wurde Anfang des 19. Jahrhunderts verändert und ein öst-

Schloss Baruth

licher Erweiterungsbau hinzugefügt. Der westlich gelegene Kopfbau entstand 1912/13. Der annähernd gleich große klassizistische zweigeschossige Erweiterungstrakt wurde über einem Feldsteinsockel und mit flachem Walmdach errichtet, über dem Portal eine Wappentafel. Beeinträchtigt wurde der Schlossbau durch einen Anbau von 1967 und einen 1920 zwischen Schloss und Frauenhaus errichteten Fachwerkgang. Dieser wurde nach 1960 teilweise abgebrochen. Insgesamt wurde das Schloss im 19. und 20. Jahrhundert stark verändert. Das nebenan stehende Alte Schloss befindet sich in Rekonstruktion. Beide Objekte stehen zurzeit leer. Der Park wurde nach einem Entwurf von Peter Joseph Lenné aus dem Jahre 1838 als Landschaftspark gestaltet, von dessen einstiger Pracht heute nicht viel übrig ist.

Schloss Beesdau

Schloss Beesdau

15926 Beesdau
Gemeinde Heideblick
Landkreis Dahme-Spreewald

Beesdau liegt im unteren Spreewald südlich von Luckau im Naturpark Niederlausitzer Landrücken. Das Schloss geht auf eine mittelalterliche Burg zurück. Im Dreißigjährigen Krieg wurde die Burg zerstört, wohl später wieder aufgebaut. Die gut erhaltene verputzte Dreiflügelanlage, die sich um einen schmalen Hof gruppiert, geht im Kern auf das 15. und 16. Jahrhundert zurück, mit eingreifenden Veränderungen im 19. Jahrhundert. Vom Ursprungsbau stehen noch die Kellergewölbe und die Umfassungsmauern eines quadratischen Turms im Südflügel. Die Lage der einstigen mittelalterlichen Befestigung kann man an den ringförmig angelegten Wirtschaftsgebäuden erahnen. Der älteste Teil ist der quadratische Turmstumpf aus dem 14. Jahrhundert. In der Mitte des 19. Jahrhunderts erweiterte man den Nordflügel und errichtete den neugotischen runden Treppenturm im Hof. Die Familie von Polentz besaß die Anlage im 16. Jahrhundert und 1841 kaufte der Amtsrat Johann Gottlieb Koppe das Rittergut Beesdau. Dieser baute auf dem Besitz-

Burg Beeskow

grund ein Schloss im gotisierenden Stil des Romantikzeitalters. Die Kriegsjahre relativ unbeschadet überstanden, war es nach 1945 unter weiterer Nutzung auch Kulturhaus. Heute ist es wieder in Privatbesitz und kann nur von außen besichtigt werden.

Burg und Herrenhaus Beeskow

15848 Beeskow

Landkreis Oder-Spree

Die Stadt mit **Burg** und Herrenhaus liegt im Osten des Landes, direkt an der Spree, 35 Kilometer nordöstlich von Lübben und wird auch das „Tor zur Niederlausitz“ genannt. In der ältesten Urkunde der Stadt von 1272 wird die ursprünglich slawische Wasserburg Beeskow auf einer Spreeinsel erwähnt und gehörte zu jener Zeit den Herren von Strehle. Sie wurde Anfang des 13. Jahrhunderts ausgebaut. Mit zahlreichen anderen Sitzen bildete sie ein

Herrenhaus Beeskow

Altes und Neues Herrenhaus Beetz

dichtes Netz von Wasserburgen in der Region. Die Herren zu Bieberstein kamen zwischen 1377 und 1382 durch Erbschaft an die Burg, die im 15. Jahrhundert als verfallen galt. In der Besitzfolge kam 1518 Dietrich von Bülow, Bischof von Lebus, an die Burg, der sie von 1519 bis 1524 als weiträumiges Renaissanceschloss erneuerte. Das Schloss kam 1556 als Pfandbesitz an den Markgrafen Johann von Küstrin, wurde als kurfürstliches Amt genutzt und ging 1575 an den Kurfürsten von Brandenburg. Im 19. Jahrhundert wurden Erneuerungen an der Spreeseite vorgenommen. Bis 1945 verblieb die Anlage im Besitz der Hohenzollern und wurde bis 1915 als Verwaltungsgebäude genutzt. Zum Kriegsende 1945 wurde die Burg beschädigt, wobei der Ostflügel ausbrannte. Die Stadt als neuer Eigentümer nutzte die Anlage ebenfalls als Wirtschafts- und Verwaltungsgebäude weiter. Flüchtlingsfamilien fanden hier eine Bleibe und 1968/69 sowie 1992/93 wurde die Anlage restauriert, nachdem man 1991 beschlossen hatte, hier ein Kultur-, Musik- und Bildungszentrum zu gestalten. Im ehemaligen Salzhaus und dem südlichen Burgflügel befindet sich das Regionalmuseum. Der nördliche Flügel aus Fachwerk vom 19. Jahrhundert wurde ebenfalls rekonstruiert und zum Atelierhaus ausgebaut. Das Beeskower **Herrenhaus** wird als Hotel und Pension „Märkisches Gutshaus“ betrieben und war auch als so genanntes Neues Amt bekannt. Der neuklassizistische zweigeschossige Putzbau mit übergiebeltem Mittelrisalit und Walmdach entstand 1910. Das Haus wurde ebenfalls 1992/93 erneuert und innen verändert.

Altes und Neues Herrenhaus Beetz

16766 Beetz
Stadt Kremmen
Landkreis Oberhavel

Unmittelbar nördlich an Berlin angrenzend, liegt im Südwesten des Landkreises Oberhavel Beetz mit seinem Alten und Neuen Herrenhaus. Der Ort ging aus einer Wendenansiedlung hervor und nannte sich 1397 Beitz, später verschiedentlich noch anders und 1459 erhielt er die heutige Bezeichnung. Eng verbunden ist der Ort seit dem 13. Jahrhundert mit der Familie von Redern, die positiven Einfluss auf die Entwicklung des Dorfes hatte. Die von Redern verkauften 1612 drei Viertel ihres Besitzes an den Kurfürsten von Brandenburg und somit auch die Patronatsrechte. 1655 kam Kurfürstin Louise Henriette von Brandenburg an den Besitz, die zu jener Zeit in Oranienburg residierte. Den verbliebenen vierten Teil erwarb über Heirat 1835 ein Herr von Quast und wurde Besitzer des Gutshauses in Beetz. Im Jahre 1835 kam der preußische Offizier von Knesebeck zu Karwe als neuer Besitzer an das Gut mit Meierei, Vorwerk und Schäferei. Im ehemaligen Gutspark befindet sich die von Alexander Ferdinand Ludolf von Quast errichtete Erbbegräbnisstätte. Das Gutshaus ist ein eingeschossiger Rechteckbau über hohem Kellergeschoss von 1809. Der ehemalige Herrensitz wird seit 2004/05 als Ganztagsschule durch die Stadt Kremmen geführt.

Herrenhaus Binenwalde

16818 Binenwalde
Stadt Neuruppin
Landkreis Ostprignitz-Ruppin

Binenwalde liegt in der Neuruppiner Schweiz, südwestlich von Rheinsberg. Das hier stehende ein- und zweigeschossige Her-

Herrenhaus Binenwalde

renhaus stammt im Kern aus dem Jahr 1756. Die Existenz von Binenwalde fällt in die Kolonisationsphase unter König Friedrich II. von Preußen. Einer der zu erwähnenden Besitzer des Gutes Binenwalde war 1798 der in Altruppin geborene Professor der Medizin an der Berliner Universität, Karl Heinrich Schultz-Schultzenstein. Er hinterließ eine Reihe wissenschaftlicher Erkenntnisse aus seiner Forschung in der Tier- und Pflanzenwelt. Im 19. und frühen 20. Jahrhundert wurde die Anlage umgebaut, sodass sich heute die Hauptfassade mit zweigeschossigem Eingangsrisalit mit ionischen Kolossalpilastern und Dreiecksgiebel dem Besucher präsentiert. Zahlreiche Besitzer hatten im Laufe der Zeit das Gut inne. Letzter Eigentümer vor dem Krieg war von 1938 bis 1945 Walter Claus, ein Schokoladenfabrikant aus Dresden. Im Jahre 1945 wurde im Zuge der Bodenreform das Land auf 20 Siedler aufgeteilt. Im ehemaligen barocken Herrenhaus fanden Flüchtlinge und Siedler, später elternlose Kinder eine Heimat, worauf es bis 1995 als Kinderheim betrieben wurde. Erneut verkauft wurde das Herrenhaus im Jahr 2000 an die Familie von Butler.

Herrenhaus Birkholz

19357 Birkholz
Gemeinde Karstädt
Landkreis Prignitz

An der alten Poststraße von Lenzen nach Perleberg und südlich von Karstädt liegt Birkholz mit seinem schlossartigen, neobarocken, zweigeschossigen Herrenhaus. Schon 1340 wurde der Ort

Herrenhaus Birkholz

erstmals urkundlich erwähnt, als man ihn noch „Berckhuete“ nannte. Den heutigen Namen erhielt er erst 1588. Im Jahre 1895 sprach man von einem Rittergut, das zum Amt Lenzen gehörte und das 1904 Rittmeister Karl Gustav August von Maltzahn erwarb, der bis 1905 das Herrenhaus erbauen ließ. Der dreiachsige Eingangsrisalit der Hauptfassade ist durch Kolossalpilastergliederung und Ochsenaugen geziert. Der nebenan befindliche Dachturm besitzt eine offene Laterne und Schweifhaube. Nicht nur das als Schloss bezeichnete Haus ließ von Maltzahn erbauen, auch einen großzügigen Park ließ er anlegen. Dieses Herrenhaus, wie viele andere auch, beherbergte nach dem Zweiten Weltkrieg Flüchtlinge, wurde dann für die Zivilverteidigung genutzt und war Wohnstätte des CJD (Christliches Jugenddorf). Das Herrenhaus befindet sich heute wieder in Privatbesitz und kann nur äußerlich besichtigt werden.

Herrenhaus Blankensee

14959 Blankensee
Stadt Trebbin
Landkreis Teltow-Fläming

Im Naturpark Nuthe-Nieplitz, wenige Kilometer westlich von Trebbin, findet man Blankensee mit dem zweigeschossigen Herrenhaus und einem ungewöhnlichen touristisch interessanten Park. Vermutlich auf den Resten einer Vorgängeranlage entstand 1701 für den sächsischen Kreishauptmann Christian Wilhelm von Thümen das heutige Herrenhaus. Der Schriftsteller Hermann Sudermann kaufte 1903 den Herrensitz. Er stattete den 1832 nach Entwürfen von Peter Joseph Lenné angelegten Park mit vorrangig italienischen Barockplastiken aus, die er von seinen Reisen mitbrachte. Er lebte hier bis zu seinem Tod 1928. Südöstlich des Herrenhauses liegt der Venusteich mit Insel. Die Gartenfront des Hauses ziert eine Florastatue. Die flachen Seitenflügel stammen vom Anfang des 20. Jahrhunderts, der nördliche wurde erst jüngst durch einen kubischen Neubau ersetzt. Die Frontseite

Herrenhaus Blankensee

Herrenhaus Blumberg

wird betont durch eine Freitreppe mit Sandsteinbalustrade und Putten. Darüber befindet sich ein Balkon mit schmiedeeisernem Gitter. Parkseitig besticht ein Mittelportal mit doppelläufiger geschwungener Freitreppe. Der Innenbereich enthält ein schlichtes Treppenhaus und das Schlafzimmer Hermann Sudermanns (heute Sudermann-Gedenkzimmer) mit prächtigem Rokokokachelofen von 1701 sowie den verbliebenen Bestand der Möbel und Gemäldesammlung. Heute befindet sich im Herrenhaus ein Tagungszentrum. Führungen im Park werden angeboten. Das Café ist sonntags geöffnet.

Herrenhaus Blumberg

16306 Blumberg
Gemeinde Casekow
Landkreis Uckermark

Im Nordosten des Landes, südwestlich von Casekow, findet man den kleinen Ort Blumberg mit seiner Gutsanlage, bestehend aus Gutshaus (auch Schloss genannt), Scheune, Stallscheune und Brennerei. Im Jahre 1289 fand Blumberg seine Ersterwähnung und war 1430 im Besitz der Familie von Sydow. Karl Friedrich von Sydow überließ das Rittergut im Jahr 1756 seinem Schwiegersohn und Neffen Heinrich Karl von der Osten, dem im Familienerbe mit Heinrich Karl II. von der Osten 1792 und 1847 Florentin von der Osten, später auch dessen Sohn Alexander folgten. Heinrich Karl II. hat das Herrenhaus neu erbauen lassen. Nachdem man die Familie von der Osten vertrieben hatte, konfiszierte das Militär der Roten Armee im April 1945 das Gut und nutzte es als Kommandantur. Flüchtlinge und Umsiedler fanden darauf hier eine Bleibe und später entstand ein Volkseigenes Gut. Genutzt wurde das Herrenhaus in den folgenden Jahren noch als Wohnbereich, Werksküche, Kindergarten, Gemeindebüro und Gaststätte. Nachdem sich gleich nach Kriegsende Eckhart von der Osten um die Rückübertragung vergebens bemüht hatte, erreichten dies erst nach seinem Tod 1996 seine Söhne. Sie bekamen das Gutshaus, Park und große Teile des Blumberger Waldes vom Staat zurück.

Schloss Boitzenburg

17268 Boitzenburg

Landkreis Uckermark

Im Boitzenburger Land, 20 km südwestlich von Prenzlau gelegen, findet man das prachtvolle gleichnamige Schloss. Im Jahre

Schloss Boitzenburg

Boitzenburg

1276 wird erstmals hier eine Burg genannt und 1429 erhalten Hans und Jaspar von Arnim die Boitzenburg als Pfandbesitz und machen sie zu ihrem Stammsitz. Ab 1590 errichtete Bernd von Arnim ein renaissances Neuschloss, das ab 1747 zur barocken Dreiflügelanlage ausgebaut und ab 1882 in der Gesamtanlage gemäß dem alten Schloss vereinheitlicht wurde. Das Gewölbe und den Kamin des Jagdzimmers ziert ein reicher figürlicher Stuckdekor aus der Zeit um 1640 von italienischen Stuckateuren. Bevor von C. Doflein 1881 bis 1884 das Unterhaus dem Oberhaus in der Neurenaissance angeglichen wurde, wurde es durch F. A. Stüler 1838 bis 1842 im Tudorstil umgebaut. Die Front des Schlosses wird durch drei mit Pilastern gegliederte Zwerchhäuser mit geschwungenen Giebeln belebt. Der ursprünglich von Stüler zweigeschossig aufgestockte Hauptflügel mit hohem quadratischen Treppenturm geht im Kern bis in die Zeit um 1600 zurück. Dofleins Gartenseite mit halbrunden Turmerkern ist durch eine Laube mit doppelläufiger Freitreppe gegliedert. Friedrich Wilhelm Graf von Arnim ließ den 1827 bis 1838 von Peter Joseph Lenné angelegten Landschaftsgarten im englischen Stil umgestalten. Carl Gotthard Langhans fügte 1804 einen klassizistischen Gedächtnistempel mit großer säulenflankierter Rundbogennische für Friedrich Wilhelm von Arnim hinzu. Gegenüber dem Ehrenhof des Unterhauses entstand 1856 auf einer Anhöhe der

Schloss Boitzenburg

Apollotempel, ein achteckiger Monopterus mit Kuppeldach. Das Erbbegräbnis von Arnim erbaute Doflein 1888 als aufwendige Anlage mit Kapelle in den Formen eines neuromanischen Zentralbaus. Mehrere Bildhauer, darunter Johann Gottfried Schadow, zierten das Areal mit sehenswerten Plastiken. 1945 wurde das Anwesen verstaatlicht und 1955 bis 1990 als Offiziers-Erholungsheim genutzt. Oliver Erbacher erwarb 1998 das Schloss, das 1999 bis 2004 renoviert und zum Jugendhotel mit vielen Freizeitangeboten umgebaut wurde. Auch Schlossführungen sind beliebt und im Marstall befindet sich ein Schlossmuseum. Des Weiteren gibt es hier eine Schokoladenmanufaktur, Kafferösterei sowie Schlossbäckerei und der angrenzende See bietet Bademöglichkeiten.

Herrenhaus Bomsdorf

15898 Bomsdorf
Gemeinde Neuzelle
Landkreis Dahme-Spreewald

Bei einem Besuch des reizvollen Schlaubetals sollte man das liebevoll restaurierte, 1310 erstmals erwähnte Gutsschloss und den Schlosspark in Bomsdorf aufsuchen. Der Ort ist nördlich von Guben gelegen, nahe der

Herrenhaus Bomsdorf

polnischen Staatsgrenze. Das Anwesen war Stammsitz der Ritter von Bomsdorf, als hier noch auf der Kaupe eine ursprüngliche Wasserburg stand. Unter der Herrschaft dieses Adelsgeschlechtes ging das alte Herrenhaus noch vor 1698 zweimal in Flammen auf. Der heutige Herrensitz wurde erst 1731 durch Friedrich von Hayn erbaut, das prächtige Wappen in der Eingangshalle erinnert an diese Familie. Nachfolger Prot von Wiedebach ließ das Haus 1850 im klassischen Stil verändern. Die Wirtschaftsgebäude entstanden um 1700 und wurden mit Feldsteinen gebaut. Es folgten 1893 mit der Ritterfamilie von Kunow neue Eigentümer, die den Besitz bis zum Ende des Zweiten Weltkrieges hielten. Flüchtlinge bezogen das Herrenhaus, später richtete man eine Gaststätte ein, nutzte es noch für weitere Zwecke und

Schloss Booßen

veränderte somit stark die gesamte Raumstruktur. Der Ringgraben wurde 1965 verfüllt. Von 1997 bis 2000 erfolgte durch die Familie Schwark eine umfassende Sanierung der Anlage, wobei das ursprüngliche Aussehen wiederhergestellt wurde. Sie ermöglichten es, sehenswerte Räume für Besucher zu öffnen oder für Feierlichkeiten zu nutzen. Sehenswert und erholsam ist auch der am Herrenhaus angrenzende ehemalige Gutspark aus dem 18./19. Jahrhundert mit altem und wertvollem Baumbestand sowie die vielen kleinen Teiche – eine märchenhafte Idylle. Bei einem ausgedehnten Spaziergang stößt man hier auf die Grabstätte der Ritterfamilie von Kunow, gelegen im Schatten großer Bäume.

Schloss Booßen

15234 Booßen
Stadt Frankfurt/Oder
Kreisfreie Stadt

Unmittelbar an der polnischen Staatsgrenze liegt die kreisfreie Stadt Frankfurt, am nördlichen Rand in einem üppigen Grün der Ortsteil Booßen. Markgraf Waldemar hatte 1317 das Dorf der Stadt Frankfurt übereignet. Noch bis zum Ende dieses Jahrhunderts gingen die Gerichte und Rechte sowie das Patronat über die Kirche an die Petersdorfer. Der spätklassizistische Putzbau von 1884 wurde nach einem Brand in Anlehnung an die Art der Berliner Turmvillen mit Risalit und Halbsäulen im

Untergeschoss sowie mit Pilastern und abschließendem Giebel im Obergeschoss gestaltet. Die westliche Schmalseite zieren Figurennischen und im Treppenhaus von 1870 befinden sich ein üppig geschnitztes Geländer sowie qualitätsvolle Stuckdekorationen. In heutiger Zeit wurde es zuerst als Senioren- und Pflegeheim bis 1993 genutzt und beherbergt einen Kindergarten und Jugendklub.

Schloss Börnicke

16321 Börnicke
Stadt Bernau
Landkreis Barnim

Das Dorf liegt südöstlich von Bernau bei Berlin und wurde erstmals urkundlich 1300 erwähnt. Nach dem Dreißigjährigen Krieg bezeichnete man den Ort als wüst. 1679 kam der Obrist Wolmir von Wrangel, Kommandeur der Kurfürstlichen Leibgarde zu Berlin, an das Rittergut. Nachdem man 1871 den Eichbuschteich drainiert hatte, entstanden hier das Schloss und der Park sowie weitere Bauten und Alleen. Neuer Besitzer des Areals wurde 1892 Kommerzienrat, Generalkonsul und geheimer Rat Ernst Mendelssohn Bartholdy, dem noch zahlreiche Besitzer folgten. Nachdem die Familie der Mendelssohns 1896 geadelt wurde, ließ Paul, Sohn des Ernst von Mendelssohn Bartholdy, 1910 das bestehende spätklassizistische, zweigeschossige Schloss mit Mansarddach vom Architekten Bruno Paul in strengen, neubarocken Formen umbauen. Eben dieser

Schloss Börnicke

Architekt gestaltete auch den Gutspark in einen Landschaftspark mit großer Teichanlage und Grottenhügel um. Des Weiteren findet sich hier die ehemalige Orangerie mit Durchfahrt und ein eingeschossiges Gärtnerhaus. Viel Zeit hatte Paul von Mendelssohn Bartholdy nicht mehr, um die Pracht der Anlage genießen zu können, denn er verstarb 1935 kinderlos. Das Schloss wurde nach dem Zweiten Weltkrieg unterschiedlich genutzt, unter anderem von 1967 bis 1992 als Kindergarten, Schule und Internat für körperbehinderte Kinder. 2003 wurde der Förderverein Schloss und Gutshof Börnicke e. V. gegründet und auf dem Gutshof haben sich ein Kunstschmied, ein Tischler und zwei Kunstmaler niedergelassen. Auch ein kleines Museum kann man erkunden und im Park finden Oldtimertage und Jazz-Konzerte statt.

Schloss Lindstedt, Bornstedt

Schloss Lindstedt

14469 Bornstedt
Stadt Potsdam
Landeshauptstadt

Bornstedt ist ein Potsdamer Stadtteil nordwestlich des Parks Sanssouci. Das vom Kronprinzen Friedrich III. 1828 erworbene Krongut sollte später dem Kronprinzen Friedrich Wilhelm IV., der an einer unheilbaren Geisteskrankheit litt, als Altersruhesitz dienen. Das Gut war zuvor von 1803 bis 1828 Eigentum der Vorfahren des Vicco von Bülow, Loriot genannt. In den Jahren 1857/58 schuf man nach Plänen Ferdinands von Arnim einen Bau im Villenstil, eine Anlage mit Rundturm, Säulenbelvedere, offenem Pavillon mit hoher Freitreppe und langem Kolonnadengang. Weitere Veränderungen erfolgten nochmals am sogenannten Schlösschen 1859/60 durch Ludwig Ferdinand Hesse, doch der Bau war noch nicht vollendet. Mit dem Ableben des Königs übernahm dessen Witwe das Schloss als Erbe. Sein Bruder Wilhelm I. ließ es fertigstellen. Kein Geringerer als Peter Joseph Lenné schuf die Gartenanlage, in der sich besonders die Kinder des letzten Kaiserpaares wohl fühlten. Hindenburg überließ 1918 Lindstedt dem Chef des Generalstabs, Erich von Falken-

Schloss Branitz

hayn, zur Erbpacht. Nachdem dieser 1922 verstarb, bewohnte es die Familie noch bis 1944. Der Schwiegersohn des letzten Pächters, Henning von Tresckow, war einer der führenden Köpfe des militärischen Widerstands vom 20.07.1944. Am Schloss zogen der verheerende Erste und Zweite Weltkrieg vorüber, ohne Schaden anzurichten. Von 1951 bis 1978 war hier der Sitz der Pädagogischen Hochschule Potsdam und von 1983 bis 1994 des Gerichtsmedizinischen Instituts. Letzteres stellte die Räume in alter Pracht wieder her. Lindstedt zählt zum Gesamtensemble der Schlösser und Gärten Potsdams, ist seit 1990 Weltkulturerbe der UNESCO und wird von der Stiftung Preußische Schlösser und Gärten Berlin-Brandenburg verwaltet. Schloss Lindstedt dient heute für Veranstaltungen verschiedener Art und kann angemietet werden oder im Rahmen von Veranstaltungen begangen werden. Der Schlossgarten ist zugänglich.

Schloss Branitz

03042 Branitz
Stadt Cottbus
Kreisfreie Stadt

Branitz ist ein Stadtteil 4 km südöstlich von Cottbus, in dessen reizvoller, weitläufiger Parkanlage mit verschiedenen integrierten Parkbauten auch das Branitzer Schloss steht. Die im 12. Jahrhundert als Chotibuz erstmals

Plastik am Schloss Branitz

urkundlich erwähnte heutige Stadt Cottbus blickt auf eine slawische Vergangenheit zurück. Der Herrensitz wurde 1449 erstmals erwähnt. Während der Zeit des Dreißigjährigen Krieges und der damit folgenden Brände und Epidemien schrumpfte die Einwohnerzahl auf 150. Gestiegen war diese wieder mit den in Frankreich nicht mehr geduldeten Hugenotten und Pfälzern um 1700. Als 1696 Augustus Sylvius Graf von Pückler Branitz erwarb, entstand in der Folge von 1770 bis 1772 das heutige Schloss im Stil des späten Rokoko durch Graf August Heinrich von Pückler. Im Jahre 1822 erhob man Graf Hermann von Pückler-Muskau in den Fürstenstand. Als seine geliebte Frau Lucie verstorben war, versuchte er durch eine neue Geldheirat seine Pläne von einem großen Park zu verwirklichen. Dieses Vorhaben misslang und er wählte Branitz zu seinem Wohnsitz, in den er zu investieren begann. Von 1846 bis 1852 ließ er das Schloss unter Mitwirkung Gottfried Sempers umbauen, von dem auch der Pergolahof an der Ostseite stammt, an dessen seitlichen Pergolamauern sich Terrakottareliefs mythologischen Inhalts nach Entwürfen von Bertel Thorvaldsen befinden. Von 1854 bis 1888 verwirklichte er seine Garträume mit der Anlage des Westparks und den beiden Pyramiden. Die Fertigstellung hatte Hermann von Pückler-Muskau nicht mehr miterleben können, da er 1871 verstarb und in der Seepyramide bestattet wurde. Bis 1945 gehörte Schloss und Park Branitz der Familie Pückler und wurde dann verstaatlicht. Von 1994 bis 1998 erfolgte eine umfassende Restaurierung. Die Museumsräume des Schlosses informieren über Pücklers Lebenswerk. Auch eine Gedenkstätte für den 1798 in Cottbus geborenen Maler Karl Blechen kann man hier aufsuchen. Ein Höhepunkt und ein wahrer Kunstgenuss sind die sommerlichen Konzerte und Theatervorstellungen vor der fürstlichen Kulisse.

Schloss Briesen

15757 Briesen
Gemeinde Halbe
Landkreis Dahme-Spreewald

Östlich der A 13, in der Mitte zwischen Golßen und Halbe, liegt Briesen, das 1749 durch die von Sutterheim an Joachim Seyfried von Schlieben verkauft wurde. Schon ein Jahr darauf errichtete Hans Ernst von Schlieben das alte Herrenhaus. Es ist ein gut proportionierter, zweigeschossiger verputzter Fachwerkbau mit Walmdach und ungewöhnlicher Aufteilung mit zwei Eingängen zu getrennten Wohnbereichen. Das Schloss, ein neubarocker Putzbau, entstand von 1910 bis 1912 in der Tradition Berliner Landhäuser für den Berliner Theaterunternehmer Fritz Paul Jentz. Ein kräftiger Mittelrisalit mit Säulenportikus, Giebel und Wappenkartusche sowie Lisenengliederung ziert den Bau, der auf einer kleinen Anhöhe effektvoll zum Tragen kommt. Eine Mauer mit auffälligem Portal trennt das Schloss vom Dorf. Der Park wurde von 1910 bis 1913 von der Berliner Gartenbaufirma Späth terrassenförmig angelegt. Beachtenswert ist die 1924 erbaute große Remise. In die Anlage zog von 1945 bis 1948 die sowjetische Kommandantur ein, der von 1948 bis 1951 die Kreisparteischule der SED und dann bis 1991 eine Grundschule folgten. Fünf Jahre stand das Schloss leer, bis 1996 die Rekonstruktion des in Privatbesitz befindlichen Schlosses und der Parkanlage erfolgte. Räume für Festlichkeiten können gemietet werden.

Schloss Briesen

Herrenhaus Buchenhain

17268 Buchenhain
Gemeinde Boitzenburger Land
Landkreis Uckermark

Der im Norden westlich von Prenzlau unmittelbar an der mecklenburg-vorpommerischen Landesgrenze gelegene kleine Ort hieß bis 1952 Arnimshain und wurde 1837 als das Vorwerk Arnimswalde gegründet. Das Herrenhaus entstand 1923 für den Grafen von Arnim aus Boitzenburg, dessen Familie dieses bis 1945 als Wohnsitz nutzte. Später wurde es als Schule, Schwesternstation und Arztpraxis genutzt. Joachim Dedo von Arnim kam 1992 wieder in den früheren Familienbesitz und gestaltete diesen innerhalb von knapp zwei Jahren zum Hotel Arnimsheim um. Seit 2005 firmiert es unter der neuen Besitzerin als „Landsitz Buchenhain". Verschiedene Wellness-Angebote sorgen für angenehme Entspannung und den Gaumen kann man mit vorzüglichen Speisen verwöhnen. Die reizvolle Umgebung mit ihren vielen Seen, Wäldern, Feldern und Alleen lädt zum Entspannen, Wandern und Baden ein.

Herrenhaus Buchenhain

Schloss Caputh

14548 Caputh
Gemeinde Schwielowsee
Landkreis Potsdam-Mittelmark

Caputh liegt am Schwieloch- und am Templiner See südwestlich vor Potsdam und wurde erstmals 1317 als selbstständiges Dorf erwähnt. Hier stand einst ein Gutshaus der Herren von Rochow und 1594 errichtete man einen Landsitz für die Kurfürstin Katharina, als sich der Besitz in den Händen des kurfürstlichen Hauses befand. Das Anwesen wurde jedoch in den Auseinandersetzungen des Dreißigjährigen Krieges zerstört. Die verbliebenen Reste nebst Weinberg, Schäferei und Karpfenteich schenkte der Große Kurfürst seinem Generalquartiermeister Philipp de Chièze, der später das barocke Schloss erbauen ließ. Als der Besitzer verstarb, fiel das gesamte Areal an Brandenburg zurück und das Schloss wurde 1673 unter Fried-

Schloss Caputh

rich Wilhelm zur Sommerresidenz für seine Gemahlin Dorothea umgebaut. Vollendet wurde es 1689 unter Friedrich III. für seine Gemahlin Sophie Charlotte durch den Anbau von Eckpavillons, eine einheitliche Fassadengestaltung und an der Gartenseite durch einen mittleren Portalrisalit mit doppelläufiger, halbkreisförmiger Treppenanlage. Friedrich der Große ließ eine Färberei für Uniformstoff im Schloss einrichten. Peter Joseph Lenné gestaltete den barocken Garten am Templiner See 1820 zu einem Landschaftsgarten um. In diesem Jahr kam das Anwesen in Privatbesitz. In den Jahren 1908/09 gab es eine Erweiterung durch den Bau eines Flügels an der Hofseite. Einst konnte das Schloss auf eine prächtige Ausstattung mit dem noch heute bestehenden Festsaal mit Reliefs und Deckenbild von Augustin Terwesten d. Ä. und Szenen aus den Befreiungskriegen nach 1813 verweisen. Im westlichen Bereich befinden sich die Räume der Kurfürstin mit Porzellankabinett im Pavillon. Im Kellerbereich liegt der Sommerspeisesaal mit einer Wandverkleidung aus Delfter Fliesen des 17. Jahrhunderts. Ab dem Jahre 1999 wurde das Schloss restauriert und wird seitdem als museale Einrichtung genutzt. Die Ausstellungsräume sind vorwiegend mit Möbeln, Skulpturen und Porzellanen sowie Gemälden des 17. und 18. Jahrhunderts ausgestattet, aus dem Besitz der Schlösserstiftung. Sehenswert ist eine Serie römischer Kaiser, die von 1619 bis 1625 von namhaften niederländischen Künstlern gefertigt wurde. Ab 1947 wurde das Objekt Berufsschule. Das Schlossareal unterliegt seit 1995 der Betreuung der Stiftung Preußische Schlösser und Gärten Berlin-Brandenburg. Das Museum wurde 1998 eröffnet. Im Kavalierhaus befindet sich ein Hotel und in einem Nebengebäude ein Café.

Herrenhaus Criewen

16303 Criewen
Stadt Schwedt
Landkreis Uckermark

Im Nationalpark Unteres Odertal liegt unweit der polnischen Grenze der erstmals 1354 urkundlich erwähnte heutige Ortsteil der Stadt Schwedt. Neben dem ehemaligen Schloss des Rittmeisters Otto von Arnim und dem Lenné-Park von 1822 kann man auch das Informationszentrum des Nationalparks besuchen. Von 1472 bis 1712 betrieb hier die Familie von Stegelitz eine Gutsherrschaft. Diese wurde 1712 bis 1768 von der Familie von Luck und von 1768 bis 1816 von der Familie von Rebeur im Besitz abgelöst. Im Jahre 1816 kaufte Otto von Arnim das Rittergut, ließ das Dorf verlegen und ein Schloss bauen. 1884 gründete Bernd von Arnim eine Saatzucht und wurde 1906 zum preußischen Landwirtschaftsminister ernannt. Das Herrenhaus baute man 1910 neuklassizistisch um. Nach Kriegsende 1945 erfolgte die Enteignung des Rittergutes. Eigentümer wurde das VEG (Volkseigene Gut) mit Berufsschule. 2002 zog die Nationalparkverwaltung in den Seitenflügel des restaurierten Gebäudes und noch im gleichen Jahr übernahm die Brandenburgische Akademie Criewen das Anwesen. Dem Besucher präsentiert sich heute ein zweigeschossiger Putzbau mit Mansarddach und Fledermausgauben, im Kern von 1746. Den übergiebelten Mittelrisalit zieren eine vorgelagerte kurze Freitreppe und ein Balkon auf vier hölzernen ionischen Säulen, an dem seitlichen Erweiterungsbau ein

Herrenhaus Criewen

Schloss Dahlen

Gartenpavillon mit spitzer Haube. Im Norden steht ein Gärtnerhaus. Die „Brandenburgische Akademie Schloss Criewen“ richtete hier ein deutsch-polnisches Umwelt- und Begegnungszentrum mit vielen Angeboten wie Konzerten, Lesungen und Tagungen ein.

Schloss Dahlen

14793 Dahlen
Gemeinde Gräben
Landkreis Potsdam-Mittelmark

Südöstlich von Ziesar und nördlich von Wiesenburg ist im Naturpark Hoher Fläming der Ortsteil Dahlen der Gemeinde Gräben zu finden. Das ehemalige Rittergut war einst im Besitz derer von Schierstedt. Ludwig Persius baute den einstigen rechteckigen Putzbau 1837/38 in den Formen der Schinkel-Schule großzügig um. Genutzt wird das Gebäude als Pflegeheim des ASB. Infolge der letzten Restaurierung und moderner Anbauten wurde der historische Bau stark beeinträchtigt. Es ist ein zweigeschossiger Herrensitz mit Attikageschoss und flachem Satteldach, der einen Eingangsrisalit mit großem pilastergeteilten Portalbogen aufweist. Die Dreiecksgiebel zieren Akroterien. Das quadratische Vestibül trägt eine Flachkuppel. Der einstige weitläufige Landschaftspark aus der Mitte des 19. Jahrhunderts, der öffentlich ist, kann auf über 200 Jahre alte Bäume auch aus exotischen Ländern verweisen. Er ist ein Naturdenkmal und eine Besichtigung wert.

Schlossruine Dahme

Schlossruine und Kavaliershaus Dahme

15936 Dahme/Mark
Landkreis Teltow-Fläming

Die 20 Kilometer westlich von Luckau liegende Stadt Dahme wird von dem gleichnamigen Fluss durchzogen. Das gesamte Gebiet ist von weiten Feldern und zahlreichen Auen landschaftlich geprägt. Im Jahre 1164 wird die Burg erstmals erwähnt und 1185 als deutsche Burg am Übergang der Straße Jüterbog-Luckau über eine Sumpfniederung der Dahme genannt. Als es 1193 magdeburgisches Lehen wurde, kamen die Herren von Dahme als Lehnsinhaber an die Burg. Im Jahre 1405 starb dieses Geschlecht aus und das Lehen wurde vom Magdeburger Erzbischof Günther II. eingezogen. Nach über 200 Jahren kam 1635 im Prager Separatfrieden Kursachsen in den Besitz des Anwesens. Nur zwei Jahre später verwüsteten schwedische Truppen die Burg, worauf erst 1653 Schäden am Bauwerk unter dem Amthauptmann Melchior

Kavaliershaus Dahme

von Schlomacher beseitigt wurden. 1656 kam das Amt nach dem Tode des Kurfürsten Johann Georg I. durch Erbteilung an das Herzogtum Sachsen-Weißenfels. Die bedeutende Barockanlage wurde 1713/14 unter Einbeziehung älterer Gebäudeteile durch sächsische Baumeister als repräsentative Nebenresidenz für die Herzöge von Sachsen-Weißenfels errichtet, vermutlich ein Frühwerk J. Chr. Schützes. Der Südflügel stammt im Kern aus der ersten Hälfte des 16. Jahrhunderts. Der Nordflügel wurde vermutlich von 1545 bis 1561 von Lippold von Klitzing als Amtshaus erbaut. Das eingeschossige verputzte **Kavaliershaus** von 1721 steht neben der **Schlossruine**. Die Linie Sachsen-Weißenfels erlosch 1747 mit dem Tod des Herzogs Johann Adolf II. Das Schloss wurde Witwensitz. Ein Teil der Anlage war seit 1796 Gerichtssitz und ab 1813 wurde es preußisch und als Lazarett genutzt. Im Jahre 1826 fanden weitgehende Reparaturarbeiten an der Anlage statt. 1847 kaufte der Ökonomiekommissarius Krummholtz das Schloss. Von 1878 bis 1880 gestaltete man den historischen Bau, der von 1940 bis 1942 vor allem im Südflügel einen tiefgreifenden Umbau bekam zur Schule aus. In dieser Zeit befand sich hier eine Polizeischule. 1719 entstand hier ein Barockgarten, den man später zum englischen Landschaftspark gestaltete und 1873 an die Stadt teils verkaufte, teils verpachtete. Im Jahre 1924 wurde der Schlosspark zum Stadtpark und bekam eine Veränderung. Seit 1958 ist das Schloss Ruine, die 1994 mit Stahlkonstruktionen gesichert wurde.

Herrenhaus Dallmin

19357 Dallmin
Gemeinde Karstädt
Landkreis Prignitz

Nördlich von Karstädt, im Nordwesten des Landes Brandenburg, ist an der Landesgrenze zu Mecklenburg-Vorpommern das 1239 erstmals genannte Dallmin zu finden. Im Mittelalter hatte die Familie von Winterfeld hier einen Rittersitz, deren Her-

Herrenhaus Dallmin

rensitz 1567 im Renaissancestil erbaut wurde. Das heutige barocke Herrenhaus von 1808 entstand auf den Fundamenten des Vorgängerbaus für die Familie von Jagow-Rühstädt. Mehrfach wurde der Bau in der Zeit seines Bestehens umgebaut oder verändert, so auch durch eine Umgestaltung im Innern in Neorenaissanceformen von 1889. Als einer der Eigentümer des Herrenhauses sei Victor von Podbielski zu nennen, der 1893 als Abgeordneter des Landkreises Westprignitz in den Reichstag gewählt und 1897 ins Reichspostamt berufen wurde. Wirklicher Geheimer Rat mit dem Prädikat Exzellenz wurde Podbielski für seine Verdienste um die Entwicklung des Postwesens 1898. Sein Domizil ist ein stattlicher zweigeschossiger Putzbau mit Mansardwalmdach. Das restaurierte Herrenhaus fungierte in vergangener Zeit und auch noch heute als Kinderheim. Die Hof- und Gartenseite besitzt jeweils einen dreiachsigen abgeschlossenen Mittelrisalit. Einst waren sie mit je vier Sandsteinskulpturen bekrönt, die die vier Jahreszeiten darstellten. Die auf der Hofseite hatte man zerstört und die auf der Gartenseite wurden 1996 im Herrenhaus eingelagert. Bereits im 18. Jahrhundert hatte man den Park angelegt, der von 1808 bis 1810 neu gestaltet und erweitert wurde. 1860 überformte man diesen landschaftlich.

Herrenhaus Dannenwalde

Herrenhaus Dannenwalde

16775 Dannenwalde
Stadt Gransee
Landkreis Oberhavel

Dannenwalde ist ein nördlicher Stadtteil von Gransee an der Berliner Nordbahn und der B 96 in Richtung Fürstenberg/Havel. Erwähnt wurde Dannenwalde erstmals urkundlich 1483, als sich hier ein Gut zu Lehen derer von Priegnitz befand. Nach diesen wechselten in der Folge häufig die Besitzer, zu denen die Familien von Götze, von Buch und von Kosboth zählten. Der Geheime Kammerrat Adolf Friedrich von Waldow erwarb das Gut 1692 und ließ auch das Herrenhaus errichten. Der Dichter und Künstler Alexander von Ungern-Sternberg verstarb 1868 während eines Besuchs bei seinem Schwager Franz von Waldow auf dem Gut. Die Gutsanlage verblieb bis zur Enteignung 1945 im Besitz der Familie von Waldow. Der Herrensitz, der letztmalig 1937 umgestaltet wurde, diente als Schule. Es ist eine um einen kleinen Ehrenhof angeordnete Anlage mit ursprünglich frei stehenden Seitenpavillons vom Ende des 17. Jahrhunderts, die 1788 umfassend erneuert und erweitert wurde. Das Corps de Logis wurde zweigeschossig mit Mansardwalmdach aufgeführt. Zum Ehrenhof hin befindet sich ein dreiachsiger Mittelrisalit mit vier Halbsäulen und dazwischen sind die Wappen von Waldow und von Bismarck angebracht. Die Attika trägt die Sandsteinskulpturen der vier Jahreszeiten. An der Gartenfront veränderte man um 1810 den Risalit mit großem Halbkreisfenster im Obergeschoss und flachem Dreiecksgiebel sowie einem Balkon mit gotisierendem Eisengitter. Der Park wurde um 1800 landschaftlich umgestaltet. Das Herrenhaus befindet sich in Privatbesitz und wird rekonstruiert.

Herrenhaus Dechtow

Herrenhaus Dechtow

16818 Dechtow
Gemeinde Fehrbellin
Landkreis Ostprignitz-Ruppin

Im Ländchen Bellin, einem kleinen Höhenzug, ist westlich von Kremmen und südlich von Fehrbellin das erstmals 1294 urkundlich als „Degete" erwähnte Dechtow zu finden. Im Jahre 1490 kam die Familie von Zieten in den Ort und brachte diesen 1735 in ihren Besitz. Ein großes, aber furchtbares Ereignis fand zwischen Dechtow und Hakenberg 1675 statt, als hier eine gewaltige kriegerische Auseinandersetzung zwischen den Preußen und Schweden tobte und als die „Schlacht von Fehrbellin" in die Geschichte einging. Im Jahre 1813 brach im Ort ein Großbrand aus, dem elf Höfe zum Opfer fielen. Der Privatbesitz zeigt sich heute als klassizistischer Putzbau mit zweigeschossigem Haupttrakt und eingeschossigem Nebentrakt aus der Bauzeit von 1875 bis 1880. Dessen Pläne stammten vom preußischen Baumeister Friedrich August Stüler. Im Jahre 1945 wurde das Gut von der sowjetischen Besatzungsmacht im Rahmen der Bodenreform enteignet.

Schloss Demerthin

Schloss Demerthin

16866 Demerthin
Gemeinde Gumtow
Landkreis Prignitz

Schloss Demerthin, einer der wenigen unveränderten Profanbauten der Renaissance, ist wenige Kilometer nordwestlich von Kyritz zu finden. Es ist eigentlich ein Herrenhaus, welches sich auf ein Lehen gründet, das 1468 durch Friedrich II. von Brandenburg, genannt „der Eiserne", an die Familie von Klitzing kam. Sie baute das Herrenhaus in der Folge ab dem 16. Jahrhundert zu einem Renaissanceschloss aus. Das heutige architektonische Aussehen der durch Katharina von Oppen errichteten Anlage stammt wenig verändert aus dem Jahre 1604. Ihr Gemahl, Andreas von Klitzing, hinterließ der Witwe nach seinem Tode 1586 ein wirtschaftlich erfolgreiches

Gut. Sie konnte von den Einnahmen einen neuen Putzbau finanzieren und ist als Begründerin mit einer Inschrift über dem Portal verewigt. Bauen ließ sie ihn von 1589 bis 1604 weitgehend in unverändertem Beispiel eines Festen Hauses. Das zweigeschossige Schloss mit Satteldach wird durch die großen Zwerchhäuser auf der Hof- und Gartenseite massiv hervorgehoben. Mittig der Hofseite ist die Anlage durch einen haubenbekrönten Treppenturm betont. Vom Turm hervorstechend zeigt sich das prachtvolle Renaissanceportal mit seinem reichen Schmuck.
Über dem Sturz befindet sich ein großes steinernes Allianzwappen Andreas von Klitzings und seiner Witwe Katharina von Oppen. Das eicherne Türblatt

mit geschnitztem Akanthuswerk stammt wohl aus der Mitte des 17. Jahrhunderts. Gerahmt wird die Hofseite von ursprünglich in Fachwerk gestalteten Wirtschaftsgebäuden, die einen Ehrenhof bilden. Im Innenbereich erschließen Mittelkorridore die Geschosse und im Erdgeschoss befinden sich Gewölbe und sonst in den Räumen rudimentäre spätrenaissance Stuckdecken. Im rückwärtigen Schlossbereich liegen die Reste des früheren Schlossparks. Bis in das Jahr 1945 hatte Adda von Klitzing, geborene von Rohr, die nach der Enteignung als Stiftsdame nach Marienfließ ging und dort auch verstarb, das Schloss im Besitz. Die Rote Armee nahm im Schloss nach dem Krieg Quartier. Um den Verfall aufzuhalten, nahm sich 1993 die Gemeinde des Objekts an und es wurde mit einer umfassenden Restaurierung begonnen, die 2004 abgeschlossen war. Eingerichtet wurde ein kleines Heimatmuseum.

Herrenhaus Diedersdorf

15306 Diedersdorf
Gemeinde Vierlinden
Landkreis Märkisch-Oderland

Der Ort liegt an der B 1 südwestlich von Seelow, umgeben von Seen und Waldgebieten des Naturparks Märkische Schweiz. Östlich und südlich liegen die Seelower Höhen und das Oderbruch. An der alten Reichsstraße ist das weitläufige ehemalige Gutsgelände mit seinem eingeschossigen, dreiflügligen Herrenhaus und weitläufigen

Herrenhaus Diedersdorf

Park zu finden. Das breitgelagerte Corps de Logis mit seinen Seitenflügeln lässt einen Ehrenhof mit aufwendig gestaltetem Portal und Freitreppe von 1876 entstehen. Hans Joachim Helmigk nannte in seiner Schrift über die Landesbaukunst den Bau als ein ideales märkisches Herrenhaus um 1800. Es wird angenommen, dass Carl Gottlob von Cuno, der Diedersdorf 1748 erwarb, Mitte des 18. Jahrhunderts auf seinem Besitz ein Herrenhaus errichten ließ. Auch auf eine beträchtliche Bautätigkeit derer von Burgsdorff sind Hinweise erhalten. Um 1800 wurde die Anlage im klassizistischen Stil zu ihrem heutigen Erscheinungsbild umgebaut. Bauherr war Carl Friedrich von Lehmann, der Diedersdorf 1792 von Stefan Heinrich von Cuno erwarb. Weitere Umbaupläne entstanden mit dem neuen Besitzer Ludwig Seidel um 1872. Im Zweiten Weltkrieg wurden alle Gutsunterlagen vernichtet, sodass eine eindeutige Aussage über die Entwicklung und die Besitzer der Anlage nicht gemacht werden kann. Das Herrenhaus wurde nach der Bodenreform und der Enteignung der Familie Seidel in den folgenden Jahren Kindergarten, Schule, Gemeindebüro und 1957 unter Denkmalschutz gestellt. Im Jahre 1994 kaufte die Brandenburgische Schlösser GmbH das Anwesen und sanierte es umfassend. Seitdem wird es als Haus der Beratung und für mehrere Geschäftsbereiche genutzt.

Herrenhaus Diedersdorf

Schloss Doberlug

03253 Doberlug-Kirchhain

Landkreis Elbe-Elster

Die Doppelstadt liegt im Süden von Brandenburg, 10 Kilometer westlich von Finsterwalde, unmittelbar nördlich des Naturparks Niederlausitzer Heidelandschaft. Die große vierflüglige Renaissanceanlage des 16. und 17. Jahrhunderts war einst ein prächtiger Fürstensitz und Jagdschloss. Im Jahre 1160 wurde hier ein Kloster durch Dietrich von Landsberg gegründet, das nach der Säkularisierung 1541 unter Einbeziehung von

Schloss Doberlug, Doberlug-Kirchhain

Klosterteilen in ein Wasserschloss durch Heinrich von Gersdorff umgestaltet wurde. Kurfürst Johann Georg von Sachsen nahm an diesem 1628 bis 1635 umfassende Veränderungen vor, besonders Ergänzungen durch H. Steger mit dem Neubau des Südflügels. Auch Herzog Christian von Sachsen-Merseburg ließ durch den Maurermeister Chr. Klengel und den Steinmetz und Bildhauer Heinrich Weinhardt von 1661 bis 1671 weitere Bautätigkeit folgen. So wurde das prächtige Hauptportal mit dem Wappen von Sachsen-Merseburg zwischen dem gesprengten Giebel und die im Obergeschoss des Nordflügels bestehende steinerne Galerie auf verzierten Konsolen mit Balusterbrüstung in dieser Zeit erneuert. Im Winkel von Süd- und Westflügel steht ein oktogonaler Treppenturm mit Zwiebelhaube und Laterne und in der Nordostecke ein weiterer kleiner Treppenturm. Der Kern der Anlage ist eine nach 1547 unter Graf Heinrich von Gersdorff errichtete unregelmäßige Vierflügelanlage. In der preußischen Zeit wurde das Schloss von Behörden bezogen und als Oberförsterei, Gericht, Gefängnis und Steueramt genutzt. Nach 1945 belegte die Sowjetarmee und von 1950 bis 1988 die Nationale Volksarmee die Anlage. Von 1981 bis 1982 bekam das Schloss eine Außenrestaurierung. 1994 übernahm es die Stadt Doberlug und der Förderverein setzt sich sehr ein, um hier ein kulturelles Zentrum zu eröffnen. Die erste Landesausstellung Brandenburgs soll 2014 im Schloss eröffnet werden. Die Klosterschänke neben dem Schloss bietet den Besuchern Speis und Trank.

Schloss Drebkau

03116 Drebkau
Landkreis Spree-Neiße

Drebkau, wendisch Dramke genannt, liegt südwestlich von Cottbus an der B 169. 1408 wurde der Ort belagert und zerstört. Das im Grünen liegende rechteckige Schloss, mit Walmdach gedeckt, ist zum Teil saniert und soll einer kommunalen Nutzung zugeführt werden. Bereits im 15. Jahrhundert gehörte der Besitz der Familie von Köckeritz, später dem Hans von Polenz, dann dem jeweiligen Besitzer von Senftenberg, den von Metzradt und von Saalhausen sowie Familie von Minkwitz. Das Schloss entstand gegen Ende des 17. Jahrhunderts, zum Teil auf verbliebenen Resten einer mittelalterlichen Burg. Die Anbauten mit einem hohen quadratischen Turm in Neurenaissance- und Neugotikformen gehen auf die 2. Hälfte des 19. Jahrhunderts zurück. Die südwestliche Seite gestaltet sich dreigeschossig, während die nordöstliche durch Aufschüttung nur zweigeschossig besteht. Die dort abschließende Feldsteinmauer ist ein Rest der mittelalterlichen Burg. Der Dreißigjährige Krieg brachte viel Leid für die Menschen im Ort,

Schloss Drebkau

der durch Seuchen fast alle Bewohner verlor. Die Schlossanlage wurde 1704 durch einen Brand stark geschädigt, dann 1716 und 1750, mit einem kleinen Anteil der Familie von Steinkeller, im Wesentlichen unter den von Köckeritz und von Köpping geteilt. 1785 gründete man einen Fideikommiss, worauf der Besitz alleinig an die Familie von Arenstorff fiel. Eine im englischen Stil gestaltete Parkanlage umgibt den einstigen Herrensitz.

Jagdschloss Stern, Drewitz

Jagdschloss Stern

14480 Drewitz
Stadt Potsdam
Landeshauptstadt

Drewitz, der heutige Ortsteil von Potsdam, zählt mit der Erwähnung von 1228 zu den ältesten im Teltow, dem sich wenige Kilometer südlich der Naturpark Nuthe-Niepitz und westlich die Havelseenkette mit dem Templiner See anschließt. Der Wald der Drevici ist die heutige Parforceheide. Im 16. und 17. Jahrhundert pflegte man an den europäischen Höfen mit Leidenschaft die Parforcejagden. Der Soldatenkönig Friedrich Wilhelm I. ließ ab 1729 ein einhundert Quadratkilometer großes Gelände für diese Jagdart herrichten. Vom nahe gelegenen königlichen Stadtschloss ließ er 16 doppelte Schneisen sternförmig in den Wald schlagen. Am Rande des Zentrums des entstandenen Sterns ließ der Monarch 1730 bis 1732 in Form eines kleinen Landhauses ein quadratisches Jagdschloss bauen, in rotem Backstein und Stern im Mittelfenster. Eingerichtet war es mit drei Räumen, einem kleinen Speisesaal in luxuriöser Ausstattung, einer Küche und einem Schlafzimmer, wie noch heute bestehend. Der Saal ist in derben Barockformen gehalten und seine flache Kuppeldecke stuckiert. An den Wänden befinden sich Vertäfelungen mit Geweihen und ein Marmorkamin ziert den Raum. Im Aufsatz der Mitteltür wurden im 19. Jahrhundert Sinnbilder der

Jagd angebracht. Eine umfassende Sanierung bekam der Bau in den 1980er-Jahren und nochmals 2005. Das ehemalige Kastellanhaus ist noch älteren Datums. Das Museum hat eingeschränkte Öffnungszeiten und in seinem Bereich werden verschiedene Veranstaltungen durchgeführt.

Schloss Kahsel

03130 Drieschnitz-Kahsel
Gemeinde Neuhausen/Spree
Landkreis Spree-Neiße

Der zweigeschossige Putzbau, im Kern aus dem 18. Jahrhundert, ist am Ortsrand von Kahsel zu finden. Der Ort liegt südöstlich zwischen Cottbus und Döbern, nahe der Spremberger Talsperre. Er wurde 1428 erstmals als Kosseln erwähnt. Das ehemalige Rittergut war im Besitz der Familie List, der später die Familie Muschwitz als Eigentümer folgte. Mitte des 19. Jahrhunderts hatte man das Schloss klassizistisch überformt und eine Galerie in italienischen Formen mit direktem Zugang zum Wasser angefügt. Im Jahre 1991 bekam der Bau eine Sanierung und wurde unter Denkmalschutz gestellt. Im Keller liegt ein schweres Tonnengewölbe, vermutlich von einem spätmittelalterlichen Vorgängerbau. Der weitläufige, zum Teil aufgesiedelte Park mit Schlossteich besitzt einen alten Baumbestand und schließt nahezu das Schloss ein, in dem sich heute ein Kindergarten befindet.

Schloss Kahsel, Drieschnitz-Kahsel

Herrenhaus Egsdorf

Herrenhaus Egsdorf

15926 Egsdorf
Stadt Luckau
Landkreis Dahme-Spreewald

Die erste urkundliche Erwähnung Egsdorfs (früher Egistorff), das südöstlich von Luckau am Naturpark Niederlausitzer Landrücken zu finden ist, geht in das Jahr 1447 zurück. Kurfürst Friedrich II. von Brandenburg bewilligte 1458 eine Rente an eine der Kapellen der Luckauer Pfarrkirchen. Die Brüder Hans und Donat, Bürger zu Kalau, wurden nach dem Tode ihres Vaters mit Zinsen an Geld und Getreide mit mehreren Ortschaften belehnt, darunter auch Egsdorf mit allen Freiheiten sowie Rechten. Noch heute zählt das von der Familie von Langen 1800 erbaute klassizistische Herrenhaus zu den interessantesten Bauten des Dorfes, das zu einem Schloss in den 1860er-Jahren umgestaltet wurde. Das Herrenhaus, das sich in einem guten baulichen Zustand befindet, wurde 1987 mit unproportionalen Fenstern modernisiert und ist von einem Park umgeben.

Herrenhaus Eickstedt

17291 Eickstedt
Gemeinde Randowtal
Landkreis Uckermark

Das uckermärkische Eickstedt liegt östlich der Kreisstadt Prenzlau, dessen Landschaft von zahlreichen kleinen Seen durchzogen ist. Der Ort wurde 1271 erstmals in einer Urkunde erwähnt und ist eng mit Dominus Fredericus de Ecstede sowie der verzweigten Familie von Eickstedt verbunden. Um 1700 waren im Dorf drei Rittersitze belegt, deren Eigentümer einst im Gebiet zwischen Prenzlau und Randow herrschten. Bedeutende Persönlichkeiten gingen in den folgenden Jahrhunderten

Herrenhaus Eickstedt

aus dem Geschlecht hervor, so Kolonialoffiziere, Beamte, Landräte sowie Forschungsreisende. Die Gutsanlage der Eickstedts bestand aus dem Gutshaus, einer Kelleranlage und einem Wirtschaftsgebäude. Das Herrenhaus aus der zweiten Hälfte des 18. Jahrhunderts, ein stattlicher rechteckiger Putzbau von zwei Geschossen mit rustizierten Eckpilastern und Mansarddach, steht neben der Kirche. An der Gartenseite befindet sich ein flacher Mittelrisalit, der von glatten Pilastern begrenzt ist. Den liebevoll restaurierten Privatbesitz kann man von außen bewundern.

Schloss Elsterwerda

03533 Elsterwerda

Landkreis Elbe-Elster

Elsterwerda mit seiner barocken zweigeschossigen Dreiflügelanlage in der Flussaue der Schwarzen Elster liegt am Rande des Naturparks Niederlausitzer Heidelandschaft. Joachim Bernhart von Rohr ließ 1616 anstelle einer mittelalterlichen Burg ein Schloss errichten, das 1720 zu einer barocken Dreiflügelanlage durch den Freiherrn von Löwendahl erweitert wurde. Unter Kurfürst Friedrich August I. von

Schloss Elsterwerda

Sachsen wurden 1727 die Flügel verlängert und die Fassaden umdekoriert. Danach schenkte er das Schloss dem Kronprinzenpaar August III. und Maria Josepha von Habsburg. Der Bau wurde von 1776 bis 1796 als Sommerresidenz des Herzogs Karl von Kurland und unter preußischem Besitz ab 1815 meist als Jagdschloss genutzt. Im Jahre 1857 zog eine Schule in das Schloss ein. Im Erdgeschoss sowie im Flur befindet sich eine schöne Stuckrahmendecke und im Obergeschoss ein Eckraum mit Holzvertäfelung, Deckenschmuck und Marmorkamin mit hohem Spiegelaufsatz. Der Schlosspark wurde im 18. Jahrhundert in der Flussaue angelegt. Im 19. Jahrhundert gestaltete man den Park zum Landschaftsgarten um, der später verwilderte. Derzeit wird er restauriert. Heute befindet sich im Schloss ein Gymnasium.

Schloss Finsterwalde

03238 Finsterwalde

Landkreis Elbe-Elster

Schloss Finsterwalde

Eingebettet zwischen dem Naturpark Niederlausitzer Landrücken und dem Naturpark Niederlausitzer Heidelandschaft liegt die Sänger-Stadt Finsterwalde mit ihrem weiträumigen Schloss-Komplex aus lang gestrecktem Wirtschaftshof und quadratisch vierflügligem Hauptbau, eine in Vorder- und Hinterschloss geteilte Anlage. Der Nordflügel des Hinterschlosses verweist mit seinen Arkaden auf die Zeit der Renaissance. Die Bauherren kamen aus dem Adelsgeschlecht derer von Dieskau. Bereits um 1200 entstand hier eine Wasserburg. Im Jahre 1309 war Otto von Landsberg aus dem Geschlecht der Edlen von Schenk Eigentümer und 1425 saßen hier Hans und Ilse von Pack. Danach wurde Finsterwalde Afterlehen des sächsischen Kurfürsten und ging von 1437 bis 1518 an die Lehensleute des Kurfürsten, Familie von Maltitz. Es wurde die Ära des Umbaus von der Burg zum Schloss eingeleitet. Wiederum wechselte das Schloss seine Besitzer: von 1518 bis 1530 ging es an die Familie von Minckwitz und von 1533 bis 1625 über drei Generationen an die Familie von Dieskau. Durch sie wurde im Wesentlichen das Anwesen zum Wasserschloss mit zwei Treppentürmen im Innenhof um- und ausgebaut. Als die Schweden im Dreißigjährigen Krieg hier einrückten, nahmen sie 1642 das Schloss ein und zerstörten es teilweise. Herzog Friedrich Erdmann zu Sachsen-Merseburg nahm 1712 seinen Wohnsitz auf Finsterwalde und 1815 wird der Schlossbereich preußischer Gutsbezirk. Als 1830 der Tuchfabrikant Haberland das Hinterschloss kaufte, richtete er hier eine Tuchfabrik ein, während im Vorderschloss das preußische Amtsgericht saß. 1833 wurden die Schlossbesitzungen verkauft und 1885 zog die Stadtverwaltung im Vorderschloss ein. Die Stadt kaufte 1919 auch das Hinterschloss zurück. Der Rittersaal wurde zum Stadtverordnetensaal umgebaut und im Schloss Wohnungen eingerichtet. 1925 diente das Vorderschloss der Feuerwehr als Depot. 1929 bekam die Anlage eine umfassende Sanierung. Im Jahre 1958 wurde das ehemalige Heimatmuseum eröffnet. Ab 1991 wurden am Schloss weitere Restaurierungen vorgenommen. Während der Öffnungszeiten der Stadtverwaltung ist es möglich, die Innenräume sowie die Hofanlagen zu besichtigen, und der Schlosspark lädt zu Spaziergängen ein.

Herrenhaus Fredersdorf

14806 Fredersdorf
Stadt Bad Belzig
Landkreis Potsdam-Mittelmark

Aus dem Jahre 1313 ist die erste urkundliche Erwähnung des

Herrenhaus Fredersdorf

Herrenhaus Fretzdorf

Dorfes als „ville Vrederikestorp“ bekannt, gelegen im Naturpark Hoher Fläming nordöstlich von Bad Belzig. Bereits im Jahre 1227 wurde auf der Burg Eisenhardt ein Kastellan „von Oppen“ eingesetzt, der auch Grundherr der Niemegker Ländereien war. Das Herrenhaus des Ludwig von Oppen, stammend aus einer alten märkischen Adelsfamilie, entstand im Jahre 1719 als eingeschossiger, breitgelagerter Putzbau mit Mansardwalmdach, das 1748 um niedrige Seitenflügel erweitert wurde. Trotz mehrerer An- und Umbauten blieb der barocke Kern des Herrenhauses erhalten, dessen Eingangsportal zwei steinerne Vasen mit Gesichtern und Wappen zieren. So wurde das Haus 1927 stark verändert und bekam eine neue Fassadengestaltung. Hofseitig befindet sich ein zweigeschossiger dreiachsiger Mittelrisalit und innen zieren zwei Kamine mit gusseisernen Ofenplatten des 17. Jahrhunderts die Räume. Ein weitläufiger Park umgibt den Herrensitz. Einst befand sich hier ein Landschulheim und im Jahre 2000 eine Touristinformation, 2006 räumte man das Haus komplett. Heute in Privatbesitz, wird es grundlegend restauriert.

Herrenhaus Fretzdorf

16909 Fretzdorf
Stadt Wittstock/Dosse
Landkreis Ostprignitz-Ruppin

Fretzdorf liegt südlich von Wittstock am nördlichen Rand der Kyritz-Ruppiner Heide und wurde erstmals zwischen 1302 und 1304 als „Friderikestorpp“ erwähnt. Der Ursprung von Fretzdorf geht auf eine Wasserburg zurück. Die Familien von Karstedt waren die letzten adligen Besitzer über die Zeit von 1734 bis 1928, denen anschließend Georg Karl Lahusen und nachfolgend Alfred Kiepert als Eigentümer folgten. Das ursprünglich barocke dreiflüglige Schloss stammt aus der Zeit um 1800 und wurde durch Friedrich August Stüler 1835 bis 1840 überbaut. Der große dreigeschossige Putzbau unter hohem Mansardwalmdach wurde von zweigeschossigen Eckpavillons flankiert. Auch 1936 gab es weitreichende reduzierende Veränderungen, wobei die Flügel gekürzt und die Galerie, das Zinnengeschoss sowie die Türme abgetragen wurden. Den Landschaftspark legte 1835 Peter Joseph Lenné an, den 1910 G. Potente veränderte und der heute noch in Resten erhalten ist. Das Schloss ist nur von außen zu besichtigen.

Altes und Neues Schloss Freyenstein

16918 Freyenstein
Stadt Wittstock /Dosse
Landkreis Ostprignitz-Ruppin

Freyenstein, gelegen unmittelbar an der mecklenburg-vorpommerischen Landesgrenze, nordwestlich von Wittstock/Dosse, wurde im frühen 13. Jahrhundert als brandenburgische Grenzfes-

Altes Schloss Freyenstein

tung gegen Mecklenburg gegründet. Bei kriegerischen Auseinandersetzungen wurde sie jedoch mehrfach zerstört. Das dreiflüglige **Alte Schloss** der Renaissance, auch als Burg bezeichnet, wurde 1556 durch Conrad von Rohr auf dem Gelände einer 1332 erstmals erwähnten Wasserburg erbaut. Freyenstein war bereits um 1492 der Sitz der Familie von Rohr, die auch das Städtchen übernahm und die Gerichtsbarkeit ausübte und später durch die von Winterfeldt wegen Überschuldung abgelöst wurde. Die Anlage wurde 1631 im Dreißigjährigen Krieg zerstört, von ihr blieb nur das nördliche Ende des Westflügels mit reichem Terrakottaschmuck und weiteren Resten von Turm- und Toranlage erhalten. In den Jahren 1969 bis 1973 wurden ein Teilausbau und eine Restaurierung vorgenommen. Gleichzeitig hatte man den kleinen Park wiederhergestellt. Beides wurde als kulturelles Zentrum übergeben und das Alte Schloss mit einem Museum ausgestattet. Westlich des Alten Schlosses, zum Teil über der Stadtmauer, entstand um 1650 das dreigeschossige **Neue Schloss** als Sitz der Familie von Winterfeldt. In den Jahren 1617 bis 1620 wurde dieses ausgebaut und in der zweiten Hälfte des 17. Jahrhunderts verändert. Dem Hauptbau wurden stadtseitig zwei turmartige Vorbauten

Neues Schloss Freyenstein

und der Torturm des Wittstocker Tors angegliedert. Im Erdgeschoss befinden sich zwei kleine Säle mit schön stuckierten stichbogigen Flachtonnen vom Ende des 17. Jahrhunderts. Verschiedene Räume wurden mit Stuckdekor versehen. Die Obergeschosse hat man weitgehend der historischen Raumfolge mit schwerer Balkendecke wieder angepasst. Eine Restaurierung bekam das Neue Schloss 1975/76 und ab 1990. In diesem sowie im Park werden nach Anmeldung Führungen gegeben. Das Alte Schloss war 2012 in Rekonstruktion.

Burg Friedland

Burg Friedland

15848 Friedland/Niederlausitz

Landkreis Oder-Spree

Im Jahre 1301 wurde erstmals für die heutige Kleinstadt Friedland, die gut acht Kilometer südlich von Beeskow zu finden ist, eine „Vredeburch" erwähnt. Es war vermutlich Timo von Strehla (Strehle), der 1307 in Friedland herrschte. 1336 wurde auch in einer Urkunde die Burg genannt, wohl eine Wasserburg mit doppelten Umfassungsmauern. 1368 kam die Anlage kurzzeitig in böhmische Landesherrschaft und 1484 war Nikolaus von Köckeritz Besitzer des Anwesens. Durch Verpfändung kam schließlich 1518 die Stadt mit zugehörigen Dörfern und die Burg an den Johanniterordensmeister Georg von Schlabrendorf, 1533 dann durch Verkauf an die Herrschaft des Veit von Thümen. Sieben Jahre wird Friedland protestantisch. Ein trauriges Schicksal ereilte die Burganlage beim Brand von 1623, als sie bis auf die Grundmauern zerstört wurde. Im Zuge des Wiederaufbaus entstand die heutige Anlage. Ab 1635 gehörte Friedland zum Kurfürstentum Sachsen. 1652 wird Johann Moritz Fürst zu Naussau regierender Herrenmeister des Johanniterordens. Im Zuge der Säkularisierung 1811 wurde Friedland-Schenkendorf ein königlich sächsisches Amt und kam 1815 unter brandenburgische Herrschaft. Die Stadt kam 1875 an das Burgareal, das sie 1877 baulich zur Schule veränderte. Von 1934 bis 1942 beherbergte die Anlage eine Truppführerschule des Reichsarbeitsdienstes. 1935 bekam sie einen umfassenden Innenausbau. Nach Kriegsende 1945 waren in der Burg ein Getreidelager, eine Maschinen-Traktoren-Station (MTS) sowie Unterkunft für Umsiedler, Bibliothek, Konzertsaal und Apotheke untergebracht. Weitere Erhaltungs- und Restaurierungsarbeiten begannen ab 1996 und 2001 wurde eine Heimatstube eröffnet. Im Jahre 2007 erhielt der hier seit 2005 sesshafte Tourismusverein den Bürgerpreis für Denkmalpflege. Des Weiteren kam 2006 das Standesamt und nach Auszug der Apotheke 2008 die Burgschänke hinzu.

Schloss Fürstenberg

16798 Fürstenberg/Havel
Landkreis Oberhavel

Fürstenberg liegt an der B 96, nordöstlich von Rheinsberg vor der mecklenburg-vorpommerischen Landesgrenze, am südlichen Rand der Mecklenburgischen Seenplatte. Umgeben wird das Städtchen vom Baalensee, Röblinsee und dem Schwedtsee. Das barocke dreiflüglige zweigeschossige Schloss erhebt sich auf einer Insel nördlich des Altstadtkerns und wurde zwischen 1741 und 1752 nach Plänen des Baumeisters Christoph Julius Löwe als Witwensitz für die Herzogin von Mecklenburg-Strelitz, Dorothea Sophia, errichtet. Dem Betrachter zeigt sich der Hauptbau mit zwei Flügeln, dessen Traufhöhe ein Mittelrisalit mit Kolossalpilaster zur Hof- und Gartenseite überragt, zur Hoffront prunkt das großherzogliche Mecklenburg-Schweriner Wappen. Im Inneren blieben Rokokostuckdekorationen der Räume erhalten. Genutzt wurde später das Schloss als Sanatorium und 1913 baute es Heinrich Brandes aus Hannover zu einem Krankenhaus um. Danach wurde im Schloss ein evangelisches Altenpflegeheim eingerichtet. Der weitläufige Park, der sich bis zum Haussee hinabzieht, bekam 1911 bis 1913 eine teilweise Umgestaltung zum Stadtpark. Das Schloss zählt zu den historisch

Schloss Fürstenberg

und künstlerisch bedeutendsten Schlossanlagen im Norden Brandenburgs. Gegenwärtig befindet es sich in Rekonstruktion und im Umbau zu einem Viersternehotel.

Wasserschloss Fürstlich Drehna

15926 Fürstlich Drehna
Stadt Luckau
Landkreis Dahme-Spreewald

Westlich von Calau steht das Wasserschloss Fürstlich Drehna als bedeutendstes Bauwerk im Naturpark Niederlausitzer Landrücken. Bereits 1301 hatte man hier eine Wasserburg erwähnt, dessen Nachfolgerin sich als uneinheitliche, nach 1560 geschaffene Vierflügelanlage der Renaissance zeigt. Das Anwesen war seit dem 14. Jahrhundert Sitz einer Niederlausitzer Standesherrschaft. Anfang des 16. Jahrhunderts zog die Familie von Minckwitz, die in der Zeit der Bauernkriege den Ort übereignet bekam, noch zwei getrennt stehende Wohnbauten zu einem Baukörper zusammen. In die Vierflügelanlage bezog man die Wehrmauer mit zwei westlichen runden Wehrtürmen und die ehemalige wohl frei stehende Kapelle ein. Der quadratische Torturm an der Ostfassade bekam 1752 einen Fachwerkaufsatz und eine Laterne. Nach schweren Beschädigungen im Dreißigjährigen Krieg kam es zu ersten Instandsetzungen in der zweiten Hälfte des 17. Jahrhunderts, nach 1697 vor allem durch

Wasserschloss Fürstlich Drehna

Schloss Gadow

die Grafen von Promnitz, die Besitzer der Herrschaft wurden. Diesen folgten die Grafen von Lynar, ein aus Italien stammendes Geschlecht, die 1807 die Fürstenwürde erhielten. Die von Promnitz stellten während ihrer Zeit auch die Innenräume wieder her. Der Westflügel am wuchtigen Rundturm bekam vermutlich 1737 einen Ausbau. Die Bremer Reederfamilie Waetjen vollzog nach 1877 eine weitere Umgestaltung der Innenräume. Von diesen ging das Schloss an die Familie von Wallenberg-Pachaly über, die es bis 1945 innehatten. Der Goldene Saal im Südwestturm stammt vom Ende des 19. Jahrhunderts. Im Frühjahr 2011 wurde ein Schlosshotel eröffnet. Es beherbergt neben Zimmern und Suiten in Schloss und Amtshaus verschiedene gastronomische Einrichtungen und ist mit einer Fitness- und Wellness-Oase sowie Räumlichkeiten für Feste aller Art ausgestattet. Die landschaftlich herrliche Lage an einem großen Park englischen Stils lädt zum Verweilen und Träumen ein. Es war Fürst Otto Mandrup Heinrich zu Lynar, der Peter Joseph Lenné beauftragte, den seit 1807 bestehenden Garten zu einem Landschaftspark umzugestalten.

Schloss Gadow

19309 Gadow
Gemeinde Lanz
Landkreis Prignitz

In der Löcknitz-Niederung im Nordwesten der Prignitz und westlich von Perleberg ist der ehemalige Rittersitz und das heutige Schloss Gadow zu finden. Der Ort gehörte zu den uralten Besitzungen der Familie von

Gadow

Moellendorff, die im 13. und 14. Jahrhundert erstmals hier benannt wurden. Nachdem Gadow im 14. Jahrhundert als wüst galt, etablierte sich im 15. Jahrhundert ein Rittersitz, von dem nichts erhalten blieb. Um 1790 entstand ein zweigeschossiges, spätbarockes Wohnhaus mit hohem Souterrain und Mansarddach für Hans Georg Gottlob von Moellendorff. Er ließ auch die spätere Gartenanlage anlegen, die in der Folge zu einem bedeutenden Landschaftspark erweitert wurde. Der berühmte Generalfeldmarschall Wichard Joachim Heinrich von Moellendorff lebte hier von 1804 bis 1816, wurde dann von seinem Adoptivsohn Hugo von Wilamowitz-Moellendorff 1829 beerbt. Sein Vater Daniel Theodor von Wilamowitz setzte bereits 1818 an den Schlossbau zwei Flügel und anstelle der Freitreppe eine geschwungene Rampe an. Im Schlosspark hatte dieser bereits 1816 ein klassizistisches Mausoleum nach Plänen des Berliner Baumeisters Samuel Sachs in Form eines griechischen Tempels errichten lassen. Sein Sohn gestaltete den Park im englischen Stil mit Tiergarten, Gewächshaus, Eiskeller, Pferdeställen und Forsthaus um. Auch eine berühmte Vollblutzucht mit Pferden, die Siege in europäischen Ländern errangen, hatte er hervorgebracht. Eine umfassende Ausstattung bekam das Schloss 1853 im klassizistischen Stil mit neuen Treppenhäusern und reichen Stuckdecken sowie eine Umgestaltung im Stil der Tudorgotik. Graf Wichard von Wilamowitz-Moellendorff begann 1865 mit Anpflanzungen verschiedenster Gehölzarten. Koniferen, Rhododendren, Douglasien machten den Park zu

Herrenhaus Ganz

einem der artenreichsten Landschaftsgärten der Mark Brandenburg. Im Jahre 1945 ging fast das gesamte Inventar verloren und der Innenbereich wurde bedauerlicherweise im Zuge des Umbaus für ein FDGB-Ferienheim 1960 völlig verändert. Mit dem Jahre 1994 wurde es als Ferienschloss mit vielen Sport- und Erlebnisangeboten eröffnet. Aber auch Einzelgäste sind willkommen.

Herrenhaus Ganz

16866 Ganz
Stadt Kyritz
Landkreis Ostprignitz-Ruppin

Zwischen Kyritz und Wittstock/Dosse liegt im Naherholunggebiet der Kyritzer Seenkette, westlich der A 24, der Ort Ganz. Auf dem Gelände der Gutsanlage baute im Ersten Weltkrieg der Berliner Fabrikant Max Graetz von 1914 bis 1918 ein Herrenhaus in neuklassizistischen Formen, nachdem er zuvor den Flecken Ganz gekauft hatte und das Rittergut anlegte. Von der Familie wurde hier bis 1945 ein landwirtschaftlicher Musterbetrieb geführt. Während der sozialistischen Zeiten sowie nach der Wiedervereinigung führte man im Herrenhaus eine Heilstätte und ein Pflegeheim. Die Anlage besteht aus dem sogenannten zweigeschossigen Schloss mit seitlichen Kurzflügeln und Mansarddach, mit einem zugehörigen Park, einem alten Gutshaus, Kapelle sowie Wohn- und Wirtschaftsgebäuden nebst einer Schule. Am Herrenhaus befinden sich vor der Park- und Hofseite übergiebelte Mittelrisalite mit figürlichen Steinreliefs und die Innenausstattung blieb erstaunlicherweise weitgehend erhalten. Heute befindet sich das Areal wieder in Privatbesitz.

Burg und Herrenhaus Garz

16845 Garz
Gemeinde Temnitztal
Landkreis Ostprignitz-Ruppin

Einen schönen Kontrast bieten das ganz in weiß restaurierte Herrenhaus und der Burgrest zum satten Grün der umliegenden Wiesen. Sie sind auf halber

Burg und Herrenhaus Garz

Strecke zwischen Fehrbellin und Neustadt/Dosse nahe dem Naturpark Westhavelland zu finden. Eine erste urkundliche Erwähnung bekam der Ort 1364 und wird aus dem Slawischen übersetzt als Burg bezeichnet. Seit Beginn des 15. Jahrhunderts saß hier die Familie von Quast. An der Ostseite des ehemaligen Rittergutes Garz steht der aus dem 13. oder 14. Jahrhundert stammende elf Meter hohe Feldsteinturm der einstigen Niederungsburg. Dieser Wohnturm der einstigen **Burg** diente der Familie von Quast nach dem Dreißigjährigen Krieg als Wohnhaus, dem man 1681 einen polygonalen Fachwerktreppenturm anbaute. Die Nachkommen der Familie von Quast legten im 18. Jahrhundert die beiden Parkanlagen von Garz und Vichel als Barockgärten an. Das zweigeschossige **Herrenhaus** mit Kern vom 17./18. Jahrhundert wurde im 19. Jahrhundert ausgebaut. Gutsherr Hermann von Quast veränderte Mitte des 19. Jahrhunderts den Park in Garz zum Landschaftsgarten, dem sein Bruder Albrecht, Gutsherr auf Vichel, im Beispiel folgte. Das Herrenhaus besitzt eine große über beide Geschosse reichende Diele mit Galerie und im Hof steht ein mittelalterlicher, wuchtiger Wohnturm aus Feldstein unter einem Zeltdach, wohl aus dem 16. Jahrhundert. Der Innenbereich ist in drei Geschosse geteilt, die beiden unteren tonnengewölbt. Der polygonale Fachwerktreppenturm wurde vermutlich 1681 angebaut. Zu den Wirtschaftsgebäuden zählt auch eine Brennerei vom Ende des 19. Jahrhunderts. Im Landschaftspark aus der zweiten Hälfte des 19. Jahrhunderts befindet sich ein klassizistischer Gedenkstein für Nathalie von Quast, gestorben 1850. Im Jahre 1945 wurde die Familie von Quast enteignet und das Herrenhaus zum Kulturhaus mit Wohnungen umfunktioniert. Von 1991 bis 1993 bekam der einstige Herrensitz eine umfassende Restaurierung und ist als Privatbesitz nicht zugänglich.

Schloss Sinntrotz

15926 Gehren
Gemeinde Heideblick
Landkreis Dahme-Spreewald

Im Jahre 941 baute am Grünen Berg, im heutigen unteren Spreewald bei Gehren, nordwestlich von Cottbus und direkt westlich von Luckau, Markgraf Gero von Ostsachsen und Herzog in Brandenburg der Sage nach eine Burg. Lange hatten sich Historiker und Archäologen gestritten, ob der Erdhaufen auf dem besagten Platz die Burg des

Schloss Sinntrotz, Gehren

Gero gewesen sein sollte, was bei Ausgrabungen 1994 dann bestätigt wurde. Hier ließen sich einst viele Mühlenbesitzer nieder, so auch 1898 die Familie von Etzdorf, deren letzter Nachfahre 1931 starb. Auch der Geheime Oberregierungsbaurat Cornelius aus Berlin kaufte die hier stehende Jakobs-Mühle und dessen Tochter sowie der Schwiegersohn, General von Etzdorf, bauten hier ein burgähnliches Schloss. Später verpachtete die Witwe das Schloss und 1933 kam es an den Gau Kurmark der NSDAP. Diesem folgten nach dem Krieg Flüchtlinge und die Rote Armee richtete hier ein Krankenhaus für die Bevölkerung ein. Die Familie von Etzdorf verzog 1952 nach West-Berlin und verließ das Anwesen hoch verschuldet, worauf es die Handwerkskammer als Ferienheim nutzte. Im Jahre 1996 erwarb Graf Sinntrotz, ein gebürtiger Jugoslawe, das Anwesen. Graf Sinntrotz Simic arbeitet als Maler, Bildhauer, Architekt, Philosoph, Utopist und Bürgerrechtler. Er gestaltete aus dem auch „Villa Sinntrotz“ genannten Bau ein Künstlerhaus für Seminare. Das außerhalb des Ortes gelegene Schloss beherbergt die Akademie für Bildende Kunst sowie eine Ateliergemeinschaft mit Ausstellungen. Mit einer geplanten gastronomischen Betreuung ist auch vorgesehen, das Schloss Besuchern zu öffnen. Ein Park mit riesigen Rhododendronbüschen grenzt an das Schloss.

Herrenhaus Geisendorf

03103 Geisendorf
Gemeinde Neupetershain
Landkreis Oberspreewald-Lausitz

Der zweigeschossige Rechteckbau unter Krüppelwalmdach ist nahe der B 169 südwestlich von Drebkau zu finden. Das Herrenhaus wurde wohl gegen Ende des 17. Jahrhunderts errichtet und um 1800 für Friedrich Ehrentreich von Muschwitz klassizistisch umgestaltet. Aus dieser Zeit stammt die sehenswerte frühklassizistische Hauptfassade zum südlich vorgelagerten Gutshof mit Bandquaderung im Erdgeschoss und Pilaster im Obergeschoss sowie einem Mittelrisalit mit Fries. Aus der Entstehungszeit im 17. Jahrhundert zeigen sich an der Nordseite eine abweichende Fensterordnung, der Toilettenerker und ein großer Rundbogen in der Mitte der Fassade. Im Jahre 1995 bekam das ehemalige Herrenhaus eine Restaurierung. Es wird heute als Kindergarten genutzt. Durch verschiedene Um- und Ausbauten für die heutige Nutzung wurde das einstige Erscheinungsbild entstellt. Ein Park umgibt die Gesamtanlage.

Herrenhaus Geisendorf

Schloss Genshagen

14974 Genshagen
Stadt Ludwigsfelde
Landkreis Teltow-Fläming

Das ehemals „Janshagen" genannte Dorf wurde 1289 erstmals urkundlich erwähnt und liegt südlich von Berlin zwischen Blankenfelde und Ludwigsfelde, nördlich der A 10. Im 16. Jahrhundert gehörte das Dorf je zur Hälfte den Familien von Otterstedt und von Zicker. Im Jahre 1780 war die adlige Familie von Hake alleiniger Besitzer des Gutes, das sie 1838 an den Königlich-Preußischen Geheimen Justizrat Karl Ferdinand Schulz verkaufte. Das Herrenhaus bekam 1854 dessen Tochter Friederike Pauline von Eberstein als Hochzeitsgeschenk

Schloss Genshagen

von ihrem Vater, die den heutigen weitläufigen Park anlegen ließ. Das Schloss entstand von 1878 bis 1880 auf den Fundamenten des Herrenhauses in eklektizistischem Stil neu. Es ist ein Architekturstil mit Elementen mehrerer vergangener Epochen an einem neuen Bauwerk, der vorrangig im Historismus des 19. Jahrhunderts ausgeführt wurde. In den ersten 15 Jahren des 20. Jahrhunderts wurde der historische Bau zweimal umgebaut und erweitert. 1935 enteignete man vom letzten Eigentümer des Gutes, Baron Leberecht von Eberstein, ein Fünftel des Besitzes und errichtete darauf ein Flugzeugmotoren-Werk. Eberstein trat unter Druck der NSDAP bei, da man ihm sonst das Schloss genommen hätte. 1945 übernahmen sowjetische Truppen die Anlage, die 1948 enteignet wurde. In das Schloss kam eine Verwaltungsschule des Ministeriums für Land- und Forstwirtschaft. 1973 bis 1991 befand sich hier das Wissenschaftlich-Technische Zentrum für Landwirtschaft des Bezirks Potsdam. 1992 wurde das Schloss Landesakademie für Struktur und Arbeit. Heute gehört das prächtige neubarocke Schloss der „Stiftung Genshagen“ und wird als Institut für deutsch-französische Zusammenarbeit mit Bibliothek und Gästezimmern genutzt.

Herrenhaus Gentzrode

Herrenhaus Gentzrode

16827 Gentzrode
Stadt Neuruppin
Landkreis Ostprignitz-Ruppin

Nahe dem Tietzensee, nördlich von Neuruppin an der Ruppiner Schweiz gelegen, findet man Gentzrode mit dem Gut, bestehend aus Gutshaus und Kornspeicher, dem Gutshof, Landarbeiterhäusern, Inspektorenhaus und dem Verwaltungsgebäude sowie einem Park. Im Jahre 1855 erwarb der Tuchmacher, Kaufmann und Torfstichbesitzer Johann Christian Gentz dieses Land und baute mit seinem Sohn Ludwig Alexander einen landwirtschaftlichen Musterbetrieb auf. Errichtet wurde der zweigeschossige Herrensitz im Stile des Historismus 1875/76 im maurischen Stil für Ludwig Alexander Gentz nach Plänen von Martin Gropius und Heino Schmieden. Beeindruckend ist das Gebäude durch die lebhafte Fassade mit verschiedenfarbigen Ziegeln, Formsteinen und Putzornamenten. Den Kornspeicher baute 1861/62 Carl von Diebitsch als lang gestreckten wehrhaft wirkenden Ziegelbau, der an den Schmalseiten von einem runden und einem eckigen Turm flankiert wird. Der Gutspark wurde 1875 unter Mitarbeit von Gustav Meyer angelegt und ist heute verwahrlost. Die Firma Johann Christian Gentz ging wegen erheblicher Baukosten in den Ruin und meldete 1880 Konkurs an. In der Folge wechselten innerhalb kurzer Zeit mehrere Besitzer auf dem Gut, bis es 1934 an die Wehrmacht kam und als Schießplatz sowie Munitionslager genutzt wurde. Die Rote Armee übernahm das Anwesen, auf dem sich bis 1991 zwei Abteilungen der GSSD/ WGT und das Hauptquartier der Raketenbrigade befanden.

Im Jahre 2010 haben türkische Investoren das Gut Gentzrode zum Umbau zu einem Hotelkomplex erworben und den Stuttgarter Architekten Sandro Graf von Einsiedel mit der Planung und Sanierung betraut. Herrenhaus, Nebengebäude und Park waren noch im Juni 2012 in einem desolaten Zustand.

Burg und Schloss Gerswalde

17268 Gerswalde
Landkreis Uckermark

Gerswalde liegt in der wald- und seenreichen Region Uckermark, zwischen den Städten Prenzlau und Templin. Die erste urkundliche Erwähnung durch Papst Alexander als befestigtes Hus to Girswald erfolgte 1256. Um 1300 bezog hier der Markgraf von Brandenburg häufig Quartier. Vermutlich wurde auch die **Burg** zum Schutze gegen Pom-

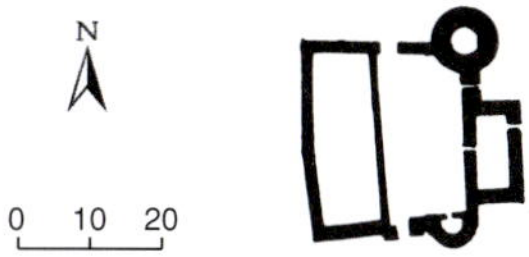

Burg Gerswalde, Grundriss

mern und Mecklenburg zwischen 1239 und 1250 von den Markgrafen erbaut. 1463 erhielt Henning von Arnim den Ort zu Lehen. Die Burg blieb im Familienbesitz. Sie besteht aus einem dreigeschossigen Ostflügel und südlich anschließenden halbrunden Wehrturm sowie dem nördlich liegenden Bergfried und dem Westflügel. Der verheerende Dreißigjährige Krieg zerstörte 1637 auch Gerswalde mit Burg, Vorburg und den Weißen Hof. Drei Rittersitze gab es 1684 hier und 1709 wird die gesamte Anlage Stammsitz der Familie vom Arnim, nachdem die von Steinwehrs ihren Anteil verkauften. Wiederhergestellt wurde die rechteckige An-

Burg Gerswalde

Schloss Gerswalde

lage 1847 im romantisierenden Stil. Das herrschaftliche Haus hatte seine Entstehungszeit 1724, es wurde 1832 zum **Schloss** umgebaut. Die endgültige Form erhielt es vor dem Ersten Weltkrieg. Burg und Schloss gingen 1929 auf die Antroposophische Gesellschaft über, worauf Franz Löffler hier ein Institut für seelenpflegebedürftige Kinder gründete. 1950 wurde im Schloss ein staatliches Kinderheim eingerichtet und 1955 übernahm der Jugendwerkhof Neues Leben die Anlage. Die Jugendeinrichtung ging 1990 in die Trägerschaft des Landes Brandenburg über. Seit 1994 betreibt die Gemeinnützige Gesellschaft für Förderung Brandenburger Kinder und Jugendlicher mbH hier ein Jugendheim mit handwerklichen Ausbildungsstätten. Übernachtungsmöglichkeiten für Urlauber sind geschaffen worden und verschiedene Freizeitangebote. Die Burgruine, große Teile vom Schlosspark und der Haussee gingen 1993 in das Eigentum der Gemeinde Gerswalde über.

Schloss Glienig

15936 Glienig
Gemeinde Steinreich
Landkreis Dahme-Spreewald

Glienig, vor 560 Jahren erstmals urkundlich erwähnt, liegt am östlichen Rand des Niederen Fläming, in der Mitte zwischen Baruth und Dahme. 1446 übergab der Magdeburger Erzbischof das damalige „Glynick“

an die Familie von Schlieben. Auf einem alten Plan von 1702 wird im heutigen Glienig ein Rittergut gezeigt. Hier steht, umgeben von einem Park im englischen Stil, der große Putzbau mit hohem Mansardwalmdach, im Kern von 1875 bis 1911. Um 1905 wurde dieser tief greifend im Berliner Landhausstil umformt. An der Schaufassade befindet sich ein Mittelrisalit mit hohem geschweiften Giebel und halbrundem Säulenportikus. Die zentrale Halle im Innern besitzt eine Flachkuppel auf Vollsäulen, eine Freitreppe sowie eine schöne Jugendstilausstattung. Wohl sollen sich heute die Bewohner vom AWO-Alten- und Pflegeheim sowie des betreuten Wohnens fühlen. Im großen Park befinden sich ein Schlossteich, eine künstlich angelegte Korallentropfsteinhöhle und ein Tiergehege.

Schloss Gliening

Herrenhaus Gnewikow

Herrenhaus Gnewikow

16818 Gnewikow
Stadt Neuruppin
Landkreis Ostprignitz-Ruppin

Das Anfang des 13. Jahrhunderts gegründete Dorf wurde 1252 erstmals urkundlich erwähnt und liegt am leicht ansteigenden Ostufer des Ruppiner Sees, südlich der gleichnamigen Stadt. Bis in das 17. Jahrhundert hinein bestand Gnewikow aus einem Lehnschulzengut mit zwei adligen Wohnhöfen, zehn Bauernstellen und zwei Kleinbauernstellen, das im Besitz der Gutsfamilie von Woldeck war, die von 1307 bis 1844 hier herrschte. Ernst von Woldeck, der Letzte der Familie, wurde von den Ortsbewohnern als Reise- oder Seebaron bezeichnet. Nach den Woldecks kam der Besitz an die bürgerliche Familie Jacobs, die in das 1800 gebaute eingeschossige Gutshaus zog, das 1870 aufgestockt und mit spätklassizistischen Fassaden versehen wurde. Der Park, angelegt in der Mitte des 19. Jahrhunderts, konnte auf zahlreiche gartenkünstlerische Elemente verweisen, ist aber heute weitgehend zerstört. Das Herrenhaus wurde 2003/04 rekonstruiert und beherbergt ein Hotel, das zum Jugenddorf am Ruppiner See gehört.

Burg Goldbeck

16909 Goldbeck
Stadt Wittstock/Dosse
Landkreis Ostprignitz-Ruppin

Südlich der Stadt Wittstock/Dosse befindet sich der Ortsteil Goldbeck. Er wurde erstmals in einer Urkunde aus dem Jahre 1247 erwähnt und war in dieser Zeit im Besitz der Herren von Werle. Im Jahre 1276 unterlagen

Burg Goldbeck

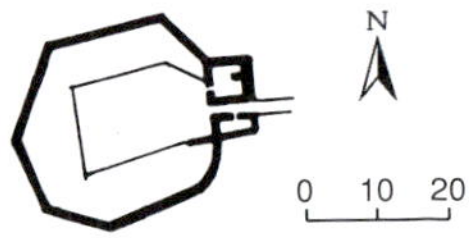

Burg Goldbeck, Grundriss

die Herren von Werle in einer Auseinandersetzung dem Markgrafen Otto V. von Brandenburg. Goldbeck kam an die Grafen von Ruppin, mit der Bedingung, die Lehnsherrschaft der Bischöfe von Havelberg anzuerkennen. Darauf ließen um 1300 die Ruppiner zur Sicherung ihrer Herrschaft eine Wasserburg errichten, die erstmals 1325 urkundlich erwähnt wurde. Knapp 100 Jahre später diente die Burg den Raubrittern Hans von Bosel und Klaus von Königsmark als Aufenthaltsort. Nachdem Kurfürst Joachim II. 1548 die Anlage im Besitz hatte, vergab er diese an Johann Gans zu Putlitz, der die Burg verwaltete. Im 19. und Anfang des 20. Jahrhunderts wurde sie noch mehrfach verändert. Es ist eine unregelmäßige, polygonale, ringförmig einen Hof einschließende Anlage aus zwei- bis dreigeschossigen Trakten. Die rundbogige Tordurchfahrt ist mit Gratgewölben und Nischengliederung versehen. Im Ostflügel befinden sich ebenfalls mehrere Räume mit Gratgewölben. Der Südflügel wurde im 16./17. Jahrhundert überformt. Nach dem Krieg brachte man Flüchtlinge hier unter, des Weiteren einen Kindergarten, Büros der LPG, ein Lehrlingsheim und das Gemeindebüro. Heute steht die Anlage unter Denkmalschutz, gehört der Stadt und ist mit Wohnungen belegt.

Herrenhaus Gollwitz

Herrenhaus Gollwitz

14776 Gollwitz
Stadt Brandenburg/Havel
Kreisfreie Stadt Brandenburg/Havel

Erstmals 1375 erwähnt, besitzt Gollwitz, das 9 Kilometer östlich der Stadt Brandenburg liegt, einen besonderen Reiz. Die Gutsherren derer von Rochow und von Hagen genossen schon damals das Ensemble Kirche, Gutshaus, Park in der umgebenden Havellandschaft. Das damalige Herrenhaus der Familie von Rochow brannte 1890 ab und wurde 1929 als barocker, zweiflügeliger Bau wieder aufgebaut und später klassizistisch verändert. Den von Rochows gehörte auch einst der Grund und Boden, auf dem die kurfürstliche Residenz Potsdam errichtetet wurde. Im Dreißigjährigen Krieg wurde das märkische Adelsgeschlecht hart getroffen, durch den verheerenden Krieg erlitten sie über zwei Jahrhunderte einen wirtschaftlichen Niedergang und den Verlust an politischem Einfluss. Im Jahre 1664 verkauften sie das Herrenhaus. Friedrich Eberhard von Rochow wirkte in der zweiten Hälfte des 18. Jahrhunderts als Schulreformer auf dem Rittergut Reckahn. In der weitläufigen Parkanlage des Gutes Gollwitz befand sich ein Eiskeller, der in Resten noch vorhanden ist. Noch vor 1945 war das Herrenhaus wieder durch Hertha und Harry von Rochow im Besitz dieses Geschlechts, bis sie im Rahmen der Bodenreform enteignet wurden. 1946 zog im Schloss die Dorfschule ein, ab 1953 ein Tageskindergarten. Nach weiterer verschiedener Nutzung ist seit 2009 eine Begegnungsstätte jüdischer und nichtjüdischer Jugendlicher etabliert. Das Haus, im Eigentum der Deutschen Stiftung Denkmalschutz, steht aber auch der Bevölkerung offen und es finden Lesungen, Konzerte und Ausstellungen statt.

Schloss Golßen

Schloss Golßen

15938 Golßen
Landkreis Dahme-Spreewald

Golßen liegt zwischen dem Glogau-Baruther Urstromtal, dem Niederen Fläming und dem Lausitzer Becken- und Heideland, etwa 20 Kilometer westlich von Lübben. Im Jahre 1276 wurde in Golßen eine Burg erwähnt. 1301 saß hier Schenk von Sydow als Eigentümer. Danach wechselten häufig die Besitzer, bis 1720 für den preußischen Kriegs- und Domänenrat Johann Justus Vieth ein lang gestreckter, rechteckiger, zweigeschossiger Putzbau errichtet wurde. Gräfin Fontana erweiterte diesen 1788 durch Seitenflügel und einen Innenumbau. Fürst zu Solms-Baruth erwarb 1846 Schloss und Park und hatte das Anwesen bis 1945 in seinem Besitz. Die auf die Stadt ausgerichtete Schmalseite weist eine Balustrade und Vasenaufsätze auf und an beiden Seiten der Längsfront befinden sich schmucke Mittelportale mit Marmorgewänden. Mitte der 1980er-Jahre bekam das Schloss eine Restaurierung. Innen blieb von der spätbarocken Ausstattung nur der Vorraum mit schlichter spätbarocker Stuckdecke und Marmorkamin erhalten. Der weitläufige Landschaftspark birgt verschiedene klassizistische Architekturen sowie auch das Grabmal von Amalie Sophie Henriette, Gräfin Fontana, die eine geborene von Redern war und 1810 verstarb. Das Schloss steht seit längerer Zeit leer.

Schloss Götschendorf

Schloss Götschendorf

17268 Götschendorf
Gemeinde Milmersdorf
Landkreis Uckermark

Der Ort Götschendorf wurde 1375 erstmals als „Cocykendorp“ erwähnt und im Landbuch Kaiser Karls V. mit 60 Hofstellen verzeichnet. Er liegt im Biosphärenreservat Schorfheide-Chorin, östlich von Templin am Südufer des Kölpinsees. Den Rittersitz hatte die Familie von Arnim von 1472 bis 1872 zu Lehen. Das Schloss wurde erst 1910 gebaut. Lange Zeit diente es bis 1975 als Erholungsheim der Nationalen Volksarmee und kam darauf an den Rat des Bezirkes Frankfurt (Oder). Nach der Wiedervereinigung Deutschlands stand das Gebäude lange ungenutzt und begann zu verfallen. Die Berliner Diözese der russisch-orthodoxen Kirche des Moskauer Patriarchats kaufte das Schloss im Jahre 2007 und richtete es als russisch-orthodoxes Kloster mit Kirche und Wohnungen für Mönche ein. Es ist ein spirituelles Zentrum des russisch-orthodoxen Glaubens in Deutschland geworden.

Herrenhaus Grabow

16909 Grabow
Gemeinde Heiligengrabe
Landkreis Ostprignitz-Ruppin

Das von 1912 bis 1914 durch P. Schultze-Naumburg (eigentlich Paul Eduard Schultze) erbaute ein- und zweigeschossig verputzte Herrenhaus mit hohem Mansarddach entstand in Anlehnung an die klassizistische Gutshausarchitektur damaliger Zeit. Den Ort mit dem einstigen Gutshaus findet man südwestlich von Wittstock/Dosse im Osten der Prignitz. Schultze-Naumburg war Architekt, Kunsttheoretiker, Maler, Publizist und Politiker der NSDAP. Als Architekt übte er großen Einfluss auf den Heimatschutz, das Bauschaffen und die Denkmalpflege in Deutschland aus. Der hofseitig geschwungene, dreiachsige Mittelrisalit mit Kolossalpilastern und hohem Dreiecksgiebel verleiht dem Bau in Grabow Wirkung. Mit Stanislaus von Eichborn wurde ein ehemaliger Besitzer des Gutes in alten Unterlagen gefunden, muss aber nicht zwangsläufig der Erbauer gewesen sein. Dem ehemaligen Herrensitz schließt sich ein Park an. Nach dem Ende des Zweiten Weltkrieges wurde das Herrenhaus als Kindergarten,

Herrenhaus Grabow

Gemeindebüro, Konsum und zu Wohnzwecken genutzt und befindet sich heute in Privatbesitz.

Burgruine und Herrenhaus Greiffenberg

16278 Greiffenberg
Stadt Angermünde
Landkreis Uckermark

Burgruine Greiffenberg

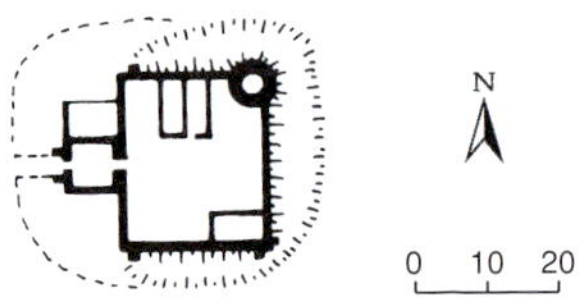

Burgruine Greiffenberg, Grundriss

Die einst kleine Stadt Greiffenberg im Nordosten Brandenburgs wurde 2003 in die Stadt Angermünde eingemeindet und ist nördlich der Stadt an der B 198 zu finden. Der Ort wurde 1261 erstmals erwähnt, doch die in Ziegelbauweise errichtete **Burg** Greiffenberg im Welsetal mit großer Toranlage entstand wohl bereits zwischen 1230 und 1250. Erbaut haben sie die in alten Schriften erwähnten Ritter von Greiffenberg und bis zum Ende des 15. Jahrhunderts wechselten häufig die Besitzer. Im Jahre 1349 bestätigte der Herzog von Pommern den Besitz und 1354 gehörte die Burg wieder zur Mark Brandenburg, wobei sie in laufenden Fehden zwischen diesen noch zwei Mal wechselte. Wohl 1445 eroberte der brandenburgische Markgraf Friedrich, genannt der Eiserne, neben den Burgen Stolpe und Zichow auch die in Greiffenberg. Die Familie von Sparr kam von 1473 bis 1803 an die Anlage, die in der Zeit des Dreißigjährigen Krieges zerstört wurde, und die

Herrenhaus Greiffenberg

Herrenhaus Groß Jehser

Familie zog vom Burghügel in die Stadt. Die Anlage wurde nicht mehr aufgebaut und kam 1850 an die Grafen von Redern. Heute finden sich noch Fundamente von Wohn- und Wirtschaftsgebäuden im Norden und Süden der Anlage sowie Teile des Ringgrabens. Als 1863 ein Großfeuer Obergreiffenberg vernichtete, kam das Burggut zum Günterberger Bezirk und das Gut Obergreiffenberg wurde selbstständig. Graf F. W. von Redern übernahm 1884 auch das Burggut und stellte den alten Greiffenberger Besitz wieder her. Der Verwaltungssitz kam bis 1945 in das neu erbaute **Herrenhaus**. Die Wirtschaftsgebäude lagen westlich vor der Burg. Von 1960 bis 1970 baute man das Verwalterhaus zur Sternwarte um. Es war ein unverputzter Backsteinkomplex von 1884 mit Zinnenturm, Stufengiebel und anderen Zierformen. Heute befindet sich hier der Kindergarten „Burgzwerge".

Herrenhaus Groß Jehser

03205 Groß Jehser
Stadt Calau
Landkreis Oberspreewald-Lausitz

Groß Jehser liegt im Naturpark Niederlausitzer Landrücken, südlich von Lübbenau, unmittelbar an der A 13 und wurde erstmals im Jahre 1497 erwähnt. Das am Rande des Ortes stehende große zweigeschossige Herrenhaus in Fachwerkausführung geht in seiner Entstehung in die zweite Hälfte des 18. Jahrhunderts zurück. Es wird von einem massiven Sockel getragen. Restauriert 1967/68, wurde es vom Rat der Gemeinde genutzt. Ehemalige Besitzer des Herrenhauses konnten nicht ermittelt werden. Im Altarraum der Ortskirche befindet sich ein künstlerisch hervorragendes Marmorepitaph der Familie von Patow aus dem Jahre 1724. Unter dem Altar liegt die Gruft der Familie von Minkwitz, sodass anzunehmen ist, dass beide Familien einen Bezug zum Herrenhaus hatten. Die Nachkommen von Caspar (I.) von Minckwitz begründeten in der Region zahlreiche weitere Zweige, so auch in Groß Jehser. Heute befindet sich der Fachwerkbau in Privatbesitz. Es können für besondere Festlichkeiten Räume angemietet werden und es finden Lesungen u. a. Veranstaltungen statt.

Herrenhaus Groß Kreutz

14550 Groß Kreutz

Landkreis Potsdam-Mittelmark

Zwischen der Stadt Brandenburg an der Havel und Werder/Havel liegt im Westen des Landes Brandenburg die Gemeinde Groß Kreutz. Mit dem Jahre 1604 wird hier die Familie von Hake erwähnt. Von 1765 bis 1767 errichtete vermutlich Friedrich Wilhelm Dietrichs, wahrscheinlich unter Mitwirkung von Georg Wenzeslaus von Knobelsdorff, das anmutige eingeschossige

Herrenhaus Groß Kreutz

Herrenhaus über hohem Kellersockel mit Mansardwalmdach für Botho von Hake. 1801 war die Familie von Arnstädt im Besitz der Anlage, zu der ursprünglich auch zwei Wirtschaftsgebäude gehörten. Eins dieser Gebäude musste im 19. Jahrhundert für einen zweigeschossigen Neubau weichen. Die von Arnstädt gaben das Anwesen an die Familie von der Marwitz-Friedersdorf weiter, die es bis 1945 besaß. Von den Innenräumen sind das ovale Vestibül und der einst reich bemalte Gartensaal hervorzuheben. Über dem Mittelportal befindet sich eine Wappenkartusche von Hake mit einem Inschriftband. Der Hauptbau ist zweigeschossig in spätklassizistischen Formen aufgeführt, ist Privatbesitz und in Rekonstruktion. Der Park wurde ursprünglich in der zweiten Hälfte des 18. Jahrhunderts geschaffen, im 19. und 20. Jahrhundert stark verändert und in den 1960er-Jahren neu angelegt.

Herrenhaus Groß Langerwisch

16928 Groß Langerwisch
Gemeinde Groß Pankow
Landkreis Prignitz

Das 1325 erstmals erwähnte Groß Langerwisch liegt nördlich der Dömnitz und nordwestlich von Pritzwalk. Die hier befindliche Gutsanlage bestand einst aus dem Gutshaus, einer Scheune und dem Park. Im Jahre 1752 war die wüste Feldmark Groß Langerwisch vom Besitzer Rohr zu Schönhagen mit drei Ackerleuten und sieben Bündnern besetzt. Der spätklassizistische eingeschossige Putzbau von elf Achsen, mit zweigeschossigem Mittelrisalit, entstand um 1830. Die lang gestreckte, farblich kontrastreiche Scheune wurde 1856 aus gespaltenem Feldstein mit roter Backsteingliederung errichtet. Der Gutspark des 19. Jahrhunderts wurde später verändert. Etwa 30 Meter östlich vom Herrenhaus befinden sich die Reste eines ehemaligen länglichen, flach wirkenden und zwei Meter hohen Eiskellers unter Bäumen. Die Anlage befindet sich in Privatbesitz.

Herrenhaus Groß Langerwisch

Schloss Groß Leuthen

Schloss Groß Leuthen

15913 Groß Leuthen
Gemeinde Märkische Heide
Landkreis Dahme-Spreewald

Nordöstlich von Lübben in der Märkischen Heide ist Groß Leuthen mit seinem Schloss zu finden. Es ist Mitte des 16. Jahrhunderts auf der Insel aus einer mittelalterlichen Wasserburg des 12./13. Jahrhunderts hervorgegangen, das Wilhelm Schenk von Landsberg als eine zweigeschossige Dreiflügelanlage im Stil der Renaissance, die von Schweifgiebeln an der Hofseite geziert wird, errichtete. Umgebaut wurde die Anlage 1712 bis 1725 unter Otto Wilhelm Schenk von Landsberg und Generalfeldmarschall von Flemming sowie 1748 unter Graf Georg Anton von der Schulenburg. Erneute Veränderungen wurden 1912 bis 1914 durch Bodo Ebhardt auch durch vereinheitlichende Fassadengestaltung mit Neurenaissanceformen für den Unternehmer Johann Abraham von Wülfing vorgenommen. Zu jener Zeit wurde der Ostflügel zum See hin um einen neuen Flügel mit großer Terrasse und südlich angelagertem Turm erweitert. Die Nordfassade des Hauptflügels vom 18. Jahrhundert bekam mit einem Säulenportikus und Balkon in dieser Zeit eine Ergänzung. Der „Seeflügel" präsentiert sich in reichen Renaissanceformen mit Jugendstilelementen. Von 1912 bis 1914 hatte man die Ausstattung neuklassizistisch gestaltet. Das Schloss ist ringsum im Park durch einen Zaun abgeschirmt, in Privatbesitz und für die Öffentlichkeit nicht zugänglich.

Herrenhaus Groß Machnow

15834 Groß Machnow
Gemeinde Rangsdorf
Landkreis Teltow-Fläming

Südwestlich von Königs Wusterhausen gelegen, erreicht man Groß Machnow westlich von Mittenwalde an der B 96. Urkundlich wurde der Ort erstmals im Landbuch Kaiser Karls IV. 1375 genannt, wobei das heutige Dorf seit mehr als 800 Jahren existiert. Groß Machnow kam 1621 in den Besitz der Familie von Burgsdorf und 1691 an den Freiherrn Otto von Schlabrendorf. Zur Herrschaft Wusterhausen kam das Anwesen durch König Friedrich Wilhelm I., der es der Witwe Schlabrendorfs 1724 abkaufte. Friedrich Wilhelm III. gab das Rittergut als Tilgung für 170 000 Taler Schulden 1807 an den Armeelieferanten Jean Simon Coste weiter. Dieser ließ 1815 eine frühklassizistische Gutsanlage mit Wirtschafts- und Stallgebäuden sowie dem Gutshaus, vermutlich nach dem Vorbild des Familienschlosses seiner Gattin, auf den Grundmauern eines 1773 durch Brand zerstörten Vorgängerbaues neu errichten. Vor dem Hofeingang befindet sich eine Freitreppe und zum Garten ein vorgezogener Mittelrisalit, der durch ein Halbkreisfenster betont wird. Schon wenige Jahre später kaufte 1836 den Gutsbesitz der Kommerzienrat Louis Bacher Berend, dem als Eigentümer bereits 1876 Rittmeister Reinhold von Winterfeld-Felchow folgte. Nachdem dieser 1883 gestorben war, erbte seine Tochter Alice, verheiratet mit Hermann von Schierstädt, das Anwesen. Deren Nachkommen blieben bis 1945 als Erbengemeinschaft im Besitz des Rittergutes. Der Herrensitz ist ein eingeschossiger Putzbau über Souterrain mit Krüppelwalmdach. Die Räumlichkeiten des Gutshauses gruppieren sich um einen ovalen Gartensaal mit Deckengemälde, ebenfalls mit Portal und Freitreppe. Bemerkenswert ist auch der Uhrenturm von 1815. Sowjetische Streitkräfte zogen nach dem Zweiten Weltkrieg auf dem Gut ein, das ein Versorgungsgut wurde. Im Gutshaus und dem Nebengebäude wurden Flüchtlinge untergebracht, bis es 1950 verstaatlicht wurde. Ende der 1980er-Jahre wurden im Herrenhaus ein Café und ein Standesamt eingerichtet. Im Dachgeschoss entstanden Fremdenzimmer und eine Hochzeitssuite. Nachdem das Café Ende der 1990er-Jahre schloss, stand das Gebäude lange Zeit leer. Schließlich wurden die Objekte des Gutes 2006 zielstrebig saniert und die Grundschule mit Sporthalle

Herrenhaus Groß Machnow

Herrenhaus Groß Pankow

gestaltet. Im Jahre 2010 wurde mit einer Renovierung des Gutshauses begonnen, in dem sich eine Bibliothek befindet. Ein kleiner Park schließt sich im rückwärtigen Bereich des Hauses an.

Herrenhaus Groß Pankow

16928 Groß Pankow
Landkreis Prignitz

Zwischen Perleberg und Pritzwalk findet man an der B 189 Groß Pankow. Es war eine Gutssiedlung und altes Besitztum der Edlen Gans zu Putlitz. Erwähnt wurde der Ort erstmals 1304 und nochmals 1312. Der neuklassizistische Putzbau mit pavillonartig betonten Außenjochen wurde 1827 als schlichter, quer gelagerter Bau mit hohem Mittelrisalit errichtet. In den Jahren 1890/91 und 1924 sanierte Regierungsbaumeister Otte aus Berlin das Herrenhaus und baute es um. 1993 wurde abermals das Gebäude saniert und erneut umgebaut sowie im Inneren stark verändert. Der Vorplatz ist von Wirtschaftsgebäuden des 19. und frühen 20. Jahrhunderts eingefasst. Der Gutspark wurde 1823 bis 1830 mit altem Eichenbestand und großer Teichanlage angelegt, doch später verkleinert. Heute befindet sich im Schloss eine der modernsten Augentageskliniken, in einem Nebengebäude ein Hofladen, Café und ein Gästehaus.

Schloss Groß Rietz

15848 Groß Rietz
Gemeinde Rietz-Neuendorf
Landkreis Oder-Spree

Nördlich von Beeskow steht im Ort Groß Rietz das 1685 für Hans Georg von der Marwitz, Hofmarschall König Friedrichs I., erbaute Schloss, das zu den schönsten märkischen Schlössern zählt. Es war die Familie von Kracht, die hier ein Rittergut besaß, das im Dreißigjährigen Krieg dem Erdboden gleichgemacht wurde, bevor das zweigeschossige Schloss entstand. Im Inneren überrascht ein stattliches zweiläufiges Treppenhaus und in einigen Räumen findet man Stuckdecken aus der Ursprungszeit. Als Baumeister wird der Niederländer Rutger van Langevelt oder Cornelis Ryckwaert vermutet. Die Fassaden sind durch ionische Pilaster gegliedert und an der Hofseite tritt ein dreiachsiger Mittelrisalit vor, bekrönt von einem Dreiecksgiebel mit Kartusche. Auf der Gartenseite befindet sich ebenfalls ein vortretender Mittelrisalit, mit Voluten gerahmtem Giebel. Beiderseits befinden sich Portale und doppelläufige Freitreppen. Im Jahre 1790 übernahm der preußische Minister Christoph von Wöllner die Herrschaft und führte die mecklenburgische Koppelwirtschaft ein. Besonders hervorzuheben ist, dass 1791 Wöllner die Erbuntertänigkeit aufhob, den Bauern je zwei Hufen Land gab und ihnen Wohnungen bauen ließ. Das Schloss umgibt ein Landschaftspark aus der ersten Hälfte des 19. Jahrhunderts. Eine umfassende Rekonstruktion bekam die Anlage durch die Brandenburgische Schlösser GmbH. Es können Räumlichkeiten gemietet werden.

Schloss Groß Rietz

Jagdschloss Groß Schönebeck

16244 Groß Schönebeck
Gemeinde Schorfheide
Landkreis Barnim

Der 1300 erstmals urkundlich erwähnte Ort Groß Schönebeck liegt 10 Kilometer nordöstlich

Jagdschloss Groß Schönebeck

von Liebenwalde. Hier hatte bereits Anfang des 13. Jahrhunderts eine gleichnamige Burg gestanden, die im Dreißigjährigen Krieg einschließlich des Dorfes zerstört wurde. Das Jagdschloss wurde ab 1680 für den Großen Kurfürsten Friedrich Wilhelm am Südrand der Schorfheide errichtet und 1688 ausgebaut. 1715 zog nach Fertigstellung der Soldatenkönig Friedrich Wilhelm I. ein. Es diente auch als Aufenthaltsort für königliche Gäste sowie für Jagdgesellschaften. Instand gesetzt wurde der historische Bau 1724. Später, mit dem Ende des preußischen Staates, diente das Schloss dem Oberförster als Wohn- und Verwaltungssitz. Aus der Erneuerung der ersten Hälfte des 19. Jahrhunderts stammen die oktogonalen Ecktürmchen mit Zinnen. Nochmalige Restaurierungen bekam das zweigeschossige Schloss 1975 und 1992, das ursprünglich von einem Wassergraben umgeben war. Im oberen Geschoss befindet sich ein geräumiger Festsaal mit schönen Stuckdekorationen aus dem Jahre 1724 mit doppeltem preußischen Wappen. Sehenswert auch die Gemälde mit Jagdstillleben aus der Zeit um 1660 von C. Brizé. 2001 öffnete im Jagdschloss das Schorfheide-Museum mit Exponaten über die Entstehung und Entwicklung des Landschaftsraumes. Auch dem weltbekannten Boxer und leidenschaftlichen Jäger Max Schmeling wurde eine Ausstellung gewidmet. Im Wildpark Schorfheide begegnet man unter anderem auch dem Wisent und Wolf.

Schloss Ziethen, Groß Ziethen

Schloss Ziethen

16766 Groß Ziethen
Stadt Kremmen
Landkreis Oberhavel

Südlich der Stadt Kremmen erstreckt sich das Waldgebiet des Krämer hin zu Groß Ziethen, 18 Kilometer südwestlich von Oranienburg, am Autobahndreieck Havelland. Bis in das 14. Jahrhundert zurück lässt sich die Geschichte von Schloss Ziethen verfolgen. In jener Zeit gab es hier das „Feste Haus“, worauf heute noch ein Tonnengewölbe verweist. Errichtet hatten es die von Bredow um 1355, doch nach dem Dreißigjährigen Krieg galt es als verfallen. Der heutige barocke, zweigeschossige Herrensitz entstand im Kern vor 1718 und wurde 1898 überformt und durch reicher gestaltete dreigeschossige Eckpavillons erweitert. Das westliche Treppenhaus mit der Kuppel entstand 1902. Über dem Mittelportal liegt ein Balkon mit schmiedeeisernem Gitter des 18. Jahrhunderts. Auch eine Orangerie mit hübschem doppelläufigen Treppenhaus aus Holz wurde geschaffen. Seit 1355 bis 1945 hatten oft namhafte Besitzer mit Graf von Schlippenbach, Feldmarschall Fürst von Blücher, Graf von Asenberg und andere gewechselt. Letzter Eigentümer war bis 1945 Friedrich von Bülow. Nach dessen Enteignung wurde es russisches Lazarett, Flüchtlingsunterkunft, Schule und Kindergarten. Freifrau Edith von Thüngen, geborene von Bülow, übernahm 1994 das baufällige Schloss, sanierte es und baute es bis 1997 zum Hotel und Restaurant aus. Im gepflegten Gutspark des 18. Jahrhunderts, mit Umgestaltung zum Landschaftspark Ende des 19. Jahrhunderts, kann man entspannen. Ein besonderes Ereignis sind die Konzerte im „Bülowsaal“.

Schloss Großkmehlen

Schloss Großkmehlen

01990 Großkmehlen

Landkreis Oberspreewald-Lausitz

Das noch heute von Gräben umgebene prächtige dreigeschossige Renaissanceschloss mit drei runden Ecktürmen ist nur wenige Kilometer westlich vom Ortsrand nahe der A 13 zu finden. Hervorgegangen ist es aus einer frühdeutschen Wasserburg, die zum Schutz gegen die Mark Meißen errichtet wurde. Vermutlich sind im Kern noch Reste einer mittelalterlichen Wasserburg mit Palas und Torturm im Nordostflügel erhalten. Die Türgewände und die Vor-

Herrenhaus Grünberg

hangbogenfenster zeigen den Einfluss Konrads von Westphalen. Die wertvollen Stuckdecken im Innern verweisen auf das 16./17. Jahrhundert. Die zum Uradel zählende Familie von Lüttichau saß hier vom 14. bis 18. Jahrhundert. Sie hatten unter den Wettinischen Landesherren zahlreiche höhere Ämter inne wie Geheime Räte, Kanzler und Amtmänner. Der Besitz teilte sich seit 1412 bis 1930 in zwei Teile, dessen alter Teil von 1845 bis 1894 im Besitz des international bedeutenden Rechtsgelehrten Dr. Karl Eduard Zachariae von Lingenthal war. Ein gepflegter Park, der bereits im 16. Jahrhundert entstanden ist, schließt sich im rückwärtigen Bereich an. Im Jahre 1950 wurde das Schloss zu einem Pflegeheim umgebaut. Die Brandenburgische Schlösser GmbH hat das Schloss instand gesetzt und sucht nun einen Interessenten. Im Schlosspark finden verschiedene Veranstaltungen statt.

Herrenhaus Grünberg

17326 Grünberg
Stadt Brüssow
Landkreis Uckermark

Der Ort liegt in einem Grundmoränengebiet am Rande des Randowbruchs, östlich von Prenzlau und südöstlich von Brüssow. Die ursprüngliche Dreiflügelanlage aus eingeschossigen Putzbauten mit Mansarddächern und Dachgauben stammt aus der Zeit um 1800 Der linke Flügel wurde 1945 zerstört. Besitzer um 1896 war Anton Seip. Am Haupttrakt befindet sich ein zweigeschossiger Mittelrisalit mit Ecklisenen und Dreiecksgiebel. In der Verlängerung der Flügelseiten stehen zwei eingeschossige Kavaliershäuser mit Mansarddach. Zur Gutsanlage zählten das Herrenhaus, Wohngebäude für Bedienstete sowie der Wirtschaftshof mit Pferde- und Rinderstall. Ein weiträumiger Park mit Rasenflächen und Teich umgibt die leer stehende Anlage.

Herrenhaus Grüntal

16230 Grüntal
Gemeinde Sydower Fließ
Landkreis Barnim

Erwähnt wurde Grüntal, gelegen nordöstlich von Bernau im Naturpark Barnim und östlich von Biesenthal, 1375 erstmals urkundlich im Landbuch Karls IV. An der vor der Kirche stehenden über 700-jährigen Eiche soll Napoleon eine Rast eingelegt haben. Im Ort befanden sich einst zwei Güter, das Sydower- und das Grüntaler Gut, die durch das Sydowfließ getrennt wurden.
Als sich 1826 der Justizrat Schütz im Besitz des Anwesens befand, ließ er eine Brauerei nach bayerischer Art anlegen, in der das damals beliebte „Grüntal Unterhoeler“ hergestellt wurde.
Bernhard Graf von der Schulenburg besaß seit 1894 den Ort mit Herrenhaus und war an der Entwicklung der Landwirtschaft sowie Brennerei stark beteiligt. Er erwarb sich als Präsident der Brandenburgischen Landwirtschaftskammer besondere Verdienste. Seit Bestehen ist Grüntal ein Kirchendorf und heute dient das Gebäude als altersgerechte Wohnanlage.

Herrenhaus Grüntal

Schloss Gusow, Gusow-Platkow

Schloss Gusow

15306 Gusow-Platkow
Landkreis Märkisch-Oderland

Vier Kilometer nördlich von Seelow am Oderbruch ist Gusow mit seinem prächtigen Wasserschloss aus dem 17. Jahrhundert zu finden. In dieser Zeit war es Sitz des Generalfeldmarschalls Derfflinger. Um 1870 bekam das Schloss einen Ausbau und erhielt den heutigen, um einen Ehrenhof gruppierten zweigeschossigen Dreiflügelbau in englischem Castle Style. Erbauer war Landbaumeister F. Neubart, der für Heinrich von Schönburg-Glauchau unter Einbeziehung eines Vorgängerbaus das Schloss schuf. Die Risalite an Hof- und Gartenseite wie die Fronten der Flügel sind durch Stufengiebel hervorgehoben. Am Hauptbau zur Gartenseite befindet sich ein quadratischer Eckturm und an den Kopfenden der hofseitigen Flügel schlanke Rundtürme. Der Risalit ist zusätzlich bekrönt und mit einem Erkerfenster im Tudorstil ausgestattet. Die Raumfolge ist teilweise erhalten geblieben. Der ursprüngliche weitläufige barocke Schlosspark wurde Mitte des 17. Jahrhunderts unter Christoph Otto von Podewils angelegt und später zum Landschaftsgarten nach französischem Vorbild überformt sowie 1870 erneuert. Er gestaltet sich heute mit Wasserflächen, Kanälen, Brücken und einer künstlichen Ruine, der Liebesgrotte aus der zweiten Hälfte des 18. Jahrhunderts. Die Orangerie mit niedrigen Flügelbauten stammt aus der Zeit von 1880. Heute befinden sich im Schloss ein Museum, Restaurant, Pension, Räume für Feiern und ein Standesamt.

Schloss Güterfelde

14532 Güterfelde
Gemeinde Stahnsdorf
Landkreis Potsdam-Mittelmark

Güterfelde liegt auf dem Teltow östlich der Parforceheide und zehn Kilometer östlich von Potsdam. 1804 war ein entscheidendes Jahr für das Schloss, auch Gütergotz genannt, als es an den Geheimen Oberfinanz-, Kriegs- und Domainen-Rath und General-Lotterie-Administrator August Friedrich Grothe übergeben wurde. Von einem Losgewinn ließ dieser den Traum vom Schlossbesitzer mit Park wahr werden. Bald gewann er den Architekten des Klassizismus in Preußen, David Gilly, für sein Projekt und 1804/05 entstand ein bis 1868 im Innern unfertiges Schloss. Der Park wurde 1804 angelegt und 1868 zum See hin erweitert. Hiervon blieb im klassizistischen Aufbau nur die Gartenfront der mittleren drei Achsen erhalten. Grothe war bereits 1815 verstorben, worauf das Schloss seine Witwe 1817 an den Güterspekulanten Ferdinand Wimmel verkaufte und dieser es bereits 1821 an den Geheimen Revisionsrat Paul Humbert weiter veräußerte. Der bürgerliche Landrat Albrecht des Kreises Teltow übernahm 1830 das Schloss und Gut bis 1859. Danach kam es in Pacht an den Landwirt Wilhelm Gottlieb Carl Selchow, der knapp zehn Jahre später verstarb. Der preußische Kriegs- und Marineminister Albrecht Theodor Emil von Roon kam 1868 an das Anwesen und begann alsbald mit dem barocken Aus- und Umbau im Innern und außen. Der Park erhielt eine grundlegende Umgestaltung durch den Potsdamer Hofgartendirektor Jühlke. Roon ver-

Schloss Güterfelde

kaufte den Besitz 1873 an den Geheimen Kommerzienrat Gerson von Bleichröder, den Bankier Bismarcks, der wiederum das Anwesen veränderte. Es entstanden ein aufwendiger Putzbau, zweigeschossig mit rustiziertem Feldsteinsockel, hoch aufragendem Mittelturm, Seitentürmen sowie parkseitiger offener Loggia mit Schweifgiebel. Der Schlossherr hatte 1877 Kaiser Wilhelm I. hier empfangen. Er verstarb 1893 und sein Besitz wurde von den Erben kurz nach seinem Tod an die Stadt Berlin verkauft. Darauf wurde das Schloss zum Erholungsheim einer Berliner Krankenkasse umgebaut und später noch als Sanatorium, Lungenheilstätte und Waisenhaus genutzt. Um 1935 übernahm es die SA-Standarte „Feldherrenhalle“, bis 1945 die Rote Armee einzog. Nach einiger Zeit des Leerstandes und der Zerstörung wurde es ab 1952 Seniorenheim. Nach dessen Auszug wird das Schloss seit 2011 saniert.

Schloss Herrenstein

17268 Herrenstein
Gemeinde Gerswalde
Landkreis Uckermark

Herrenstein, dessen Schloss eines der jüngsten des Landes ist, liegt in der wald- und seenreichen Region Uckermark, südöstlich von Templin, nördlich vom Stiernsee und westlich von Gerswalde. Im Jahre 1795 wurde hier erstmals eine Pächterei und 1821 ein Herrenstein

Schloss Herrenstein

schriftlich festgehalten. Zur Geschichte kann nur wenig berichtet werden. Es war ursprünglich nur ein einfaches Herrenhaus, das gemeinsam mit dem Dorf 1755 entstand. Bauherr und Besitzer von Dorf und Gut war Otto von Arnim. 1795 verpachtete dieser das Gut, auf dem eine Molkerei betrieben wurde. In der Folgezeit war es Vorwerk für eine in der Nähe gelegene Burg. In dieser Zeit entstand auch das etwas abseits gelegene Schloss. Noch 1907 saßen die von Arnims auf dem Rittergut mit insgesamt 150 Einwohnern und umfangreichem Pachtland. Herrenstein kam ab 1931 zu Gerswalde. 1945 wurden mit der Bodenreform der damalige Pächter und Eigentümer des Schlosses enteignet und vertrieben. Die darauffolgende Nutzung ist nicht bekannt.
Nach der Wiedervereinigung Deutschlands kaufte ein privater Investor das Schloss und sanierte es aufwendig durch umfassende Aus- und Aufbauarbeit mit den drei Fachwerkhäusern. Neben den geschmackvoll eingerichteten Zimmern und Appartements verfügt das Sporthotel über vielfältige Freizeit- und Wellnessangebote, so Kutschfahrten, Reiten, Minigolf- und Tennisspiel. Das Schloss ist sehr beliebt für Feierlichkeiten aller Art.

Schloss Hohenbocka

Schloss Hohenbocka

01945 Hohenbocka
Landkreis Oberspreewald-Lausitz

Das Schloss in Hohenbocka, zehn Kilometer südlich von Senftenberg in der Oberlausitz gelegen, wurde aus seinem 20-jährigen Dornröschenschlaf befreit und bekommt seine einstige Schönheit zurück. Verbunden ist die Geschichte auch mit den hier ansässigen Familien von Gersdorf und von Dieskau. 1659 gelangte der Besitz durch den Kurfürsten an die Familie von Götz. Gebaut wurde das Schloss nach einem Märchenbildnis ab 1898 anstelle eines

1902 abgebrochenen Herrenhauses durch die Familie von Götz. Im Jahre 1904 folgten die Bauten der Pferdeställe und die Wagenremise, stilistisch angelehnt an das alte Torhaus und das nahe liegende Lufthäuschen. Zur Schlossanlage zählen mehrere Gebäude, die von einer Parkanlage umgeben sind. 1909 kam das Kleine Schloss für einen Sohn der Familie hinzu. 1912 waren die Bauarbeiten abgeschlossen. Nach dem Zweiten Weltkrieg zogen Umsiedler in die historische Anlage ein. Im Zuge der Kreisbodenreform wurde sie von 1950 bis 1965 als Kur-, Quarantäne- und Krankenheim genutzt. Körperbehinderte Kinder lebten auf dem Schloss von 1968 bis 1992 und eine Sonderschule wurde eingerichtet. Eine Renovierung bekam die Anlage 1981 und eine umfassende Sanierung nochmals von 1993 bis 1995. Im August 2008 erwarb die Firmengruppe Drochow das Schloss und den Schlosspark von der Gemeinde Hohenbocka und begann mit einer umfassenden Sanierung der Gesamtanlage, einschließlich Park, zum Gesundheitshotel für Naturheilkunde. In der Remise befindet sich ein Café, in dem man Köstlichkeiten genießen und dem Koch bei der Arbeit über die Schulter schauen kann.

Schlossruine Hohenlandin

Schlossruine Hohenlandin

16278 Hohenlandin
Gemeinde Mark Landin
Landkreis Uckermark

Der Ort liegt westlich von Schwedt an der B 2, Hohenlandin unmittelbar am Haussee. Das Dorf ging mit dem Vertrag von Landin aus dem Jahr 1250 in die Geschichte ein, der als Geburtsstunde der Uckermark und urkundliche Ersterwähnung des Ortes gilt. In den Jahren 1860/61 errichtete der Architekt Ferdinand Neubarth im Auftrag des Freiherrn von Warburg die aufwendige Anlage im Tudorstil. Sie ist in der Höhe gestaffelt, mit Ecktürmchen und von Zinnen bekrönt, zwei Türmen und einem Eingangsrisalit, über dem Portal ein reicher Balkon, getragen von Drachen in Terracotta. Den Park, von dem heute nur noch Reste vorhanden sind, gestaltete 1820 der Generaldirektor der königlich-preußischen Gärten, Peter Joseph Lenné. Auch dieses Schloss wurde 1945 entschädigungslos enteignet, steht seit 1977 ungenutzt und verfällt zusehends. Der historische Bau braucht dringend einen Investor, wenn nicht ein weiteres geschichtsträchtiges Schloss in Brandenburg unwiederbringlich verschwinden soll. Für das Schloss sucht die Gemeinde daher dringend einen Käufer. Ein schöner öffentlicher Park umgibt die Schlossruine.

Herrenhaus von Hagen, Hohennauen

Herrenhaus von Hagen

14715 Hohennauen
Gemeinde Seeblick
Landkreis Havelland

Der Ortsteil mit dem Herrenhaus liegt nordwestlich am Hohennauener-Ferchesarer See und nördlich von Rathenow. Das Dorf wurde 1200 über einer slawischen Anlage errichtet. Erstmals urkundlich erwähnt wurde hier 1386 die Burg Hohennauen. Das typische Straßendorf im Naturpark Westhavelland war bis 1350 im Besitz der Markgrafen von Brandenburg, dann der Grafen von Lindow und der Bischöfe von Brandenburg. Diese lösten die Familien von Stechow und Friesack im Besitz ab. Die Familie von der Hagen kam 1486 an das Gut. Nach dem Dreißigjährigen Krieg war die Burg bereits verfallen, auf deren Ruine wurde das Gutsschloss derer von Bornstedt erbaut. Im 17. Jahrhundert wurde das Rittergut in vier Teile gegliedert. 1692 besaß Johann Gottfried von Rauchhaupt einen Teil und die Familie von der Hagen drei Teile. Der spätere Besitzer, Hans Ehrentreich von Bornstedt, gestaltete das Herrenhaus ab 1778 erheblich um. Es ist ein zweigeschossiger Putzbau in neuklassizistischen Formen, der in der Folgezeit reduziert wurde. Ursprünglich war es ein Fachwerkbau, der später als eingeschossige Dreiflügelanlage mit Wirtschaftsgebäuden umgebaut wurde. Eine nochmalige starke Veränderung mit Mittelrisalit folgte 1928. Das Gebäude wurde als Schule genutzt. Das ehemalige Rittergut liegt am nördlichen Ende des Gutsparkes. Von 1802 bis 1945 blieb das Gut im Besitz der Familie Kleist

Herrenhaus Hohenselchow

von Bornstedt und nach 1945 wurde das Herrenhaus als Kinderheim genutzt. Heute ist es in Privatbesitz.

Herrenhaus Hohenselchow

16306 Hohenselchow-Groß Pinnow
Landkreis Uckermark

Das Areal der Gemeinde erstreckt sich vom Grundmoränengebiet zwischen unterer Oder und Randow, wenige Kilometer westlich von Gartz/Oder. Erstmals in einer Urkunde erwähnt wurde Hohenselchow 1240. Im Jahre 1680 begann nach den verheerenden Vernichtungen des Dreißigjährigen Krieges Hauptmann Boislacv mit einem Wiederaufbau des Dorfes. Das ehemalige zweigeschossige Gutshaus mit einem flachen Portalrisalit geht im Kern auf den Anfang des 18. Jahrhunderts zurück. Sein barockes Aussehen mit den niedrigen Seitenflügeln erhielt es 1787. Zugehörig zum Areal sind noch Wirtschaftsgebäude und Reste eines Parks. Das ursprüngliche Lehnsgut wurde 1751 zum Rittergut mit den Besitzern von Hagemeister, denen ab 1767 von Massow und 1801 die Familie von Redern folgten. Das heute schmucklose Objekt wird privat bewohnt.

Schloss Hoppenrade

16775 Hoppenrade
Gemeinde Löwenberger Land
Landkreis Oberhavel

Nahe dem Kreuzungsbereich nach Neuruppin, südlich von Gransee, findet man Schloss Hoppenrade im gleichnamigen Ort, eine der bedeutenden barocken Anlagen Brandenburgs. Entstanden ist sie auf den Fundamenten einer Wasserburg durch Hans von Bredow in der zweiten Hälfte des 15. Jahrhunderts. Dieser Vorgängerbau wurde 1723 abgetragen und für Dompropst Joachim Heinrich von Bredow die eingeschossige Dreiflügelanlage errichtet, in deren Seitenflügel sich die Dorfkirche befand. Im Jahre 1800 bekam der Haupttrakt ein zweites Stockwerk. Die Gartenseite wurde beim Umbau mit dreiachsig übergiebeltem Mittelrisalit klassizistisch umgestaltet. Innen ein repräsentatives von einer Doppelarkade unterteiltes Foyer und eine seitliche Treppe mit schönem Eisengeländer in antikisierenden Ornamentformen aus der Zeit um 1800. Des Weiteren veränderte stuckierte Wandpilaster und hölzerne Muldengewölbe von 1899 sowie ein vorzüglicher Kanzelaltar von 1724, der 1958 erstmals restauriert wurde. Zu den Besitzern zählte auch die Familie von Kraut. Theodor Fontane verfasste ein Werk über das Leben und die Skandale der Luise Charlotte Henriette von Kraut. 2007 war das Schloss Schauplatz der Verfilmung des Romans Effi Briest. Im Jahre 1993 bekam es eine Restaurierung. Der Landschaftspark war eine regelmäßige Anlage der Zeit um 1800 und wurde landschaftlich umgestaltet unter Verwendung bestehender Wassergräben und Lindenalleen. Im Schloss, das sich in Privatbesitz befindet, können Räume zu Feierlichkeiten gemietet werden. Der Park ist teilweise zugänglich.

Schloss Hoppenrade

Schloss Jahnsfelde

15374 Jahnsfelde
Stadt Müncheberg
Landkreis Märkisch-Oderland

Jahnsfelde befindet sich östlich von Berlin, unmittelbar bei Müncheberg, direkt an der B 1.

Schloss Jahnsfelde

Schloss und Schlosskirche liegen am Rande des Ortes. Letztere wurde im 13. Jahrhundert erbaut und mit Findlingssteinen ummauert. Im Jahre 1344 wurde das Schloss erstmalig urkundlich erwähnt. Schon 1449 herrschte in Jahnsfelde die Familie von Pfuel, ansässig hier bis 1949. Der zweigeschossige Hauptbau mit Satteldach, im Kern aus dem 17. Jahrhundert, wurde um 1800 verändert und 1871 um den Flügel im neugotischen Burgenstil mit Veranda und Vorbauten erweitert. Zur Parkseite zeigt sich ein leicht vorspringender Mittelrisalit mit bekrönendem Giebelfeld und ein in Sandstein gearbeitetes Wappen derer von Pfuel. Die Backsteinanbauten sind durch reiche Gliederung und zinnenbekrönte Staffelgiebel geziert. Die beiden runden Treppentürme bringen das Gebäude wirkungsvoll zur Geltung. Die kreuzgratgewölbten Räume im Keller des Hauptbaus verweisen auf das 17. Jahrhundert. Der angelegte Gutspark aus dem 19. Jahrhundert blieb in seinen Grundzügen erhalten. Im ehemaligen Pferdestall befindet sich eine gastronomische Einrichtung.

Jagdschloss Hubertusstock, Joachimsthal

Jagdschloss Hubertusstock

16247 Joachimsthal

Landkreis Barnim

Nordwestlich von Eberswalde-Finow liegt am Werbellinsee in der Schorfheide Joachimsthal, wo bereits 1298 eine erste Burg und 1603 „Joachimsthall" erstmals urkundlich erwähnt wurde. Kurfürst Joachim Friedrich richtete 1607 im damaligen Jagdhaus eine höhere Bildungsanstalt, das sogenannte Joachimsthalsche Gymnasium, ein. Das Jagdhaus am Hubertusstock diente den preußischen Königen, später den deutschen Kaisern Wilhelm I. und vor allem Wilhelm II. sowie den Reichspräsidenten der Weimarer Republik als offizielle Jagdresidenz. So prägte sich auch bald der Begriff Jagdschloss Hubertusstock, das von 1847 bis 1849 im Auftrag des preußischen Königs Friedrich Wilhelm IV. im bayerischen oder auch im Schweizer Landhausstil zu Ehren seiner Frau erbaut wurde. Doch diente es wohl ab 1869 mehr den Hof- und Jagdgesellschaften als repräsentative herrschaftliche Unterkunft. Die Hohenzollern hatten das Haus bis zum Sturz der Monarchie 1918 im Besitz. Im Jahre 1926 wurde Hubertusstock dem Staat Preußen übertragen und während der Weimarer Republik nutzten die Reichspräsidenten Friedrich Ebert und Paul von Hindenburg das Jagdhaus als Quartier während ihrer Jagdausflüge. Als Hindenburg verstorben war, stellte Adolf Hitler das Jagdhaus dem Leiter der Reichskanzlei, Hans Heinrich Lammers, zur Verfügung und schenkte es ihm 1944. Nach der Gründung der DDR 1949 ging dieses in Volkseigentum über, wurde aber nicht vom Volk genutzt, sondern als Landsitz des Ministerpräsidenten. 1952 übernahm es das Ministerium des Innern. Das Jagdhaus wurde bis 1971 als Erholungsheim für höhere Dienstränge genutzt, danach als Gästehaus der Regierung. Alte Wirtschaftsgebäude wurden abgerissen, dafür vier zweigeschossige Gäste-Bungalows sowie ein Mehrzweckgebäude mit Schwimmbad, Sauna, Sporträumen und Schießstand erbaut. Zahlreiche Politiker aus verschiedenen Staaten waren zu Gast, so auch 1981 zum Treffen des damaligen Vorsitzenden des Staatsrates der DDR, Erich Honecker, mit dem Bundeskanzler der BRD, Helmut Schmidt. Nach 1990 wurde das Objekt zum Verkauf ausgeschrieben. Das Gebäude wurde nach Übernahme bis 2009 zur gastronomischen Einrichtung umgebaut, in den Waldvillen Übernachtungsmöglichkeiten geschaffen. Ein neuer Hotelkomplex ist vorgelagert. Im umfangreichen Parkbereich befindet sich ein Wildgehege.

Herrenhaus Jühnsdorf

15831 Jühnsdorf
Gemeinde Blankenfelde-Malow
Landkreis Teltow-Fläming

Unmittelbar an der A 10, südlich von Blankenfelde und östlich von Ludwigsfelde, findet man das erstmals 1375 urkundlich erwähnte damalige Joensdorf. Oft wechselte noch der Name

Herrenhaus Jühnsdorf

des Ortes, so auch die Besitzer. Im Jahre 1480 war es ein Milow, dem die Familien von Schlabrendorf Ende des 16. Jahrhunderts, dann die von Hake, 1652 die von Otterstedt folgten, bis die von Knesebeck den Gutsbezirk 1823 erwarben. Sie errichteten auch das bis heute stehende Gutshaus, das mit dem Gut 1926 an den Kreis Teltow ging. Im Jahre 1946 wurde es Provinzialgut der Provinz Mark Brandenburg und bis 1990 als Volkseigenes Gut bewirtschaftet. Das Herrenhaus diente zu dieser Zeit als Kreis-Landwirtschaftsschule des Kreises Zossen. Heute zeigt sich dem Betrachter ein eingeschossiger Putzbau mit gartenseitigem Risalit von 1824, wohl vom Umbau 1862. Das Innere des Gartensaals zeigt Dekor des Jugendstils. Nochmalige Veränderungen und Erneuerungen wurden im 19. und 20. Jahrhundert sowie 2012 vorgenommen. Im Haus befinden sich Arztpraxen.

Schloss Kampehl

Schloss Kampehl

16845 Kampehl
Stadt Neustadt/Dosse
Landkreis Ostprignitz-Ruppin

In Kampehl, unmittelbar nördlich von Neustadt/Dosse, am Rande des Naturparks Westhavelland, befindet sich in der Gruft der Dorfkirche die Mumie des Ritters Kahlbutz. Im Jahre 1491 erwähnte man neben der Familie Kröcher auch die Familie von Kalebuz als Besitzer des Ortes. 1608 gab es hier drei Rittersitze. Vom Ende des 17. Jahrhunderts bis 1783 prägte im Wesentlichen diese Familie den Ort, als der letzte von Kalebuz verstarb. Bekanntestes Familienmitglied war der 1651 geborene Christian-Friedrich, der mit dem Prinzen von Hessen-Homburg an der Schlacht bei Fehrbellin teilnahm, dann 1690 wegen Mordes an einem Schäfer vor Gericht kam. Der stattliche zweigeschossige Putzbau mit Fassadendekor und Wintergarten stammt im Kern aus der Mitte des 18. Jahrhunderts, der Mitte des 19. Jahrhunderts und wurde 1925 umgebaut. An Hof- und Parkseite befinden sich übergiebelte Mittelrisalite mit vorgelagerten Altanen. Der Landschaftspark entstand im 19. Jahrhundert und wurde in Schlossnähe um 1925 umge-

Herrenhaus Kartzow

staltet. Die Besitzer wechselten nach den Kalebuz noch häufig. 1969 wurde Kampehl zu Neustadt (Dosse) eingemeindet. Im Schloss befinden sich eine Galerie und das „theatrum ritter kalebuz".

Herrenhaus Kartzow

14476 Kartzow
Stadt Potsdam
Landeshauptstadt

Nordwestlich von Potsdam, am Rande der Döberitzer Heide, liegt Kartzow, dessen südliche Begrenzung das ehemalige Rittergut mit Park bildete. Heute wird es unter der Bezeichnung „Schloss Kartzow" als Hotel betrieben. Das einstige Pfarrdorf, das vor 1412 die Hünickes und darauf die Familie Spil anteilig besaß, wurde erstmals schriftlich 1357 erwähnt. Im Jahre 1450 waren die Hünickes alleinige Besitzer des Dorfes und Hofes. Cuno von Hünicke, der letzte Besitzer dieser Familie, verkaufte das Rittergut 1729 an Ludwig von Fronhofer, nach ihm vielfache Besitzerwechsel. Carl Wolf Stielow brachte in der Zeit um 1840 das 20 Wohnhäuser umfassende Dorf mit Rittergut zum wirtschaftlichen Aufschwung und errichtete 1847 das Herrenhaus. Den Park legte Fintelmann, aus einer der großen Gärtnerfamilien, um 1850 mit regelmäßigen Partien in Hausnähe an. 1940 gestaltete ihn G. Potente neu. Im Jahre 1873 beschädigte ein Großbrand das Haus. Arthur Gilka, ein Berliner Spirituosenfabrikant, der hier bereits eine vorhandene Brennerei vorfand, kam Anfang des 20. Jahrhunderts an das Rittergut. Von 1912 bis 1914 ließ der Besitzer durch den Berliner Architekten Eugen Schmohl das vorhandene Haus in ein reprä-

Herrenhaus Kemnitz

sentatives, dreiflügeliges barockes „Landschloss“ umbauen. Es besteht aus einem ein- und zweigeschossigen Putzbau unter mächtigem Mansarddach, im Kern aus der Zeit um 1850, das 1914 ausgebaut wurde. Zum Park hin sind kurze Seitenflügel angefügt und an der Hoffront bestehen turmartige Vorlagen mit schwerem Rustikaportal und Freitreppe. Nach dem Tode Gilkas verkaufte seine Witwe das Anwesen an Major Krossa, der es wiederum 1941 an die Wehrmacht veräußerte. Von 1945 bis 1949 waren im Herrenhaus Umsiedler untergebracht, danach richtete man ein Kindergenesungsheim ein. Auch von 1974 bis 1991 diente der ehemalige Herrensitz wenige Jahre als Kinderheim und darauf bis 1996 als Sanatorium für nierenkranke Kinder. Leer stand das Gebäude von 1998 bis 2006, wurde aufwendig rekonstruiert und 2008 als Hotel mit Außenstelle des Potsdamer Standesamtes eröffnet. Es ist auch ein Ort für Lesungen und Konzerte und sehr beliebt für Hochzeitsfeierlichkeiten.

Herrenhaus Kemnitz

14542 Kemnitz
Stadt Werder
Landkreis Potsdam-Mittelmark

Kemnitz ist zwischen Potsdam und Groß Kreutz, unmittelbar an der A 10 und am nordwestlichen Ende des Großen Plessower Sees gelegen. Im Landbuch Kaiser Karls IV. von 1357 findet man die erste schriftliche Erwähnung des Ortes, den Wichard von Rochow aus Golzow in Besitz hatte. Die Familie von Rochow hatte das Obergericht und die Wagendienste verkauft. 1493 wurde das gesamte Dorf an Hans Retzow verpfändet. Im Jahre 1530 verschrieb Joachim von Rochow das Dorf mit der Gerichtsbarkeit seiner Ehefrau Barbara zum Leibgedinge. Thomas von Görne kaufte 1598 das Dorf den bisherigen Besitzern ab, doch schon 1608 kam es an die Vorgänger zurück. Während des Dreißigjährigen Krieges wechselte der Besitz häufig, kam 1735 an die Familie von Brietzke, die ihn bis 1945 innehatte. Der zweigeschossige Putzbau mit rustizierten Ecken von 1702 gehört wohl im Kern in das Jahr 1685. Eine Restaurierung bekam die gesamte Anlage 1994 bis 1996. Die Schmalseiten tragen geschweifte Schmuckgiebel und über dem rundbogigen Sitznischenportal prunkt ein Wappenschild der ansässigen Familie von Brietzke. Die Neben- und Wirtschaftsgebäude stammen im Wesentlichen aus der zweiten Hälfte des 19. Jahrhunderts. Das Herrenhaus befindet sich innerhalb einer privaten Wohnanlage und ist für Besucher nicht zugänglich.

Herrenhaus Ketzür

14778 Ketzür
Gemeinde Beetzseeheide
Landkreis Potsdam-Mittelmark

Etwa 15 km nordöstlich von Brandenburg an der Havel liegt am Nordufer des Beetzsees der Ort Ketzür. Der Name ist slawischen Ursprungs und bezeichnet einen „Ort, wo es Kater gibt". Die Familie von Brösicke erbaute auf dem Gutsgelände im 16. Jahrhundert ein Herrenhaus. Der stattliche zweigeschossige Putzbau stammt im Kern aus der Mitte des 16. Jahrhunderts. Dieser wurde in den Jahren 1752 und 1783 nochmals umgebaut sowie zu einem späteren Zeitpunkt erneut verändert. Mit dem Epitaph für H. v. Brösicke schuf Christoph Dehne ein bedeutendes Werk des Manierismus der Mark. Zur Gutsanlage gehörten weiterhin

Herrenhaus Ketzür

noch Stallgebäude und eine Scheune sowie westlich ein Standerker mit Spätrenaissanceschweifgiebel vom Ende des 16. Jahrhunderts. Heute befinden sich im Herrenhaus das Gemeindebüro und Wohnungen.

Herrenhaus Glien

14806 Klein Glien
Stadt Bad Belzig
Landkreis Potsdam-Mittelmark

Klein Glien liegt im Naturpark Hoher Fläming, westlich von Bad Belzig. Das einst als slawische Siedlung czum lutkin Glyn gegründete Klein Glien wurde

Herrenhaus Glien, Klein Glien

erstmals 1388 schriftlich bezeugt. Die Quellen verzeichnen 1542 für Klein Glien ein Vorwerk, das später um weitere Gebäude ergänzt wurde. 1595 findet man auch die Bezeichnung Lüttichen Glien. Schließlich kommt 1954 Glien als Ortsteil zu Hagelberg. Der Ort und Berg Hagelberg wurden durch die Kolbenschlacht von 1813 in den Befreiungskriegen bekannt. Preußische Soldaten und russische Kosaken vernichteten ein französisches Korps von 10 000 Soldaten bis auf 3000 Mann. Im Jahre 1818 hatte Levin von Tschirsky hier das Gut übernommen, das klassizistische Herrenhaus 1821 gebaut und dieses 1823 bezogen. Gleichzeitig ließ er eine Parkanlage im englischen Stil herrichten. Letztendlich gewann die Familie Tschirsky erheblichen Einfluss in der Region, was im Kreis Zauch-Belzig mit mehreren Mitgliedernamen der Familie belegt ist. Bis 1945 blieben die von Tschirschkys im Besitz des Gutes. Die ehemalige Patronatskirche des Gutshofs bildet heute die Gemeindekirche. Der Arbeits- und Ausbildungsförderungsverein Belzig e. V. zeichnet für die Restaurierung des alten Gutshofs verantwortlich. Durch Jacqueline Gramm und ihren Mann ist 2007 ein modernes Tagungshotel mit Restaurant, Hofladen und Kreativwerkstatt für Web- und Töpferkurse eröffnet worden. Genutzt wird es gern für Feierlichkeiten, Tagungen und besondere Arrangements sowie für Hochzeiten in der Barockkirche aus dem 17. Jahrhundert. Das Guts- und Wirtschaftshaus sowie der Stall stehen unter Denkmalschutz.

Herrenhaus Klein Kienitz

Herrenhaus Klein Kienitz

15834 Klein Kienitz
Gemeinde Rangsdorf
Landkreis Teltow-Fläming

Klein Kienitz, im Landbuch Karls IV. 1375 erstmals urkundlich erwähnt, liegt etwa fünf Kilometer nordöstlich des Zentrums Rangsdorf und unmittelbar südlich des Berliner Rings. Die Mittelstraß waren von 1558 bis 1581 im Besitz des Dorfes, das sie von der Familie von Liepe und von Thümen käuflich erworben hatten. Nach ihnen kaufte den Besitz Dr. Johann Köppen. Von 1648 bis 1683 besaß die Anlage die Adelsfamilie von Schlabrendorf auf Löwenbruch, danach die von der Gröben auf Löwenbruch. Das Gut verblieb bis Anfang des 19. Jahrhunderts bei diesen. Als 1719 Max August von Köppen starb, ein Nachfahre des Dr. Johann Köppen, heiratete dessen Witwe den Oberstleutnant von dem Knesebeck. In den Besitz des Dorfes samt Rittergut kamen die von Tauentzien, nachdem 1752 Friedrich Bogislav von Tauentzien die Tochter Charlotte des von dem Knesebeck ehelichte. Dieser ließ auch das heutige zweigeschossige, verputzte Herrenhaus nach 1752, mit späteren Anbauten an der Nordseite sowie Vorhallen an der Hof- und Gartenseite, errichten. Der Amtmann Johann Friedrich Julius Dierecke kaufte 1821 Dorf und Gut und schon 1850 ging es an Gustav Steffeck, schließlich noch an die Familie Eyssenhardt. Als Erbe kam 1905 die Familie Wrede an den Besitz und 1928 vereinigte man den Gutsbezirk mit der Gemeinde. Bis zum Ende des Zweiten Weltkrieges war Carl Wrede letzter Eigentümer, wurde schließlich enteignet und das Land an Neubauern übergeben. 1990 erwarb der Nachfahre Dipl. Ing. Christoph Wrede das Herrenhaus mit Gutsländereien. Vom heutigen Besitzer werden landwirtschaftliche Erzeugnisse verkauft.

Hakeburg

Hakeburg

14532 Kleinmachnow

Landkreis Potsdam-Mittelmark

Kleinmachnow grenzt unmittelbar südwestlich an Berlin und östlich an Potsdam. Auch dieser Ort ist im Landbuch Karls IV. 1375 vermerkt. In Kleinmachnow war bereits zu Beginn des 14. Jahrhunderts eine feste Burg und als damalige Besitzer die Familie von Löwenberg und der Münzmeister Thile Brügge bekannt, denen die Familie von Quast folgte. Zu Beginn des 15. Jahrhunderts kam die Familie von Hake an den Lehensbesitz der Güter Kleinmachnow und Stahnsdorf und wurde auf dem Rittergut bald ansässig. Die von Hake prägten auch die Ortsgeschichte bis in das 20. Jahrhundert. Die sich heute präsentierende Hakeburg des Dietloff von Hake wurde vom Architekten Bodo von Ebhardt im neuromanischen Burgenstil mit mächtigem Turm von 1906 bis 1908 gebaut. Zu den bekanntesten Mitgliedern dieses Geschlechts zählt der Oberst und Generaladjutant Friedrich Wilhelms I., der „lange" Hans Christoph Friedrich von Hake. Er wurde von Friedrich II. zum ersten Ritter des neu gestifteten Ordens Pour le Mérite und zum Kommandanten von Berlin ernannt. 1936 verkaufte der damalige Eigentümer aus finanziellen Gründen die Hakeburg mit Land an die Reichspost, auf der bis 1945 der Reichspostminister Wilhelm Ohnesorge wohnte. Während der sozialistischen Zeit befand sich ab 1948 hier die Parteihochschule der SED, sie wurde später Sitz des Intelligenzclubs Joliot-Curie und anschließend Gästehaus der SED. Hohe Staatsgäste in der Hakeburg waren unter anderem Nikita Chruschtschow, Fidel Castro, Yassir Arafat und Michail Gorbatschow. In den letzten Jahren war es Hotel. Leider fand sich bisher kein neuer Hotelbetreiber und so wird seit 2012 der Einbau von Eigentumswohnungen angestrebt.

Mitte: Herrenhaus Kleßen

Unten: Herrenhaus Görne

Herrenhaus Kleßen
Herrenhaus Görne

14728 Kleßen-Görne
Landkreis Havelland

Nordöstlich von Rathenow liegt in der Nähe des Ortsteiles **Kleßen** der Kleßener und bei Görne der Görner See. 1723 bis 1730 entstand in Kleßen eine eingeschossige Dreiflügelanlage mit Mittelrisalit und einem Tauben-

Herrenhaus Klockow

turm sowie einem Gutspark, deren Hoffront 1858 im Stil des preußischen Frühklassizismus erhöht und überformt wurde. Auch wurde 1881 der Risalit der Gartenseite verändert. Die Eingangshalle birgt eine klassizistische Stuckdecke, des Weiteren im Innern einen Kamin und zwei Ofennischen aus der Mitte des 19. Jahrhunderts. Im Besitz dieser Anlage war das urmärkische Geschlecht der Familie von Bredow. Eine Restaurierung bekam das Herrenhaus von 1993 bis 1999. Heute befindet sich hier ein Café und Räume für Feierlichkeiten können angemietet werden. Das eingeschossige barocke Herrenhaus in **Görne** entstand 1786 für Christoph Philipp Gerhard von Bredow als eingeschossiger Putzbau. Im Jahre 1898 fügte man den Mittelrisalit an der Gartenseite, das Portal an der Hofseite und einen Seitenflügel hinzu. Nach 1945 diente das Gebäude als Schule, Kindergarten und zu Wohnzwecken. Vom ehemaligen Gutspark blieben nur Reste erhalten. Der einstige Herrensitz ist heute wieder in Privatbesitz und kann nur von außen betrachtet werden.

Herrenhaus Klockow

17291 Klockow
Gemeinde Schönfeld
Landkreis Uckermark

Klockow liegt westlich von Brüssow auf einer Grundmoräne, nahe der A 20, die sich zwischen den Tälern der Ucker und Randow ausbreitet. Als Clokow wurde der Ort 1255 erstmals urkundlich erwähnt, bestehend aus Gutshaus, Wirtschaftshof und Park. Für Menkin und Wollschow überließ 1260 Bischof Hermann dem Markgrafen das Dorf im Tausch. Das Landbuch Kaiser Karls IV. weist auch aus, dass in Klockow verschiedene Vasallen des Landesherren wie Busse von Dollen, Gherike von Wollyn und Nikel von Hune sesshaft waren. Der breitgelagerte, verputzte Fachwerkbau mit Mansarddach aus der zweiten Hälfte des 18. Jahrhunderts steht am östlichen Ortsende. Um 1820 baute man die eingeschossigen rückwärtigen Seitenflügel aus und 1865 wurde das Dach mit bekrönendem Dreiecksgiebel und seitlichen Dachgauben verändert. Das Herrenhaus befindet sich in Privatbesitz und ist in einem einsturzgefährdeten Zustand. Der Park ist öffentlich zugänglich.

Herrenhaus Kaltenhausen, Kloster Zinna

Herrenhaus Kaltenhausen

14913 Kloster Zinna
Stadt Jüterbog
Landkreis Teltow-Fläming

Kloster Zinna mit seinem nördlich des Ortes stehendem Herrenhaus liegt unmittelbar am nördlichen Stadtrand von Jüterbog in der Region des Niederen Flämings. Bereits im Jahre 1480 entstand hier ein Gutshof und war ein Teil des 1764 verpachteten Amtsvorwerks des Klosters Zinna, das 1170 hier gegründet wurde. Nachdem man 1553 das Kloster aufgab, bewirtschaftete man den Gutshof weiter und es entwickelte sich um diesen eine Ortschaft. 1800 lebten auf dem Gutshof 125 Menschen. Familie Bohnstedt kaufte 1832 das Anwesen Kaltenhausen und ließ das Herrenhaus von 1902 bis 1904 im Stil des Neubarock durch W. Cremer & R. Wolffenstein neu errichten. Das Haus zeigt sich als stattlicher Putzbau in neubarocken Formen mit Mittelrisalit und Mansarddach. Die zugehörigen Gutsarbeitshäuser stammen ebenfalls aus der Zeit um 1900. Auch als Grundschule diente das historische Gebäude für einige Zeit und heute ist das nicht zugängliche Herrenhaus wieder in Privatbesitz.

Herrenhaus Knippelsdorf

Herrenhaus Knippelsdorf

04916 Knippelsdorf-Siedlung
Stadt Schönewalde
Landkreis Elbe-Elster

Knippelsdorf liegt im Süden Brandenburgs zwischen Dahme und Schönewalde. Der vielgestaltige Baukörper des Herrenhauses mit zentralem hohen Turm ist im Gemeindeteil Siedlung zu finden. Entstanden ist dieser von 1910 bis 1912 im Landhausstil mit verputzen Wandflächen und kräftiger Gliederung. Der Giebel und das Turmobergeschoss wurden mit Fachwerkverblendungen ausgestattet. Das Herrenhaus wird von einem öffentlichen Park begrenzt und steht heute leer.

Schloss Königs Wusterhausen

15711 Königs Wusterhausen
Landkreis Dahme-Spreewald

Südöstlich des Berliner Stadtrandes liegt am Zusammenfluss des Nottekanals und der Dahme das 1375 erstmals erwähnte Königs Wusterhausen, das 1935 Stadtrecht erhielt. Im Jahre 1683 erwarb der Große Kurfürst das Anwesen. Die Herrschaft, damals Wendisch Wusterhausen genannt, erhielt König Friedrich Wilhelm I. 1698 von seinem Vater als Weihnachtsgeschenk. Bis 1740 war hier sein bevorzugter Aufenthaltsort. Danach begann ein langsamer Verfall, obwohl das Jagdschloss

Schloss Königs Wusterhausen

zeitweise noch als Zeughaus genutzt wurde. Hervorgegangen ist dieser zweigeschossige Renaissancebau aus einer mittelalterlichen Burganlage des 16. Jahrhunderts, den man 1717 für Friedrich Wilhelm I. zum Jagdschloss umbaute. Hofseitig steht ein vorgeschobener Treppenturm, durch den die Mittelkorridore zu den Räumlichkeiten erschlossen sind. Der Schlosshof wurde 1703 durch schräg gestellte zweigeschossige Flügelbauten eingefasst. Im Jahre 1810 verkauften die Hohenzollern Königs Wusterhausen und von 1855 bis 1863 wurde der Bau für Wilhelm I. als Jagdschloss instand gesetzt und neu ausgestattet. Nochmals erneuert wurde es um 1900, war dann bereits 1926 bis 1945 ein Schlossmuseum. Zum Kriegsende 1945 wurde es geplündert. Durch spätere wechselnde Nutzungen wurde der Bau mehrfach verändert, so auch für den Rat des Kreises, der von 1965 bis 1991 hier seinen Sitz hatte. Seit 1997 ist das Schloss im Besitz der Stiftung Preußische Schlösser und Gärten Berlin-Brandenburg, die es umfangreich restaurieren ließ und ab 2000 wieder museal zugänglich gestaltete. Ausgestellt ist hier Malerei und Kunsthandwerk aus Berlin und Brandenburg der ersten Hälfte des 18. Jahrhunderts, Porträts und Jagddarstellungen sowie zahlreiche eigenhändige Bilder Friedrich Wilhelms I. Simon Godeau legte östlich des Schlosses um 1700 den Park an, der 2000 im Wesentlichen wiederhergestellt wurde. Westlich lag der heute überbaute ehemalige Küchengarten mit Orangerie. In den Kavaliershäusern befinden sich unter anderem ein Museumsladen, Schlossrestaurant sowie Gästezimmer. Das Museum, verschiedene Märkte, Feste und Konzerte ziehen zahlreiche Besucher an.

Schloss Kossenblatt

Schloss Kossenblatt

15848 Kossenblatt
Gemeinde Tauche
Landkreis Oder-Spree

Die 12 Kilometer südwestlich von Beeskow gelegene einheitliche barocke Anlage entstand wohl an Stelle einer älteren Wasserburg. Sie war von Feldmarschall Reichsgraf Johann Albrecht von Barfus geplant worden, konnte jedoch erst nach seinem Tod von 1705 bis 1712 errichtet werden. Der Entwurf stammt vermutlich aus dem Umfeld von Grünberg oder auch Leonhard Christoph Sturm. 1736 war die großzügige, zweigeschossige Dreiflügelanlage im königlichen Besitz von Friedrich Wilhelm I. Prinz August Wilhelm von Preußen folgte als Eigentümer. Darauf wechselten von 1862 die Herren des Hauses häufiger. Restauriert wurde die Anlage von 1960 bis 1967. Kopfbauten rahmen den ungewöhnlich schmalen und tiefen Ehrenhof. Die schmale Front des Corps de Logis tritt oval hervor. Die Mitte ist durch ein Portal und Balkon betont, ähnlich der Gartenseite, in der sich das Vestibül befindet. Hier liegt auch die großzügig angelegte zweiläufige Treppe mit prächtig geschnitztem Geländer aus Eichenholz vom Anfang des 18. Jahrhunderts. Der zentrale Segmentgiebel ist mit plastischer Kartusche geziert. Das Gartenparterre wurde 1966/67 umgestaltet. Schloss und Park sind nur eingeschränkt begehbar.

Herrenhaus Kränzlin

Herrenhaus Kränzlin

16818 Kränzlin
Gemeinde Märkisch Linden
Landkreis Ostprignitz-Ruppin

Kränzlin, ein urkundlich 1291 als Krencelin erstmals erwähntes Dorf auf dem Ruppiner Plateau, liegt fünf Kilometer westlich von Neuruppin. Der hier stehende zweigeschossige Putzbau mit hohem Sockelgeschoss gehört im Kern in das Jahr 1818. In den Jahren 1855/56 erweiterte man den Bau und die Fassade wurde im Stil der Stüler-Schule spätklassizistisch überformt. Die östliche Schmalseite wurde 1912 durch zwei vortretende runde Ecktürme akzentuiert. 1995 bekam das Herrenhaus eine Restaurierung. Der ehemalige Gutspark, an dem vermutlich Peter Joseph Lenné mitwirkte, ist aus der ersten Hälfte des 19. Jahrhunderts, wurde jedoch im Laufe der Zeit stark verbaut und verändert. Nahe der Kirche befindet sich das Mausoleum von 1820. Das Herrenhaus ist heute Sitz verschiedener Firmen.

Herrenhaus Krayne

03172 Krayne
Gemeinde Schenkendöbern
Landkreis Spree-Neiße

Ganz im Osten des Bundeslandes, westlich von Guben, ist der kleine Ort am Rande der Lieberoser Hochfläche zu finden. Erste Erwähnung erfuhr Krayne 1387 im Granoer Kirchenbuch. Im Jahre 1621 wird hier Jacob von Petersdorf erwähnt, von 1694 bis 1706 ein von Walther und auch ein Cronegk war als Gutsbesitzer ansässig. Denen folgte von 1718 bis 1730 die Familie von Oppen. 1780 wurde das Herrenhaus errichtet, das in einem Wappen die Namen Heinrich August Gottlob zu Rex und Friederike von Kracht trägt, deren Geschlecht den Besitz von 1788 bis 1816 inne hatte. Häufig brannten in der Geschichte Adelshäuser nieder, so vernichtete auch ein Großbrand 1805 hier vier Gehöfte. Denen zu Rex folgte von 1816 bis 1853 der erste bürgerliche Gutsbesitzer, A. Seipke. Im Jahre 1920 betrieb der Eigentümer von Hardy eine Windturbine zur Entwässerung der feuchten Wiesen. Von 1945 bis 1950 wurde im Herrenhaus ein Waisen- und Kinderheim ein-

Herrenhaus Krayne

Herrenhaus Krieschow

gerichtet und später ein Schulungszentrum der Handelsorganisation (HO). Ab 1955 wieder im Besitz von Annelotte Wolf, geborene Günther, die bereits seit 1932 Eigentümerin war, wurde das Haus als privates Altenheim genutzt und 1960 mit Anfügung von Seitenflügeln umgebaut. Heute kann der eingeschossige Putzbau unter Walmdach, der Privatbesitz ist, nur von außen in Augenschein genommen werden.

Herrenhaus Krieschow

03099 Krieschow
Gemeinde Kolkwitz
Landkreis Spree-Neiße

Krieschow mit seinem lang gestreckten, eingeschossigen Putzbau unter Mansarddach mit Dachgauben, im Kern aus der Mitte des 18. Jahrhunderts, liegt an der A 15 westlich von Cottbus. Dieser in der zweiten Hälfte des 19. Jahrhunderts überformte Bau weist einen maroden Zustand auf. Die mittleren drei Achsen des Herrenhauses sind zweigeschossig und mit schwachen Seitenrisaliten ausgebildet. Bevor mit Adam Jobst von Löben auf Krieschow der erste Landrat im Ort ansässig war, hatten Amtshauptmänner die königlichen Belange durchgesetzt. Zunächst war er ab 1701 sächsischer Hochfürstlicher Stallmeister in Spremberg, dann Hofmeister der sächsischen Herzöge aus der Merseburger Linie. Doch er kletterte auf der Karriereleiter weiter nach oben und war von 1717 bis 1740 erster Landrat des preußischen Kreises Cottbus und Landesdirektor der sächsischen Niederlausitz unter König Friedrich August II. Um Groß Oßnig zu erwerben, verkaufte er 1733 seinen Be-

Schloss Kröchlendorff

sitz in Krieschow. Ihm folgten zwei weitere Cottbuser Landräte und Privatbesitzer, bis 1868 die Adelsfamilie Winterfeld hier ansässig wurde. Nach dem Krieg zogen Umsiedler ein und das Gebäude wurde in den Folgejahren durch die Gemeinde genutzt. Man sucht dringend einen neuen „Schlossbesitzer", um den endgültigen Verfall aufzuhalten.

Schloss Kröchlendorff

17291 Kröchlendorff
Gemeinde Nordwestuckermark
Landkreis Uckermark

Südwestlich von Prenzlau, am Rande des Boitzenburger Landes, liegt im Naturpark Uckermärkische Seen der 1288 urkundlich erwähnte Ort Crichelndorp. Georg Dietloff von Arnim vereinigte 1710 zersplitterte Besitzungen der Herrschaft Boitzenburg. Von 1844 bis 1848 ließ Baron Oskar von Arnim das prächtige Schloss errichten, der mit Malvine, einer geborenen von Bismarck verheiratet war, da der barocke Vorgängerbau 1806 in den Napoleonischen Kriegen ausgeplündert und zerstört worden war. Beauftragt mit den Entwürfen und der Bauleitung wurde der Berliner Baumeister und Architekt Eduard Knoblauch, der den Bau im Stil der englischen Gotik entwarf. Der Putzbau ist zwei- bis dreieinhalbgeschossig, annähernd rechteckig auf Sockel mit Satteldach und quadratischen Ecktürmen. Selbstverständlich war auch Fürst Otto von Bismarck häufig zu Besuch auf dem Schloss seines Schwiegersohnes. Der Letzte der Familie auf dem Gut war ab 1904 Detlev von Arnim, bis 1945 die Rote Armee den Besitz vereinnahmte und die Enteignung folgte. In der Folge nutzte man den Herrensitz als Flüchtlings- und Vertriebenenunterkunft. 1948 wurde beschlossen, wie es so vielen Herrensitzen nach der Gründung der DDR ging, das Haus abzureißen. Mit dem Einzug der Sozialversicherungsanstalt des Landes Brandenburg 1949 wurde dieses verhindert. Die Mauern und Wirtschaftsgebäude riss man jedoch zur Gewinnung von Baumaterial ab. Unter der Rechtsträgerschaft der Sozialversicherung wurde 1950 eine Tuberkulose-Heilstätte eingerichtet. Als Sanatorium und Kindergenesungsheim fungierte der historische Adelssitz von 1955 bis 1959 und von 1961 bis 1990 als Kinderheim für prophylaktische Kuren. Schloss und Park kamen danach an Outward bound – DGEE e.V. (Deutsche Gesellschaft für Europäische Erziehung). Diese Gesellschaft rekonstruierte von 1993 bis 1996 das Schloss umfassend und gab ihm weitgehend seine ursprüngliche Gestalt zurück. Heute wird es als Tagungs- und Veranstaltungszentrum betrieben und nach Vereinbarung kann es auch besichtigt werden.

Herrenhaus Laaske

16949 Laaske
Stadt Putlitz
Landkreis Prignitz

Laaske liegt nordwestlich von Pritzwalk und südlich von Putlitz, dessen erste schriftliche Erwähnung 1490 unter „Laysche" und 1492 unter Laske erfolgte. Im 19. Jahrhundert wurde das Straßendorf Stammsitz der Familie zu Putlitz, die das Herrenhaus in reizvoller Landschaft, in alter Schönheit erstrahlen ließ. Im Alter liegen die Flügel um 35 Jahre in ihrer Entstehung auseinander, der vordere entstand 1906 und der hintere in den 1870er-Jahren. Zur Gesamtanlage gehört ein Vorgarten, der 1864 angelegte Schlosspark mit seltenen Gehölzen und Teich. Der

Herrenhaus Laaske

Schlosspark wurde 1907 zum Teil neu bepflanzt. Im anschließenden Landschaftspark liegt das Grabmal der Familie Gans zu Putlitz. Als 1945 die zu Putlitz enteignet wurden, legte man in der Folge ein Seuchenkrankenhaus, Kinderklinik und Altenpflegeheim ein. Heute wieder in Privateigentum kann der reizvolle, zweigeschossige, winkelförmige Putzbau mit hohem Feldsteinsockel nur von außen besichtigt werden. An der Schauseite liegt ein dreiachsiger Mittelrisalit mit Eingangsportikus und hohem Frontispitz und in der großen Eingangsdiele befindet sich eine gusseiserne Platte mit Wappen von 1600. Zur Straße hin liegen repräsentative Wirtschaftsgebäude, eine Brennerei von 1883 und seitlich der Schlosseinfahrt eine Stellmacherei.

Schloss Lanke

16348 Lanke
Gemeinde Wandlitz
Landkreis Barnim

Lanke gehört zur Gemeinde Wandlitz, das 1315 erstmals urkundlich erwähnt wurde und im Naturpark Barnim zwischen drei Seen liegt. 1415 im Besitz der Burg Biesenthal wurde es 1620 von den Burgherren von Arnim an Friedrich von Götze aus Zehlendorf verkauft. Im Dreißigjährigen Krieg war Lanke völlig zer-

Schloss Lanke

stört und war zum wüsten Flecken geworden. Mehrfach wurde der Besitz gewechselt und kam 1827 an die Familie von Redern. Nach Kauf des Gutes ließ Graf Friedrich Wilhelm von Redern den östlich anschließenden Lustgarten nach Plänen des Gartenarchitekten Peter Joseph Lenné in einen Landschaftspark verändern, der heute zum großen Teil verwildert ist. Von 1856 bis 1858 ließ er das alte Gutshaus nach Plänen des Architekten Eduard Knoblauch im Stil der französischen Renaissance überbauen. Wie von Geisterhand geschützt, überstand das als Schloss bezeichnete zweigeschossige Herrenhaus den Brand 1866, der das komplette Dorf vernichtete. Ursache war ein Funkenflug auf die mit Schilf gedeckten Häuser. Im Jahre 1914 ging durch Verkauf das Gut nebst Landhaus an die Stadt Berlin. Der Bau weist steile Walmdächer und einen Mittelrisalit und Seitenrisalite auf, die durch acht Ecktürme eingefasst sind. Nach 1945 kam ein Tbc-Krankenhaus und darauf eine Filiale des Eberswalder Krankenhauses in das Objekt. Schließlich war es bis 1995 ein Seniorenheim, stand zehn Jahre leer und seit 2007 ist die Anlage wieder in Privatbesitz. Mit der Sanierung wurde 2010 begonnen und der Abschluss ist für 2013 geplant. Neben privater Nutzung ist auch die Vermietung von Räumen zu Festlichkeiten vorgesehen.

Herrenhaus Lebusa

Herrenhaus Lebusa

04936 Lebusa

Landkreis Elbe-Elster

Die zweigeschossig verputzte Vierflügelanlage mit Sockel und zinnenbekröntem Eckturm in neugotischen Formen steht in einem Park des Ortes, der wiederum südlich von Dahme, nahe dem Naturpark Niederlausitzer Landrücken zu finden ist. Constantin von Bodenhausen ließ sich bis 1856 diesen Bau auf Grundmauern einer in das 16. Jahrhundert zurückreichenden Wasserburg errichten. Zum einstigen Besitz gehörte wie noch heute eine umfassende Parkanlage mit einem See sowie ein kleines Nebengebäude. Nach dem Brand von 1910 wurde das Herrenhaus im Dachbereich mit steilen Zinnengiebeln, Pechnasen und anderen Architekturformen aus der Zeit der mittelalterlichen Wehrarchitektur verändert und im Inneren neu ausgestattet. Südlich davon befand sich der Wirtschaftshof und Pferdestall aus der Mitte des 19. Jahrhunderts und ein Getreidespeicher als Ziegelbau um 1800. Hier hatten auch der Lebusaer Reit- und Pferdesportverein und andere Pferdeliebhaber ihr Domizil. Die Anlage ist Privatbesitz. Durch den Besitzer ist jedoch vorgesehen, ein Museum sowie ein Damwildgehege im Park aus der Gestaltungszeit nach 1869 einzurichten und das Schloss für Sommerkonzerte, Lesungen und zum Tag des offenen Denkmals zu öffnen.

Burg Lenzen

19309 Lenzen/Elbe
Landkreis Prignitz

Schon aus dem Jahre 929 stammt eine erste urkundliche Erwähnung von Lenzen, als die Sachsen unter Heinrich I. mit dem Grafen Thietmar und dem Legaten Bernhard vom Höhbeck in der Schlacht bei Lenzen die damalige Wendenfestung „Lunkini“ eroberten. Das Städtchen findet man im äußersten Nordwesten Brandenburgs an der Grenze zu Mecklenburg-Vorpommern und Niedersachsen, zwischen dem Naturpark Mecklenburgisches Elbtal und dem Biosphärenreservat Flusslandschaft Elbe-Brandenburg. Die auf einem Hügel südöstlich über der Stadt gelegene Burg besitzt eine 1000 Jahre nachweisbare Geschichte und schon im frühen 13. Jahrhundert stand auf dem slawischen Ringwall eine Burg, die sich im wechselnden Lehns- und Pfandbesitz befand. Der dänische König Waldemar II. saß 1223 hier im Turmverlies in Haft. Nachdem die Burg zunächst im mecklenburgischen Besitz der Grafen von Schwerin war, kam sie an den Edlen Gans zu Putlitz, später an die Markgrafen von Brandenburg und schließlich an Graf von Dannenberg. Als im 14. Jahrhundert Raubritter die Burg bewohnten, wurde sie wegen der Umtriebe 1399 von Herzog Albrecht von Mecklenburg zerstört. In der Folge wechselten mehrfach die Besitzer. Im Jahre 1484 wurde sie kurfürstlicher Amtssitz, auf der auch die Edlen Gans, von Quitzow und von der Schulenburg gesessen haben. Im 16. Jahrhundert hatte Burg Lenzen eine wichtige Bedeutung als Elbzollstelle. In diesem Jahrhundert besaßen sie die von Quitzow, von Platen, von Alvensleben und andere. Im Dreißigjährigen Krieg wurde der Turm beschädigt und das Amt später verpachtet. Besitzer im 17. Jahrhundert waren die Stryke und die van Lier. Im Jahre 1725 waren Burgmauer und Burgtor abgetragen und das neue Amtshaus gebaut worden. Der Turm erhielt 1734 eine barocke Haube, mit Erneuerungen von Möllendorff 1848 und nochmals 1976. Die mittelalterliche Anlage mit starken Mauern war nur im Westen von der Stadt her über eine Zugbrücke über tiefem Wassergraben zugänglich und im Südwesten durch die Sümpfe der Löcknitz geschützt. Der Burggarten erhielt 1753 seine erste nachweisbare Erwähnung und der Amtssitz wurde 14 Jahre später nach Eldenburg verlegt. Im 18. Jahrhundert kam die Anlage an die Familien Stange, von Negelin und von Wilamowitz-Möllendorff, bis in das 19. Jahrhundert, danach an die Familien Jahn und von Saldern. 1901 wurde der Burgturm für Besucher geöffnet und nach den von Saldern kamen die von Plotho in den Besitz des Anwesens. Von 1922 bis 1931 wurde die Anlage instand gesetzt, Gebäude erweitert sowie der Burg-

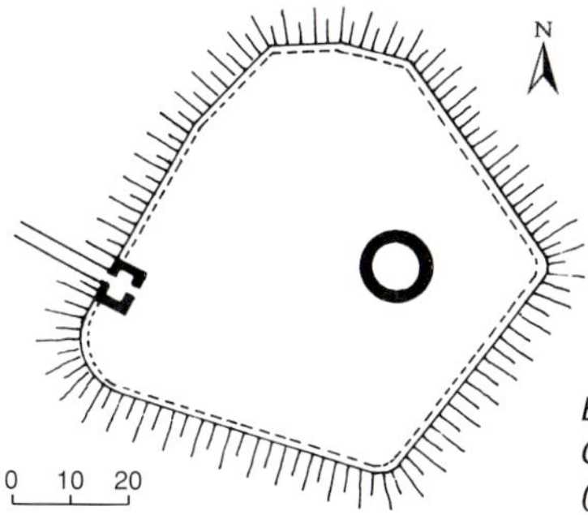

Burg Lenzen, Grundriss (historisch)

Burg Lenzen

park gestaltet. Architekt Renner kaufte nach den Isermanns 1931 die Burg. Nach dem Zweiten Weltkrieg legte man von 1945 bis 1949 ein Krankenhaus in die Burg und 1953 wurde die Familie Renner enteignet. Das Lenzener Heimatmuseum im Pförtnerhaus wurde 1955 eröffnet und 1961 in das Fachwerkgebäude verlegt. Parteiveteranenheim sowie Alten- und Pflegeheim war die Anlage von 1959 bis 1993. Als große Geste ist die Schenkung der Burg von Leonie Kreckel, geborene Renner, 1993 an den Bund für Umwelt und Naturschutz (BUND), Landesverband Niedersachsen e.V. anzusehen. Im Jahre 1996 gründete sich daraus der „Trägerverbund Burg Lenzen (Elbe) e.V." Von 1996 bis 1998 bekam der Burgberg eine Stützmauer zur Stabilisierung und 1998 begann der Umbau zu einem „Europäischen Zentrum für Auenökologie, Umweltbildung und Besucherinformation". 2003 erfolgte die Eröffnung des Besucherzentrums Burg Lenzen mit der BUND-Elbe-Ausstellung „Mensch und Strom" und dem Museum zur Stadtgeschichte. Es folgte 2007 die Einrichtung eines Tagungszentrums mit stilvollen Gästezimmern, Platz für Tagungen, Seminare und Konferenzen und ein Burgrestaurant.

Herrenhaus Hesterberg

16818 Lichtenberg
Stadt Neuruppin
Landkreis Ostpriegnitz-Ruppin

Lichtenberg ist ein breites Straßendorf und liegt südöstlich von

Herrenhaus Hesterberg, Lichtenberg

Schloss Lichterfelde

Neuruppin. Genannt wurde es 1365 „Dominus Thidericus de Lichtenberg“. 1315 beginnt auf den „Heisterbergen“ im Vorsauerland die Geschichte der Familie Hesterberg. Lichtenberg war bis 1541 im Besitz des Klosters Lindow und kam bis 1764 zum Amt Lindow, worauf es bis 1872 an das Amt Alt Ruppin ging. Noch heute existiert der nun brach liegende jahrhundertealte Hermanshof, doch ein neuer, moderner Gutsbetrieb hat sich hier in jüngster Zeit entwickelt. Nach dem Tod ihres Vaters 2010 haben Karoline und Martin Hesterberg zusammen mit Mutter Brigitte die Leitung des Familienbetriebs übernommen. Seit 1999 wird hier Landwirtschaft betrieben und mit einer Fleisch- und Wurstproduktion mit Hofladen wurde begonnen. Errichtet wurde der Gutshof völlig neu von 1999 bis 2001 auf freiem Ackerland und ist für Architekturliebhaber unbedingt einen Besuch wert. Auf dem Hof wird mittlerweile in der vierten Generation gelebt und gearbeitet. Neben dem Hofladen gibt es eine gastronomische Einrichtung.

Schloss Lichterfelde

16244 Lichterfelde
Gemeinde Schorfheide
Landkreis Barnim

Lichterfelde liegt am südlichen Rand des Biosphärenreservats Schorfheide-Chorin, nordwestlich von Eberswalde, in landschaftlich reizvoller Lage zwischen Höhen der südlichen

Uckermark und dem Eberswalder Urstromtal. Die Ansiedlung ist wesentlich älter als das Gutsschloss, das in den Jahren um 1565 von dem italienischen Baumeister Joachim von Rocha aus Manilia errichtet wurde, dem Erbauer der Festung in Spandau. Lichterfelde hat seine erste geschichtliche Überlieferung im Jahre 1277. So wird in einer Choriner Schenkungsurkunde das Dorf Britz dem Kloster nebst dem ganzen Areal zugesprochen. In einer späteren Grenzbeschreibung wird eine „ville Lichterverlde“ erwähnt. Das Dorf mit Gut war in der jüngeren Vergangenheit von Bauern, Gutsarbeitern und Tagelöhnern besiedelt. Baron Geuder nahm in dem kleinen Ort zahlreiche Veränderungen vor. So ließ er auch 1726 ein kleines Orgelwerk errichten. Zurzeit wird die Anlage mit Mitteln des Landes Brandenburg und des Europäischen Landwirtschaftsfonds für die Entwicklung des ländlichen Raums saniert.

Schloss Liebenberg

16775 Liebenberg

Gemeinde Löwenberger Land
Landkreis Oberhavel

Liebenberg liegt nördlich von Oranienburg und südwestlich von Zehdenick. Es wurde erstmals 1267 urkundlich als Leveberge im Bistumsbesitz erwähnt. Unter der Familie von Bredow entwickelte sich der Ort im 16. Jahrhundert zum Rittersitz. Zum Wohlstand kam das Gut ab 1652 durch das Adelsgeschlecht derer von und zu Hertefeld. Spätestens 1743 entstand das Schloss aus einem früheren Herrenhaus, das zwischen 1875 und 1906 eine historisierende Erweiterung bekam. Der damalige Barockgarten wurde im 19. Jahrhundert nach Plänen von Peter Joseph Lenné in einen Landschaftspark umgestaltet und das Seehaus entstand 1908. Einer der bekanntesten Schlossherren war der Diplomat und enge Vertraute Kaiser Wilhelms II., Philipp Fürst zu Eulenburg und Hertefeld. Die Enkelin des Fürsten, Libertas Haas-Heye, heiratete in der Schlosskapelle 1936 Harro Schulze-Boysen. Beide waren sie Mitglieder der Widerstandsgruppe „Rote Kapelle“. Im Ergebnis des Zweiten Weltkrieges wurde der gesamte Besitz entschädigungslos enteignet und kam an die Sozialistische Einheitspartei Deutschlands (SED). Durch Brandstiftung wurde 1945 der Hofriegel zerstört und erst 2004 wieder hergestellt. Ursprünglich sollte dieser 1950 gesprengt werden. Doch zum Glück verblieb den Architekturliebhabern eine prächtige Zweiflügelanlage mit einem Hauptflügel

von 1743 bis 1747, für Casimir von Hertefeld errichtet, die 1833/34 aufgestockt wurde. Der Seitenflügel mit achteckigem Treppenturm stammt von 1875/76 und wurde von 1891 bis 1905 erweitert. Im Seitenflügel liegt die Kapelle. Nördlich des Schlosses befindet sich der Anbau mit Waffen- und Jagdsaal. Der Innenbereich verlor seine ursprüngliche Bestimmung, indem man ihn teils zu Wohnungen, Lehrlingsunterkunft, Büro, Lager, Frisiersalon, Arztpraxis und Kindergarten umgestaltete. 1964 erklärte man den Liebenberger Forst zum Staatsjagdgebiet, das attraktive Seehaus lag im Sperrgebiet. Es wurde von Angehörigen des Wachregiments Felix Dzierzynski bewacht, da es Urlaubsdomizil des ZK der SED war. Hier erholten sich Größen wie Wilhelm Pieck, Otto Grotewohl, Walter Ulbricht, sowjetische Botschafter sowie andere Staatsgäste. Ab 1971 verlor die Anlage zunehmend an Bedeutung und wurde von der Deutschen Volkspolizei gesichert. Nach 1989 wurde die Anlage mehrfach verpachtet, bis sie die PDS 1990 übernahm und ein Jahr später die Treuhand, die das Anwesen 1996 zum Kauf ausschrieb. Als die Deutsche Kreditbank das Schloss übernahm, wurde es Hotel und das Seehaus ein Tagungszentrum. Bei Letzterem stehen auf den Pfeilern der Hauptfassade vier schöne Sand-

Schloss Liebenberg

steinvasen. Weiter östlich befindet sich das Myrtenhaus vom Anfang des 18. Jahrhunderts, das 1833/34 verändert wurde. Schließlich ist im Park noch die sogenannte Rosenburg, eine miniaturhafte künstliche Burgruine, zu finden, die nach 1901 errichtet wurde. Auf dem Gut entstanden eine Galerie, ein Museum mit einer Dauerausstellung zum erwähnten Widerstandspaar und ein Hofladen. Im Jahr 2005 übernahm die DKB Stiftung für gesellschaftliches Engagement das Anwesen. Sie pflegt es nach den Grundsätzen des Denkmalschutzes und fördert hier Kunst, Musik, Geschichtsdokumentation, Wissenschaft sowie Ausbildung. Außerdem findet man in der Anlage noch ein Jagdtrainingszentrum und eine Geschenkmanufaktur. Beliebt bei Besuchern sind die Musiksommer und Jagdmessen.

Herrenhaus Liebenwalde

Herrenhaus Liebenwalde

16559 Liebenwalde
Landkreis Oberhavel

Am nördlichen Rand des Naturparks Barnim liegt 21 km nordöstlich von Oranienburg an der Bundesstraße 167 der Ort Liebenwalde. Es war etwa um das Jahr 1200, als hier die Askanier eine Burg auf einem Berg errichteten. Der Ort wurde erstmals urkundlich von den askanischen Markgrafen 1244 als Levenwalde erwähnt. Er bestand aus der eigentlichen Burganlage mit Nebengebäuden, der Wallanlage und einem Wohnhaus. Im Jahre 1407 nahmen die berüchtigten Quitzows bei Liebenwalde den Herzog von Mecklenburg gefangen und schließlich griffen 1424 Mecklenburger Raubritter die Stadt an. Der Ort erlitt eine noch größere Katastrophe, denn ein Großbrand vernichtete 1520 die gesamte Stadt. Während des Dreißigjährigen Krieges wurden Burg, Stadt und der Finowkanal erheblich verwüstet. Die Burg galt jedoch schon um 1612 als ruinös, doch bis heute blieben mehrere Kellergewölbe, Mauerreste und das stattliche zweigeschossige Gutshaus in Ziegelbauweise vom Anfang des 19. Jahrhunderts erhalten. Das Gutshaus ist bewohnt und von außen einsehbar.

Schloss Lieberose

15868 Lieberose

Landkreis Dahme-Spreewald

Lieberose liegt westlich von Guben und südlich von Beeskow in der Lieberoser Hochfläche. Die ursprüngliche markgräflich-meißnische Gründung mit der ersten Wasserburg kam ab 1302 an Adelsfamilien, so von 1519 bis 1945 an die Familie von der Schulenburg. In mehreren Bauphasen entstand ab 1557 unter Joachim von der Schulenburg und späteren Mitgliedern der Familie ein stattlicher, barocker, vierflügliger Bau mit Renaissanceerkern vom 16. bis zum 18. Jahrhundert zu einem charakteristischen sächsischen Landschloss. Im Jahre 1657 wurde die Anlage bei einem Stadtbrand verwüstet, doch von 1688 bis 1695 erneuert. Im Inneren findet man noch heute prächtige Stuckdecken aus der Zeit um 1600 und vom Ende des 17. Jahrhunderts mit üppigem pflanzlichen und figürlichen Dekor oder mythologischen Szenen. Das Schloss mit seinem Keller- und Erdgeschossgewölbe aus der Renaissance im Ostflügel wurde innen mehrfach verändert. Neben der Durchfahrt liegt im Erdgeschoss des Westflügels das niedrige Bacchuszimmer. An das Diana-Zimmer grenzt der zweigeschossige Theatersaal mit Galerie aus der Zeit um 1905 an. Von 1908 bis 1911 bekam der historische Bau eine Restaurierung. 1945 erlitt die Schlossanlage Zerstörungen und der Westflügel wurde abgetragen. Vom Spätrenaissancebau blieben nur der sogenannte Taubenturm und vier Rundbogenarkaden erhalten. Schließ-

Schloss Lieberose

Schloss Lieberose

lich stürzte 1975 noch der Uhrturm des 18. Jahrhunderts neben der Durchfahrt in der Mitte des Westflügels ein. Die Anlage, im Eigentum der Brandenburgischen Schlösser GmbH, wurde in jüngster Zeit restauriert und es finden gelegentlich Veranstaltungen statt.

Schloss Lindenau

01945 Lindenau/Oberlausitz
Landkreis Oberspreewald-Lausitz

Nahe der A 13 bei der Stadt Ortrand, südlich von Lauchhammer, liegt Lindenau mit seinem prächtigen Schloss. Den Bau begann 1584 Lothar von Minckwitz mit dem Ostteil, vermutlich auf einem Vorgängerbau, der von Wasser umgeben war. Die herrschenden Bauernunruhen im Dreißigjährigen Krieg waren Anlass, das Schloss nach dem Umbau von 1660 mit Torhaus im Charakter einer Trutzburg zu gestalten. Von 1720 bis 1730 bekam der Kernbau eine Erweiterung durch zwei rückwärtige Flügel und Veränderungen im Inneren. Um 1736 ließ der Herr von Gersdorff in Lindenau auf sumpfigem Boden einen Park anlegen. In der Schlossbauphase von 1783 entstand der Turmhelm mit Laterne, und der Mittelsaal erhielt reichlichen Deckenstuck sowie zahlreiche Kamine. Der 1790 ausgebrochene sächsische Bauernaufstand hatte die Stürmung des Schlosses zur Folge, wurde aber von kursächsischen Soldaten beendet. Seit 1833 war der Besitz bei den Fürsten zu Lynar. Ab 1920 trat Fürst zu Lynar in eine neue Bauphase ein und nahm größere Veränderungen mit dem Anbau von zwei Seitenflügeln und großzügiger Terrasse an der Gartenfront mit rechteckigem Wasserbassin vor. Auf der Balustrade stehen Putten der vier Jahreszeiten aus dem zweiten Viertel des 18. Jahrhunderts. Auch die spätbarocken Flügel ließ er weitgehend er-

Schloss Lindenau

Schloss Lipsa

neuern. Die Nordseite bekam einen Rundturm mit Kegeldach. In den 1940er-Jahren hatte man hier eine Ausbildungsstätte für Lehrer eingerichtet und von 1951 bis 1992 war ein Kinderheim untergebracht. Heute befindet sich das Anwesen mit weitläufigem Park wieder in Privatbesitz. In der nach Westen ausgerichteten, von Graben umgebenen Dreiflügelanlage finden verschiedene Veranstaltungen statt und im Torhaus wurde durch den Heimatverein ein kleines Museum eingerichtet. Ferner gibt es hier eine Bibliothek und Räume für Sprechstunden des Bürgermeisters.

Schloss Lipsa

01945 Lipsa
Gemeinde Hermsdorf
Landkreis Oberspreewald-Lausitz

Lipsa liegt unmittelbar an der Grenze zum sächsischen Landkreis Bautzen, südlich von Ruhland. Die erste Erwähnung des damaligen Rittergutes geht auf das Jahr 1584 zurück. Das Schloss wurde erstmals 1680 genannt. Im Kern kann man das 17. Jahrhundert noch erkennen, doch nach einem Brand wurde es in der ersten Hälfte des 18. Jahrhunderts verändert und als zweigeschossiger rechteckiger Putzbau gestaltet. Es war Wolf

Heinrich von Baudissin, der das Schloss in seiner heutigen Form von 1718 bis 1720 erbauen ließ und hier Freimaurerkonvente abhielt. 1726 war das Schloss im Besitz der Freifrau Theodora Eugenia von Löwendahl, einer geborenen Freiin von Schmettau, die bis 1768 hier lebte. Der neubarocke Bau des Quertraktes entstand von 1900 bis 1914. Der kleine Balkon auf der Hofseite liegt auf schweren Konsolen. Nach den Grafen von Redern übernahm 1831 Graf Ernst von Gersdorff das Schloss, dessen Familie bereits bis 1671 im Besitz von Gut Lipsa gewesen war. 1864 folgte im Besitz Ernst Christian August dieser Familie, der das Gut mit weiteren Besitzungen 1890/1891 an Leutnant Carl August Tölke verkaufte. Der preußische Regierungsrat Paul von Schumann wurde 1895 von Kaiser Wilhelm II. geadelt. Paul von Schumann erweiterte 1914 das Schloss durch einen neubarocken Flügel an der Nordseite mit geschwungenem Mittelrisalit, in dessen Festsaal sich eine dekorative Malerei befindet, die 1974 restauriert wurde. Das zweigeschossige Torhaus besitzt eine Pilastergliederung und eine rundbogige, übergiebelte Durchfahrt sowie ein achteckiges Dachtürmchen mit Schweifhaube. Ein weitläufiger Park schließt an das Schlossensemble an. Letzter Eigentümer war von 1942 bis 1945 Carl Maria von Eversfelde, Freiherr von Beversfoerde. Nach Kriegsende von 1945 bis 1949 nutzte man die Anlage als Kinderheim und danach als Alten- und Pflegeheim. Eine umfassende Sanierung des lang gestreckten rechteckigen Schlosses erfolgte von 1990 bis 1993 und es ging in Privatbesitz des „Burgenkönigs" Herbert Hillebrand über, nach dessen Insolvenz auf seine Tochter Anna. Seit 1998 begann man mit weiteren Rekonstruierungen und Schloss sowie Park wurden unter Denkmalschutz gestellt. Der Park ist zugänglich.

Herrenhaus Lögow

Herrenhaus Lögow

16868 Lögow
Gemeinde Wusterhausen/Dosse
Landkreis Ostprignitz-Ruppin

Jeweils 10 km von Neuruppin und Wusterhausen/Dosse gelegen, findet man Lögow. Urkund-

Schloss Löwenberg

lich ist die Existenz des Ortes im Landbuch von 1491 und in einer Urkunde sogar schon 1424 belegt. Der Name geht auf slawischen Ursprung zurück und bedeutet so viel wie „sumpfiges Gelände". Während des Dreißigjährigen Krieges hatten durch Brandschatzung die Bewohner des Ortes sehr zu leiden, von denen viele nach Wusterhausen flohen und von Pest und Hunger eingeholt wurden. Mehrere Geschlechter hatten sich in Lögow aufgehalten, zu denen auch der Husarengeneral Joachim Hans von Zieten 1724 als Herr auf Lögow zählte. Ob Karl Friedrich Schinkel wirklich der Baumeister des zweigeschossigen Herrenhauses war, ist nicht eindeutig zu belegen. Bauzeit des Herrenhauses war das Jahr 1811. Das Mittelportal zeigt eine Pilasterrahmung. Nach 1945 wurde vor allem im Innern vieles durch Flüchtlingsunterbringung und Nutzung als Schule verändert. Das schmucklose Herrenhaus ist wieder in Privatbesitz und kann nur äußerlich besichtigt werden.

Schloss Löwenberg

16775 Löwenberg
Gemeinde Löwenberger Land
Landkreis Oberhavel

Zwischen Gransee und Oranienburg liegt in der Mitte der Strecke am Kreuzungspunkt der Ort Löwenberg, der 1267 erstmals urkundlich als Lowenberg und später Leuwenberg erwähnt wurde. Schon zu Beginn des 13. Jahrhunderts war hier eine Ansiedlung. Im Landbuch Kaiser

Karls IV. aus dem Jahr 1375 wird sie als eine befestigte Stadt mit Burg (Oppidum et Castrum) genannt. 1267 geht der Besitz durch Tausch vom Markgrafen an den Bischof. 1374 verkaufte der Brandenburger Bischof Dietrich das Hus tu Lowenberg an Albert von Redern und dieser veräußerte den Besitz wiederum an Hans von Bredow. Es waren die Bredows, die in der ersten Hälfte des 18. Jahrhunderts auf den Grundmauern einer zerstörten Wasserburg ein zweigeschossiges Schloss im Barockstil errichteten, das allseitig von Wassergräben umgeben war. Es blieb bis 1788 im Besitz der Familie. Die Vorderfront weist eine schlichte Putzgliederung auf. Innen befindet sich eine bauzeitliche Eichentreppe und im Keller ein spätgotischer Raum, gewölbt über zentralem Kreuzpfeiler mit schweren Bandrippen. Der alte Burggraben um das Schloss blieb erhalten und war noch im 18. Jahrhundert von einer Zugbrücke überspannt. Schon seit 1926 diente das Schloss als Landschulheim und Jugendherberge und wird heute als Kindertagesstätte „Rosenschloss" genutzt.

Schloss Lübben

Schloss Lübben

15907 Lübben

Landkreis Dahme-Spreewald

Die Kreisstadt liegt am südlichen Ende des Unterspreewalds und ihr Schloss steht am Südrand der Altstadt, dicht vor der Stadtmauer. Schon im 12. Jahrhundert stand hier eine erste deutsche Burg an der Stelle einer slawischen Ringwallanlage und eine 1368 errichtete Wasserburg. Nach 1650 Bau des dreigeschossigen Backsteinschlosses. 1666 Umbau unter Herzog Christian I. von Sachsen-Merseburg, mit durch beide Obergeschosse reichendem Saal. Ebenfalls zu dieser Zeit wurde der Marstall und sein im Zweiten Weltkrieg zerstörtes Pendant auf der Ostseite ge-

Schloss Lübbenau

schaffen. Adolf Zeller überformte 1914 bis 1917 das Nordportal, die Turmgalerie und den Saal im Stil der deutschen Renaissance. Im Jahre 1945 erlitt das Schloss Beschädigungen. Im Schlossturm befindet sich das Hochzeitszimmer und der große Wappensaal mit bemalter Balkondecke und umlaufender Holzgalerie mit Konsolen und Kaminen. Auch ein großes Gemälde von August Oetken, das die Huldigung der Stadt an Kurfürst Friedrich II. im Jahr 1448 darstellt, kann man besichtigen. Von 1980 bis 1982 bekam der Bereich eine Restaurierung mit Wiederherstellung der Ausmalung von 1914 bis 1917. Heute zeigt sich dem Betrachter das Gesamtbild eines verputzten, dreigeschossigen Wohn- und Wehrturms über quadratischem Grundriss, der ein Museum und Restaurant birgt. Der einstige Marstall wird als Bibliothek genutzt.

Schloss Lübbenau

03222 Lübbenau/Spreewald

Landkreis Oberspreewald-Lausitz

Südöstlich von Lübben im Oberspreewald liegt Lübbenau, dessen Schloss am östlichen Stadtrand zu finden ist. 1301 wurde in Lübbenau eine Burg erwähnt. 300 Jahre später baute man 1600 ein stattliches Renaissanceschloss, das schon 1621 mit der Standesherrschaft an die Grafen von Lynar bis zum Jahre 1945 kam. Karl A. Benja-

Lübbenow

Herrenhaus Lübbenow

min Siegel aus Leipzig baute im klassizistischen Stil von 1817 bis 1820 den bestehenden zweiflügligen Bau. Innen entstand ein großzügiges Treppenhaus und die quadratischen Türme in neuromanischen Formen wurden 1839 unter dem Architekten Homann errichtet. Auch der große Landschaftspark wurde von Johann Erdmann und Heinrich Wilhelm Freschke ab 1820 mit klassizistischer Orangerie von Siegel angelegt. Die ehemalige gräfliche Kanzlei, erbaut von 1745 bis 1748, barg mit der Orangerie einst das Spreewaldmuseum. Das Gebäude der ehemaligen Remise beziehungsweise des Marstalls, das sogenannte Efeuhaus, von 1744 bis 1746, ist ebenfalls erhalten geblieben. Nach dem Zweiten Weltkrieg wurde der Schlosspark als Volkspark mit Tiergehegen umgestaltet. Die Familie von Lynar erhielt 1991 ihren einstigen Besitz zurück und richtete ein Hotel mit vielen Freizeitangeboten ein.

Herrenhaus Lübbenow

17337 Lübbenow
Gemeinde Uckerland
Landkreis Uckermark

Lübbenow liegt nördlich von Prenzlau und südwestlich von Pasewalk, dessen schriftliche Ersterwähnung in das Jahr 1301 zurückreicht. Hermannus de Lübbenow testierte dies als Konsul von Anklam und der Ortsteil war Stammsitz des gleichnamigen Adelsgeschlechtes. Im Ort befanden sich mehrere Rittersitze. Seit dem 13. Jahrhundert war Lübbenow abwechselnder Sitz derer von Glöden, von Fahrenholz, von Normann, von Dargitz, von Stülpnagel und weiterer. Im

Jahre 1662 hatte die Familie von Glöden Besitzanteile und herrschte ab 1684 allein in Lübbenow. In der Zeit von 1707 bis 1713 zahlte Karl Friedrich von Glöden seine Brüder aus. Es liegt nahe, dass dieser das Gutshaus im Dorfkern 1738 ursprünglich in Fachwerk bauen ließ. Nach seinem Tod 1753 kam das Anwesen an seinen ältesten Sohn Joachim Anton, der vier Jahre nach seinem Vater starb, worauf sein Bruder Wilhelm Ludwig in Lübbenow das Erbe antrat.
Doch die Familie verschuldete sich, musste das Gut verkaufen. Ab 1763 wechselten häufig die Besitzer, bis Alfred Waldemar von Stülpnagel das Anwesen erbte. Er starb jedoch 1815 im Befreiungskrieg gegen Napoleon und Heinrich Karl August von Stülpnagel wurde Besitzer des Gutes, der 1824 mit dem Abriss des baufälligen Fachwerkhauses begann. Bis 1826 entstand an gleicher Stelle das neue zweigeschossige, rechteckige, verputzte Herrenhaus. Der Erbe Alexander von Stülpnagel ließ dieses von 1923 bis 1927 umbauen. Die Entwürfe lieferte der Hamburger Architekt Erich Elingius. Das Gebäude weist ein Portal mit doppelläufiger Freitreppe und Balkon auf. 1929 verstarb der Bauherr, seine Witwe Anita vollendete das Werk und der älteste Sohn Claus wurde Eigentümer. Anita ließ an der Seeseite des Herrenhauses die große Terrasse errichten und den Gutspark mit vielfältigen Gehölzen anlegen. 1945 wurden die Besitzer enteignet. Flüchtlinge zogen in das Herrenhaus, nach diesen die Maschinen-Ausleih-Station (MAS), dann folgte die Nutzung als Kulturhaus und von 1969 bis 2004 war die Schule untergebracht. Der Herrensitz ging in Privateigentum über und wurde von 2005 bis 2007 renoviert sowie instand gesetzt und steht seit 2007 jedermann als Urlaubsresidenz zur Verfügung. Einzigartig ist die dazugehörige Sporthalle mit einer eigenen Schwimmhalle und Saunabereich.

Herrenhaus Stolzenhagen

16248 Lunow-Stolzenhagen

Landkreis Barnim

Der Ort Stolzenhagen am nordöstlichen Rand des Landkreises, in dem einst vorwiegend

Herrenhaus Stolzenhagen, Lunow-Stolzenhagen

Bauern und Fischer lebten, liegt unmittelbar an der polnischen Staatsgrenze südöstlich von Angermünde. Er wurde erstmals 1315 urkundlich in einer Grenzbeschreibung erwähnt. In dieser Zeit erfolgte auch die Schenkung von Lunow und Lüdersdorf an das Kloster Chorin, zu dem 1335 auch Stolzenhagen kam. Das Kloster verkaufte kurz vor der Reformation den Ort an den Kurfürsten Joachim II. Während des Dreißigjährigen Krieges litten auch hier die Bürger sehr aufgrund der starken Verwüstung ihrer Heimat. Das Gut Stolzenhagen befindet sich im Zentrum des Ortes und das hier stehende Herrenhaus wird für private Wohnzwecke genutzt. Leider konnten zum Objekt keine Baugeschichte bzw. ehemalige Besitzer ermittelt werden.

Herrenhaus Mallenchen

Herrenhaus Mallenchen

03205 Mallenchen
Stadt Calau
Landkreis Oberspreewald-Lausitz

Mallenchen, erstmals 1527 erwähnt, liegt im Naturpark Niederlausitzer Landrücken am Drehnaer See, südlich von Lübbenau an der A 13. Von 1682 bis 1945 war das Dorf im Besitz der Familie von Patow. Das historische, barocke Gutshaus mit Mansardwalmdach und schwachem dreiachsigen Mittelrisalit, wurde im Jahre 1787 erbaut und bekam 1858 einen Anbau im „Schweizer Landhausstil". Errichtet auf den Resten eines Vorgängerbaus wurde es vom Bautzener Baumeister J. G. Staude im Auftrag der Familie von Patow. Erasmus Robert Freiherr von Patow wurde 1804 in Mallenchen geboren und verstarb 1890 in Berlin. Nach 1945 wurde das Gutshaus mehrfach geplündert. Der Innenbereich mit Kreuzgewölbe vom 14. bis 16. Jahrhundert zeigt auch Spuren einer „Schwarzen Küche" der Renaissance- bis Barockzeit. Dem Betrachter präsentiert sich ein schmuckloser zweigeschossiger Putzbau von 1780. Im Jahre 1968 wurden die Dachgauben entfernt. Das Herrenhaus befindet sich in Privatbesitz und kann nur von außen eingesehen werden.

Schloss Marquardt

Schloss Marquardt

14476 Marquardt
Stadt Potsdam
Landeshauptstadt

Im Bereich der nördlichen Wublitzniederung des Havellands, acht Kilometer nördlich von Potsdam nahe der A 10, liegt das alte märkische Dorf. Der einstige Guts- und Herrensitz ist seit der Ersterwähnung von Skoryn und später Schorin im Jahre 1313 in der Besitzfolge lückenlos belegt. Den heutigen Namen Marquardt trägt der Ort erst seit 1704, als der Schlosshauptmann und Direktor des Lehnswesens, Marquard Ludwig von Printzen, den Gutsbesitz zu Lehen erhielt. Im Jahre 1791 erweiterte man den zweigeschossigen Kernbau zu einer stattlichen barocken Anlage. General Hans Rudolph von Bischoffwerder war enger Vertrauter des Königs Friedrich Wilhelm II., der Marquardt 1795 als Ruhesitz erhielt. Hier nahm der König öfter als Mitglied des Rosenkreuzer-Geheimbundes an den spiritistischen Sitzungen in der sogenannten „Blauen Grotte" teil, dem Theodor Fontane in seinen „Wanderungen durch die Mark Brandenburg" ein ausführliches Kapitel widmete. Den zum Schlänitzsee abfallenden Schlosspark, in dem sich eine Figurengruppe mit zwei Nymphen von Walther Schott aus dem Jahre 1912 befindet, gestaltete 1823 Peter Joseph Lenné. Der Gutsbesitz ging 1892 an den Geheimen Kommerzienrat Dr. Louis Ravené, einen Stahl-Handelsunternehmer aus Berlin. Für ihn wurde 1893 das Schloss aufgestockt und zur vielfältig gestaffelten Anlage erweitert. Im Ostflügel befand sich der Tanzsaal. 1913 bekam der Bau vorschwingende Fassaden in schweren neubarocken Formen und am Westflügel filigrane Neurokokostuckaturen. Im Jahre 1932 pachtete das renommierte Hotelunternehmen Kempinski das Anwesen und gestaltete dieses zu einem begehrten Ausflugsziel. Das Schloss ist schon über Jahre leer stehend, sucht dringend einen Investor und ist sanierungsbedürftig.

Schloss Martinskirchen

04895 Martinskirchen
Stadt Mühlberg/Elbe
Landkreis Elbe-Elster

Unmittelbar an der sächsischen Landesgrenze zwischen Torgau und Riesa, nördlich von Mühlberg, findet man Martinskirchen. Es liegt in landschaftlich reizvoller Lage im Elbauegebiet, die vermutlich auch Friedrich Wilhelm Graf von Brühl bewegte, hier 1739 das Gut Martinskirchen zu erwerben. Er ließ von 1751 bis 1756 ein Jagd- und Lustschloss nach Plänen von Friedrich August Krubsacius errichten. Das dreiflüglige Schloss, im Stil des französischen Klassizismus, zeigt in Dreiecksgiebeln der Seitenfronten Sandsteilreliefs mit Darstellungen aus der Mythologie. Das Haupttreppenhaus wurde leider bei den Umbauten der 1950er-Jahre zerstört und von der ursprünglichen Raumfolge mit ihrer Rokokoausstattung sind nur zwei Räume erhalten geblieben. Die Sicherung und Restaurierung der Schlossanlage durch die Brandenburgische Schlösser GmbH

Schloss Martinskirchen

Herrenhaus Maulbeerwalde

gab dem Ort wieder einen prächtigen sanierten Bau, für den die Gemeinde als Eigentümer einen Nutzer sucht.

Herrenhaus Maulbeerwalde

16909 Maulbeerwalde
Gemeinde Heiligengrabe
Landkreis Ostprignitz-Ruppin

Maulbeerwalde liegt im Osten der Prignitz an der A 24, zwischen Pritzwalk und Wittstock. Die Ansiedlung entstand in den Jahren 1750 bis 1760. Während des Dreißigjährigen Krieges verschwanden alle umliegenden Ortschaften und die Mark wurde wüst. Diese schenkte König Friedrich der Große dem verdienten General von Horn unter der Bedingung, hier ein Dorf und ein Gut anzulegen. Das schlossartige, zweigeschossige Herrenhaus entstand 1908 im Jugendstil und war bis 1945 im Besitz der Familie Wodarg. Neben dem Herrensitz mit den dreiachsig übergiebelten Seitenrisaliten und dem zentral halbrund vorspringenden Vorbau mit ionischen Doppelsäulen sowie einem Säulenportikus an der Seitenfassade bestehen hier noch weitere Bauten. So ein Gutsinspektor-, Förster- und Stellmacherhaus mit Nebengebäuden, ein Stallgebäude, das Wiegehaus und zwei Landarbeiterhäuser mit Nebengebäuden und schließlich die Gutskapelle und der Gutspark. Von 1947 bis 1997 wurde das Herrenhaus als Pflegeheim genutzt. Seit 1998 befindet sich das sanierte Anwesen wieder in Privatbesitz.

Meseberg

Schloss Meseberg

Schloss Meseberg

16775 Meseberg
Stadt Gransee
Landkreis Oberhavel

Fünf Kilometer südwestlich von Gransee liegt der Ort Meseberg. Das schöne Barockschloss ist das Gästehaus der deutschen Bundesregierung und liegt unmittelbar südöstlich des Huwenosees. Graf Hermann von Wartensleben ließ von 1738 bis 1739 ein stattliches, zweigeschossiges Schloss mit Mansardwalmdach in den Formen des Berliner Barock errichten, nachdem 1720 das damalige Herrenhaus abgebrannt war. Der Mittelrisalit an der Hoffront ist durch ionische Halbsäulen gegliedert und trägt einen Dreieckgiebel. Die Sandsteinrahmen des mittleren Portals sind durch Volutenschwünge auf Konsolen abgeschlossen. Der Mittelrisalit der Gartenseite gliedert sich durch ionische Kolossalpilaster, über dem Gebälk eine geschwungene Giebelkartusche sowie drei Prunkvasen. Des Weiteren liegt vor dem Schloss eine doppelläufige Freitreppe. Dorothea, eine geborene von der Groeben, hatte das Anwesen 1723 mit in die Ehe gebracht. Fast gleichzeitig wurde mit dem Neubau auch von Muntherus die barocke Gartenanlage geschaffen. 1774 erwarb das Anwesen nach dem Tod Wartenslebens der in Rheinsberg residierende Prinz Heinrich von Preußen, der es ein Jahr später seinem Günstling Christian Ludwig von Kaphengst zum Geschenk machte. Dieser begann den Garten nach Süden hin zu erweitern und zu einem Park umzugestalten. Der Herausgeber der Vossischen Zeitung, Carl Robert Lessing, kaufte die Anlage für seinen Sohn Gotthold Ephraim Lessing d. J., dem später im Park auch ein Mausoleum errichtet wurde. Baronin Elisabeth von Ardenne wurde zur Romanfigur von Effi Briest, nachdem die Gemahlin des Zeitungsherausgebers Lessing, Emma von Gelbke, die Geschichte an Theodor Fontane lieferte. Von dem Neffen Otto Lessing wurden in Meseberg verschiedene Büsten von Familienmitgliedern und Vorfahren geschaffen. Im Inneren des Schlosses befindet sich eine glanzvolle Ausgestaltung. Anschließend an das Vestibül liegt mit einer seitlichen hölzernen Treppe der Gartensaal mit einem Deckengemälde auf Leinwand von Christian Bernhard Rode. Leider ist der einst prächtige Park am See nur in Spuren erkennbar. Südwestlich des Schlosses steht ein achteckiger Pavillon aus der Bauzeit um 1740. Bis in das Jahr 1931 besaßen die Lessings das Gut und 1945 wurde dieses entschädigungslos enteignet. Im prächtigen Schloss wurde darauf ein Lebensmittelgeschäft, ein Kindergarten, das Gemeindebüro und weitere Einrichtungen untergebracht. In der Zeit nach der Wiedervereinigung verfiel die Anlage und 1995 erwarb die Messerschmitt-Stiftung das Anwesen . Diese restaurierte das Schloss, den Garten sowie den Park und überließ das Grundstück 2004 der Bundesregierung zu einem symbolischen Mietpreis für 20 Jahre. Die Übergabe fand 2007 an den damaligen Kanzleramtschef Thomas de Maizière statt. Die Schlossanlage ist nur von außen einsehbar.

Herrenhaus Metzelthin

16868 Metzelthin

Gemeinde Wusterhausen/ Dosse

Landkreis Ostprignitz-Ruppin

Schon im Jahre 1160 wurde ein Marod von Musithin, ein Ritter und Lehnsvasall der Grafen von Lindow und Ruppin, genannt. Auf der B 167 östlich von Wusterhausen/Dosse in Richtung Neuruppin ist Metzelthin zu finden, das in einer Urkunde als „Mutzelthin bzw. Mützelthin“ von 1293 erwähnt wurde. Zu jener Zeit soll es hier vier Rittergü-

Herrenhaus Metzelthin

ter gegeben haben. Die Familie von Sandow besaß 1541 das damalige Gut und um die Mitte des 17. Jahrhunderts wurden mit den von Schönermark, von Schütte, von Rike und von Warnstedt gleich vier Besitzer genannt. Auch 1724 hatten vier Familien – von Zieten, von Brunn, von Jürgaß und von Fabian – die Güter im Besitz. Generalleutnant von Kröcher hatte im Laufe der Zeit eins nach dem anderen zu seinem Eigentum vereint, doch schon 1763 an die Familie von Rathenow verkauft. Die von Kröcher erwarben den Besitz wieder zurück, verkauften ihn 1785 an die von Krosigk, von denen er 1797 an Friedrich Wilhelm Carl von Wartenberg ging. Der frühklassizistische Gutsbau von zwei Geschossen mit Walmdach wurde 1793 durch Bernhard Friedrich von Krosigk im Stil der Gilly-Schule errichtet. Die Zugangsseite weist einen zarten Mittelrisalit mit paarigen Pilastern und stuckierten Kapitellen mit Puttenköpfen auf. Davor befindet sich ein Altan des 19. Jahrhunderts. Im Inneren findet man zum Teil Volutendecken mit feinen Stuckaturen. Der umgebende Landschaftspark ist in das 19. Jahrhundert zu datieren. Nach Philipp Otto von Winterfeld war letzter Gutsbesitzer bis 1945 Herr von Byeren. Nach der Enteignung wurden im Herrenhaus Flüchtlinge untergebracht, später diente es Wohnzwecken, der Gemeinde, als Arztpraxis, Kindergarten und Konsumverkaufsstelle. Nach einigen Jahren Leerstand kauften das Anwesen 1997 Gerd und Jutta Baeblich. Das denkmalgeschützte Herrenhaus bekam durch das Berliner Ehepaar eine umfassende Restaurierung und ist mit dem Park ein Schmuckstück des Ortes.

Schloss Meyenburg

16945 Meyenburg
Landkreis Prignitz

Schloss Meyenburg steht in der gleichnamigen Stadt, gut acht Kilometer nordwestlich von Freyenstein, und ist ein ehemaliger Adelssitz der Familie von Rohr. Es ist der Nachfolgebau einer alten Wasserburg, die als Grenzfeste gegen Mecklenburg am Südufer der Stepenitz angelegt wurde. Das Schloss wurde im 19. Jahrhundert entscheidend umgebaut und birgt einen Kern aus dem 16. Jahrhundert. An den Seiten der Gebäudeflügel befinden sich Rundtürme, so auch der Hungerturm, wohl noch von der Wasserburg. Vom 14. Jahrhundert bis zum Jahre 1914 befand sich das Anwesen im Besitz der vermögenden Familie von Rohr, die zu den dominierenden Familien der Prignitz

Schloss Meyenburg

zählte. Den bereits erwähnten Umbau der Vorgängeranlage vollzog 1865/66 der Berliner Baumeister Friedrich Adler im Stil der norddeutschen Renaissance mit wunderschönen Giebeln. Der nördliche Hauptflügel, ursprünglich aus zwei voneinander abgerückten Pfeilern bestehend, bezieht Teile der Stadtmauer des 15. Jahrhunderts aus Feldstein mit ihren Rund- und Halbrundtürmen ein. Im Erdgeschoss des nordöstlichen Turms befindet sich ein schweres spätgotisches Kreuzrippengewölbe. Nochmals baute man 1914 um, dem folgte schließlich von 1996 bis 1998 eine gründliche Sanierung und Instandsetzung, die den Zustand von 1866 wieder herstellte. Besucher können sich an den Ausstellungen des Mode- und Schlossmuseums erfreuen. Das Modemuseum zeigt eine europäische Modesammlung von Kleidermode des 20. Jahrhunderts, die von der Ostberliner Sammlerin Josefine Edle von Krepl zusammengetragen wurde. Auch eine öffentliche Bibliothek, eine Außenstelle des Standesamtes und der Sitz des Fördervereins ist in dem historischen Gebäude untergebracht und es finden kulturelle Veranstaltungen statt. Das Schloss und der vom Berliner Hofgärtner Fink im Jahre 1868 angelegte Park mit großer Teichanlage steht unter Denkmalschutz. Nach starker Verwilderung wurde dieser 1997 wiederhergestellt.

Herrenhaus Mötzow

Herrenhaus Mötzow

14778 Mötzow
Gemeinde Beetzseeheide
Landkreis Potsdam-Mittelmark

Der wohl älteste Ort in der Gemeinde Beetzseeheide liegt nördlich von Brandenburg am Beetzsee im Havelland und wurde erstmals 1161 als Mukzowe erwähnt. Später wurde aus dem Ort das Domstiftsgut Mötzow und die Bauten des meist von Pächtern bewirtschafteten Gutes bildeten den Ort. Errichten ließ das prächtige, vielgestaltige Herrenhaus des späten Historismus der Pächter Friedrich Sander 1894, der selbst wie seine Nachkommen von 1853 bis 1945 das Gut bewirtschafteten. Am Rundturm neben dem Eingang befindet sich das Wappen des Brandenburgischen Domkapitels mit dem Baujahr 1894. Besonders die bewegte Dachlandschaft mit steilen Pyramidendächern, Türmchen und hohen Schornsteinaufsätzen lässt den Betrachter in Staunen verfallen. Um das Gutseigentum zu sichern, musste das Domstift Brandenburg 1945 die Bewirtschaftung übernehmen, dessen Brennerei von 1882 bis 1962 das wirtschaftliche Rückgrat des Gutes darstellte. Ende 2001 wurde das Gut einem neuen Pächter übergeben, der hier einen Vielfruchthof (mit Spargel, Erdbeeren, Kulturheidelbeeren, Kartoffeln und Getreide) mit Direktvermarktung auf dem Gut betreibt. Darüber hinaus wurde das Anwesen zu einer Erlebniswelt mit Hofladen, Streichelzoo, Gastronomie und Kunstmühle. Seit 2009 beherbergt das Domstiftgut das aus der Brandenburger Steinstraße ausgezogene N'Ostalgiemuseum mit losen Exponaten aus dem Alltagsleben der DDR.

Schloss Mühlberg

04931 Mühlberg
Landkreis Elbe-Elster

Das südwestlich von Bad Liebenwerda gelegene Mühlberg, unmittelbar an der sächsischen Landesgrenze, hat ein Schloss, das auf den Anlagen einer nach 1150 errichteten markmeißnischen Wasserburg gebaut wurde. Diese wiederum entstand anstelle eines slawischen Burgwalles und 1272 wurde hier erstmals urkundlich ein „castrum Mulberch" erwähnt, doch 1535 durch Brand zerstört. Herzog Moritz von Sachsen ließ ab 1545 einen Neubau errichten, dessen Vierflügelanlage unter Kurfürst August von Sachsen 1553 bis 1560 vollendet wurde. Im Jahre 1620 legte man zur Schaffung eines neuen Zugangs zum Schloss einen Damm mit einer Steinbrücke an. Der Südflügel bekam 1773 eine Bekrönung mit Dachreiter und Schweifhaube. Auf die Zeit des Mittelalters verweisen nur noch Grundmauern und Teile des Ostflügels mit der Kapelle. Durch eine Pilastergliederung gezierte Zwerchhäuser befinden sich an den Hof- und Außenfronten. Ein Teil des Schlosses ist mit Wohnungen belegt.

Schloss Mühlberg

Herrenhaus Mürow

16278 Mürow
Stadt Angermünde
Landkreis Uckermark

Nördlich von Angermünde und westlich von Schwedt/Oder, nahe der polnischen Staatsgrenze, findet man am Rande des Ortes die Herrenhausanlage. Gebaut wurde sie im 17. Jahrhundert, wohl nach 1650 durch die Familie von Diringshofen. Im 18. Jahrhundert gelangt der Besitz an die Familie von Arnim zu Zichow. Mitte des 19. Jahrhunderts werden eine Brennerei, ein großer Speicher sowie neue Stallungen errichtet. Im Jahre 1870/71 wurde der zweigeschossige Putzbau auf schrägem Sockel mit Walmdach umgebaut und 1998 restauriert. Der Bau besitzt einen leicht vorgezogenen, dreiachsigen Mittelrisalit und kurze eingeschossige Eckflügel mit Mansarddächern. Auf dem ehemaligen Gutshof steht ein viergeschossiger Speicher mit Satteldach aus der Zeit um 1860. Letztlich gehört zur Gutsanlage auch der Gutspark, der von Peter Joseph Lenné angelegt wurde. Im Zuge der Bodenreform wurde die Familie von Arnim enteignet. 1946 kam in das Herrenhaus ein Kindergarten. Spätere Nutzungen waren Büroräume der Gemeindevertretung und medizinische Station. Das Objekt wurde saniert, aber wegen Einsturzgefahr gesperrt und 2009 die Kita geschlossen. Die einstige Brennerei wurde nach der Rekonstruktion mit Wohnungen belegt und der Jugendtreff hatte im Herrenhaus seine Räumlichkeiten. Die Zukunft des Gutshauses ist wegen finanziellen Engpasses vorläufig ungewiss.

Herrenhaus Mürow

Schloss Nennhausen

Schloss Nennhausen

14715 Nennhausen
Landkreis Havelland

Nennhausen liegt im Naturpark Westhavelland, unmittelbar östlich der Stadt Rathenow. Die erste urkundliche Erwähnung des Ortes erfolgte 1304. Schloss und Park von Nennhausen wurden erst 1735 bis 1737 geschaffen. Friedrich Christoph von Briest bekam das Anwesen 1686 vom Großen Kurfürsten für seine Verdienste um die Befreiung Rathenows von den Schweden zu Lehen. In den Jahren von 1803 bis 1833 diente das Schloss den Schriftstellern der Romantik Caroline und Friedrich de la Motte Fouqué als Wohnsitz und Wirkungsstätte. Sie unterhielten hier einen ländlichen Salon und Musenhof. Gäste waren unter anderem Alexander Humboldt und E. T. A. Hoffmann. In den Jahren 1859/60 riss man den nördlichen Seitenflügel ab, worauf nach Plänen Ferdinand von Arnims die Fassade gotisierend umgestaltet wurde. Das Schloss besitzt einen übergiebelten Mittelrisalit und über dem hofseitigen Eingang prunkt eine Wappenkartusche sowie unter dem Treppengiebel Wappenreliefs. Über die Zeiten hinweg blieben die barocke Raumaufteilung im Inneren des Hauses und auch die wertvollen barocken Stuckornamente an Wänden und Kaminen erhalten. In der Eingangshalle befindet sich eine Sandsteingrabplatte des Kanonikus Andreas von Blochow, der 1550 gestorben war und nun ganzfigürlich mit seinem Wappen die Rundbogennische ziert. Der Landschaftspark mit altem Baumbestand vom Ende des 18. Jahrhunderts wurde durch Philipp August Friedrich von Briest angelegt. Nach der Enteignung und vielfältiger Nutzung brannte der Herrensitz 1983 aus. Von 1992 bis 2005 wurde das ruinöse Schloss als Privatsitz und der Landschaftspark denkmalgerecht wieder hergestellt. Den Park, der öffentlich zugänglich ist, bezog man 2006 zur Landesgartenschau als Außenprojekt ein. Im Schloss ist das Standesamt untergebracht und durch die jetzigen Besitzer werden kulturelle Veranstaltungen organisiert.

Schloss Neudeck

Schloss Neudeck

04895 Neudeck
Gemeinde Uebigau-Wahrenbrück
Landkreis Elbe-Elster

Neudeck, zu finden zwischen Herzberg und Uebigau nahe der Schwarzen Elster, wurde 1212 im Besitz des Ritters Thietholdi de Nidecke erstmals urkundlich erwähnt. 1474 war der Rittersitz in den Händen eines von Rabiel und 1521 hatte Lupold von Brandenstein mit dem Bau eines zweigeschossigen Hauptgebäudes begonnen und ließ 1550 den östlichen Turm errichten. Familie von Schleinitz erweiterte zwischen 1615 und 1687 den erworbenen Besitz nach Westen und baute den Wendelstein und den westlichen Turm. Auch hier wütete der Dreißigjährige Krieg, die Anlage wurde stark beschädigt. Eine grundlegende barocke Veränderung bekam das Schloss zu Beginn des 18. Jahrhunderts durch Johann Friedrich von Patow. Ein letzter barocker Umbau erfolgte 1904/05 unter dem neuen Besitzer, Major Lettre, nach Plänen von Paul Schultze-Naumburg. So unter anderem das Schlachthaus und die Molkerei mit außen liegendem Treppenaufgang und Fachwerkgiebel sowie östlichem Pferdestall mit Oberlaube. Auch der Park wurde von Schultze-Naumburg 1904 bis 1905 angelegt. Das Parterre mit Bassin ist vom äußeren landschaftlichen Parkteil getrennt durch eine von Eckpavillons gefasste Mauer mit schmiedeeisernem Schmuckdekor zwischen Vasenpfeilern. In den 1930er-Jahren gab es noch geringfügige innere Veränderungen unter dem Fabrikanten Otto Roth, der nach 1945 enteignet wurde. Verschiedene Nutzung hatte das Schloss bis 1999 mit der Landespolizei Brandenburg. Danach begann es zu verfallen. Dem setzte 2010 der Förderverein Schloss Neudeck e.V. ein Ende und das Schloss wurde schließlich in Landeseigentum zurückgeführt. Zum Tag des offenen Denkmals wird das Schlossareal zur Besichtigung der Öffentlichkeit freigegeben.

Herrenhaus Neuenhagen

16259 Neuenhagen
Stadt Bad Freienwalde
Landkreis Märkisch-Oderland

Im nördlichen Oderbruch, am Rande des Biosphärenreservats Schorfheide-Chorin, auf der Insel Neuenhagen, liegt das gleichnamige Dorf. Urkundlich erstmals erwähnt wurde es 1337. Eigentümer zu jener Zeit war Nicolaus Witte. Die Ritterfamilie von Mörner kam 1350 in den Besitz. Um 1480 lebten Caspar von Uchtenhagen und sein Neffe Matthias in Neuenhagen. Fast 100 Jahre später baute 1575 Werner von Uchtenhagen ein „Festes Haus" anstelle eines Vorgängerbaus. Es ist das älteste erhaltene profane Bauwerk im mittleren und östlichen Teil von Brandenburg und stellt einen zweigeschossigen, quer gelagerten Bau unter Krüppelwalmdach dar. Ursprünglich war dieser von einem Wassergraben umgeben. Im Keller und Erdgeschoss befinden sich Tonnengewölbe mit Stichkappen. Als 1604 die Herrschaft der Uchtenhagen endete, ging der Besitz an den Kurfürsten über und 1613 schuf man das Amt Neuenhagen, das bis 1945 existierte. In dieses Jahr fiel eine recht vereinfachte Restaurierung. Nach einer erforderlichen und auch geplanten Sanierung und In-

Herrenhaus Neuenhagen

Schloss Neuharden-berg

standsetzung soll künftig das Herrenhaus eine Galerie, Café, ein Atelier und Pension sowie Wohnräume und Büros enthalten.

Schloss Neuhardenberg

15320 Neuhardenberg

Landkreis Märkisch-Oderland

Das als Ort Quilitz 1348 erstmals in einer Urkunde erwähnte heutige Neuhardenberg war einst eine brandenburgische Zollstelle und liegt zwischen Seelow und Wriezen, beziehungsweise östlich von Strausberg am Rande des Oderbruchs. Es war die Kurfürstin Dorothea, Friedrich Wilhelms zweite Ehefrau, der in der zweiten Hälfte des 17. Jahrhunderts dieser Ort gefiel und die die verwaisten Bauernstellen nach dem Dreißigjährigen Krieg wieder neu entstehen lassen wollte. Nach ihrem Tode 1689 setzte ihr Sohn Albrecht Friedrich, späterer Markgraf von Brandenburg-Sonnenburg, das Erbe fort. Der Ausbau von Quilitz endete mit Friedrich Albrecht, der vom preußischen König Friedrich Wilhelm I. Friedrichsfelde zum Geschenk erhalten hatte. Carl Albrecht setzte 1731 nach dem Tod seines Vaters eine rege Bautätigkeit im Schlossbereich fort und nach seinem Tod 1762 ging das verschuldete Anwesen zu Lehen an die Krone. Ein Jahr später rettete Joachim Bernhard von Prittwitz das Leben Friedrichs II. im Siebenjährigen Krieg und bekam zum Dank das Amt Quilitz, wo er auch alsbald mit dem Bauen begann. Sein Sohn, Friedrich Wilhelm Bernhard von Prittwitz, übernahm 1797 die

Herrschaft und bezog auch den Architekten Karl Friedrich Schinkel ein. Dieser war an der Neugestaltung der 1801 vom Brand zerstörten Kavaliershäuser beteiligt. 1811 ging der Besitz wiederum von den Prittwitz durch Verkauf an die Krone. Friedrich Wilhelm III. schenkte das Anwesen seinem Staatskanzler Karl August von Hardenberg für seine Verdienste um den Staat. In den Fürstenstand erhoben, benannte er 1815 den Ort Quilitz in Neu-Hardenberg um. Auch unter ihm trat wieder Karl Friedrich Schinkel in Erscheinung und 1820 baute man das Schloss nach dessen Entwürfen um. Letzter Herr auf Neu-Hardenberg war Carl-Hans von Hardenberg. Er zählte im Juli 1944 zu denen, die das Attentat auf Hitler vorbereiteten. Von Hardenberg überlebte schwer verletzt bis zur Befreiung durch die Rote Armee im KZ Sachsenhausen. Der Ort wurde von 1945 bis 1989 in Marxwalde umbenannt und im Schloss befanden sich bis 1976 Flüchtlingsquartiere, ein Lazarett, eine Zentralschule, Jugendklub, Bauarbeiterunterkunft und eine Trainingsstätte für Gewichtheber. In der Zeit von 1978 bis 1988 wurde das Schloss restauriert und diente als Bildungs- und Arbeitsstätte der Kulturakademie des Bezirks Frankfurt/Oder. 1991 bekam der Ort wieder den Namen Neuhardenberg und die Familie erhielt ihren früheren Besitz zurück. Die ehemalige Bibliothek wurde 1990/91 aus Resten des alten Bestandes wieder hergerichtet. Der Deutsche Sparkassen- und Giroverband erwarb das Anwesen 1997 und es erfolgte eine Bausanierung zum Hotel-, Gastronomie- und Tagungszentrum mit Räu-

Orangerie Neuhardenberg

men für Ausstellungen, Konzerte, Tanz- und Theateraufführungen. Seit Mai 2002 wird Neuhardenberg unter Verantwortung der Stiftung Schloss Neuhardenberg GmbH als Ort für Gespräche, Symposien, Tagungen und umfangreiches Kulturprogramm sowie Klausurort der Bundesregierung genutzt. Ein Restaurant befindet sich in der Orangerie. Der Schlosspark wurde in den 1820er-Jahren durch Peter Joseph Lenné, Hermann Fürst von Pückler-Muskau und John Addey Repton gestaltet. Als ein beeindruckendes Meisterwerk der Gartenbaukunst bekam er 2004 die Auszeichnung „Deutschlands schönster Park“ verliehen. In ihm steht ein Denkmal für Friedrich II. aus Marmor, das 1792 im Auftrag des Oberstleutnants von Prittwitz durch Giuseppe Martini nach einem Entwurf von Johann Wilhelm Meil geschaffen wurde.

Schloss Neuhausen

19348 Neuhausen
Gemeinde Berge
Landkreis Prignitz

Die Gemeinde befindet sich an den südlichen Ausläufern der Ruhner Berge, nahe der mecklenburg-vorpommerischen Grenze, nördlich von Perleberg und westlich von Putlitz. Als Markgraf Albrecht der Bär 1147 gegen die heidnischen Wenden einen Kreuzzug unternahm, wurde Neuhausen zerstört. Als „novum castrum prope Perleberg“ wurde 1318 der Ort erwähnt und 1334 gehörte er zum Land Perleberg, bis ihn der Markgraf an den Grafen Heinrich von Schwerin versetzte. Schon 1345 verlieh der Markgraf Ludwig I. Neuhausen an den Ritter Nicolaus von Lobeck. Schließlich kam der Ort für längere Zeit ab 1396 an die Familie von Rohr, deren Nachkommen eine Hälfte des Besitzes 1618 an Georg von Winterfeld verkauften. 1712 erwarben die von Winterfeld auch den anderen Teil. 1738 baute Johann Gebhard von Winterfeld, unter Verwendung von Teilen der alten Burg, das bestehende Herrenhaus zu einer barocken Dreiflügelanlage um. Im Jahre 1903 weiterer Umbau und Sanierung am Schloss, wobei die Seitenflügel aufgestockt wurden. 1944 saß die Familie von Busse auf dem Gut, 1945 enteignet von den sowjetischen Befehlshabern, wurden neben einem Versorgungsgut auch viele Flüchtlinge untergebracht. Schließlich wurde 1979 das Schloss polizeilich gesperrt, stand viele Jahre ungenutzt und war dem Verfall preisgegeben. Der Herrensitz zeigt sich als zweige-

Schloss Neuhausen

schossiger Putzbau mit ursprünglich zwei eingeschossigen Seitenflügeln, unter dessen Hauptbau sich ein spätmittelalterlicher Keller mit Kreuzrippengewölbe befindet. Das Torhaus gehört in die Zeit des 16. Jahrhunderts und in der kreuzrippengewölbten Durchfahrt befinden sich zwei spitzbogige Portale mit feinem Flachreliefschmuck und zwei figürliche Grabsteine. Neben der Durchfahrt liegt der Raum einer zweijochigen kreuzrippengewölbten Kapelle mit Renaissanceausmalung aus der Zeit um 1560, die um 1905 und 1959 restauriert wurde. In den Schlusssteinen befinden sich die Allianzwappen von Rohr und von Maltzahn. Der Bauingenieur Richard-Albrecht Küsell kaufte 1993 das verfallene Gebäude und begann mit der Sanierung. Die Sanierung der Kapelle durch den Eigentümer wurde 2004 mit dem brandenburgischen Denkmalpreis gewürdigt. Der Förderverein Schloss Neuhausen e.V. bemüht sich um die Sicherung und die teilweise Freilegung der noch vorhandenen Burgruine auf dem Gelände der Wasserburganlage. Das Schloss wird für diverse Veranstaltungen wie Hochzeiten mit standesamtlicher Trauung in der Schlosskapelle, Familienfeiern und Abende am Kamin genutzt. Zum Tag des offenen Denkmals ist es für Besichtigungen geöffnet und im verbliebenen Teil des Wirtschaftshofes befindet sich ein Gästehaus, das Übernachtungen und Räume für Seminare anbietet.

Schloss Neuhof

Schloss Neuhof

15806 Neuhof
Stadt Zossen
Landkreis Teltow-Fläming

Neuhof liegt knapp zehn Kilometer südlich von Zossen an der B 96. Es wurde vermutlich um 1700 neu angelegt. Wahrscheinlich entstand bei der Wolziger Mühle ein Vorwerk oder eine Meierei, die Lokalität nannte man „auffm Neuen-Hoffe". 1753 hieß der Ort „Neuhoff". Im Jahre 1850 zählte man 15 Wohnhäuser und ein Rittergut. 1864 wird hier der Gutsbesitzer D. Ehrlich genannt. Der zugehörige Gasthof wurde 1861 verpachtet und 1868 hatte Ehrlich diesen, die Schäferei und die Meierei sowie Acker- und Wiesenparzellen zum Verkauf angeboten, dem 1870 eine Versteigerung des Gutes aufgrund von Verschuldung folgte. Auf dem Anwesen wird 1873 und 1875 ein Rittergutsbesitzer Beussel genannt. Der Bau des Herrenhauses mit Mittel- und Seitenrisaliten wurde 1890 nach französischen Vorbildern auf dem Gutsgelände vollzogen. Besitzer, Pächter oder Amtmann des Vorwerks Neuhof war ein gewisser Bethge. Auf Anregung von Friedrich dem Großen hat er wohl den Aufbau der Kolonie Neuhof forciert. In den 1930er-Jahren siedelte sich die Halpaus-Konservenfabrik auf dem Gelände an, die Wirtschaftsgebäude des Gutes wurden zu Lager- und Fabrikhallen umgebaut und das Herrenhaus als Verwaltungsgebäude genutzt. Die Fabrik ging nach 1945 in einen Volkseigenen

Betrieb (VEB) über. Nach der Wende entstand auf dem Anwesen eine Ferienhaus- und Freizeitanlage. Die Fabrikgebäude wurden fast gänzlich abgerissen. Das Herrenhaus wurde saniert und zu einem repräsentativen Restaurant umgebaut. Das Gutshaus stand einige Jahre leer und wurde zum Verkauf angeboten. Den restaurierten Privatsitz kann man nur von außen einsehen.

Schloss Oranienburg

16515 Oranienburg

Landkreis Oberhavel

Nördlich von Berlin findet man die Kreisstadt an der Havel, die ursprünglich Bötzow hieß und 1232 erstmals urkundlich erwähnt wurde. Schon 1200 hatte man hier eine Wasserburg errichtet, die 1540 abgebrochen wurde. Um 1650 erhob man den Ort zur Residenz. Zu jener Zeit stand bereits ein Jagdschloss, wohl aus der Zeit Joachims II. Von 1651 bis 1655 bauten Johann Georg Memhard und Michael Matthias Smids für Louise-Henriette von Oranien, die erste Gemahlin des Großen Kurfürsten, ein Renaissancewasserschloss als Sommersitz. Es entstand auf einer von der Havel umflossenen Insel. Oberbaudirektor Johann Arnold Nehring gestaltete dieses als Dreiflügelanlage von 1689 bis 1711 im französischen Barockstil um. Die Schlossanlage ist die älteste im Land Brandenburg, die nach ihrem Umbau ein bevorzugter Aufenthaltsort des Kurfürsten Friedrich III. wurde. Erst 1699 begann der Innenausbau durch Johann Friedrich

Schloss Oranienburg

Eosander von Göthe und Martin Grünberg. 1709 wurde die Erweiterung der Anlage zur H-Form abgeschlossen sowie gleichzeitig der Lustgarten angelegt. Von 1742 bis 1758 erfolgten nochmals Um- und Ausbauarbeiten unter Prinz August Wilhelm. Gegen Ende des 18. Jahrhunderts begann die Anlage, die nun als Fabrik und Schule genutzt wurde, zu verfallen. Gleich zweimal suchte ein Brand das Schloss heim, zum ersten Mal im Jahre 1833 und dann nochmals 1842. Der pilastergegliederte Mittelrisalit zur Stadtseite trägt eine figurengeschmückte Attika der vier Jahreszeiten. 1945 erlitt das Schloss schwere Beschädigungen. Die Wiederherstellung war 1960 abgeschlossen. Während der DDR-Zeit befand sich im Areal eine Ausbildungsstätte der Grenztruppen. Das Schloss besaß einst eine prächtige Innenausstattung, mit seitlich angeordnetem Treppenhaus und Festsaal im Mittelbau. Die Flügel bargen ein Porzellankabinett, eine Kapelle und eine Bernsteingalerie. Hiervon ist nur eine prachtvolle Stuckdecke im Porzellankabinett übrig geblieben. Im Jahre 1991 bekam das Schloss, vor dem das Denkmal der Kurfürstin Luise Henriette steht, das 1858 der Bildhauer Wilhelm Wolff schuf, eine Restaurierung. Nordwestlich liegt der einstige barocke Lustgarten, der im 19. Jahrhundert zu einem Landschaftspark verändert wurde. Hier befindet sich die 1754/55 von Georg Christoph Berger errichtete und erst 1792 vollendete Orangerie. Das Gartenportal schuf 1690 Johann Arnold Nering. Die Anlage ist im Besitz der Stadt Oranienburg und beherbergt seit 2001 ein Museum mit Kunstwerken

Schloss Oranienburg, Flügelbau

Schloss Paretz

niederländischer Maler, Möbeln und der kurfürstlichen Wohnung mit Porzellankammer. Auch werden hier Theater- und Konzertaufführungen, Lesungen sowie weitere Themenveranstaltungen gegeben.

Schloss Paretz

14669 Paretz
Stadt Ketzin/Havel
Landkreis Havelland

Paretz liegt unmittelbar östlich von Ketzin und nordwestlich von Potsdam. Der Ort wurde 1197 erstmals urkundlich erwähnt und von den Herren von Dyricke wurde das hier bestehende Gut 1465 erworben. Diese Familie besaß das Anwesen knapp 200 Jahre, bis sie es schließlich 1658 an die Familie von Blumenthal veräußerte. Als der spätere König Wilhelm III. 1796 vom Verkauf des Gutes erfuhr, auf dem er mit Hans August von Blumenthal zahlreiche Jugendtage verbracht hatte, erwarb er den Besitz und ließ 1797 von David Gilly d. Ä. für sich und seine Gemahlin Luise von Mecklenburg-Stelitz einen ländlichen Sommersitz im frühen Klassizismus erbauen. Das im Stil der preußischen Landbauschule erbaute Schloss, beiderseits von Wirtschaftshöfen flankiert, ist heute nur noch teilweise erhalten. Bis 1805 verlebte das Königspaar schöne mehrwöchige Sommeraufenthalte in Paretz. Schließlich verwaiste das Anwesen, als sie vor den anrückenden napoleonischen Truppen nach Tilsit fliehen mussten. Nach dem Zweiten Weltkrieg wurde hier ein Tierzuchtbetrieb eingerichtet und 1960 die Bauernhochschule „Edwin Hoernle“ in das Schloss gelegt, wobei der Herrensitzcharakter verloren ging. In den Jahren 1998 bis 2001 stellte man den historischen Bau wieder her und mit dem Saalgebäude wurde 2008 ein moderner Veranstaltungsort geschaffen. Zur Ausstattung gehören seltene gemalte und gedruckte Papiertapeten sowie Möbel und Grafiken der Originalausstattung und Kutschen in der Remise. Der umgebende Schlosspark entstand von 1797 bis 1803 als dreiteiliger Landschaftsgarten unter Einbeziehung des Dorfes und besteht nur noch in Teilen. Das unter der Stiftung Preußische Schlösser und Gärten Berlin-Brandenburg stehende Schloss wird gern für Hochzeitsfeiern gewählt.

Festung Peitz

Festung Peitz

03185 Peitz

Landkreis Spree-Neiße

Peitz, dessen Gründung vermutlich in das 12. oder 13. Jahrhundert fällt, ist heute ein Kleinstädtchen, gelegen nördlich von Cottbus am Teichland. Im Kern ist ein Teil der alten Burg, die erstmals 1301 urkundlich erwähnt wurde, erhalten. Die Urkunde belegt den Verkauf der Grenzmark Lausitz an den Magdeburger Erzbischof Burchard III. von Schroplau durch Theoderich den Jüngeren, Landgraf von Thüringen, Markgraf des Ostens und der Lausitz. Der Ausbau der mittelalterlichen Burg wurde unter Markgraf Johann von Küstrin begonnen, der italienische Baumeister mit herangezogen hatte. Der über 30 Meter hohe Festungsturm ist das älteste Bauwerk der Stadt und zugleich der einzige Rest der ehemaligen Grenzfestung. Wegen der wiederholten Hussiteneinfälle in die Lausitz 1436 stellten sich die Schenken Heinrich und Albrecht von Landsberg unter brandenburgischen Schutz. Der Landvogt Johann von Polenz, der die Lausitz 1422 von König Sigismund erworben hatte, lehnte diesen Schutzvertrag wegen eines möglichen Übergangs in den Herrschaftsbereich der Brandenburger ab, worauf es zu einer Belagerung kam. Das heutige Erscheinungsbild erhielt der Turm in der Festungsbauzeit von 1559 bis 1562. Bei Erweiterungen der Anlage von 1579 bis 1595 durch R. Guerrini Graf zu Lynar und A. di Fornio wurde die Stadt in die Wehranlage einbezogen. Erkennbar ist an der Südfassade noch die Lage der einstigen kurfürstlichen Gemächer, in denen ursprünglich der Kurfürst und später die Könige von Preußen während ihrer Aufenthalte in Peitz residierten. Die Freitreppe an der westlichen Turmseite führt zu drei rundbogigen Eingängen der tonnengewölbten unteren Geschosse, mit Kasematten und Magazin, die heute als Museum und zur kommunalen Nutzung dienen.

Herrenhaus Penzlin

16945 Penzlin
Stadt Meyenburg
Landkreis Prignitz

Penzlin liegt unmittelbar an der Grenze zu Mecklenburg-Vorpommern, südlich von Meyenburg, an der B 103 Richtung Pritzwalk. Das hier stehende Herrenhaus besteht aus einem Alt- und einem Neubau. Ersterer entstand 1583 durch die Familie von Rohr vermutlich als Wasserburg und der Neubau ist aus der Zeit um 1640. Zahlreiche Um- und Ausbauten vollzog man in den folgenden Jahrhunderten, den letzten 1850, der das heutige Erscheinungsbild zeigt. Bis 1904 lebte ununterbrochen die Familie von Rohr im Herrenhaus. Während der sozialistischen Zeiten nutzte man den einstigen Herrensitz als Standesamt, Restaurant und Tanzdiele. Schließlich kaufte 2008 die Familie von Trotha das Haus und ließ es 2011 für ein Seminarhaus und Tagungsort mit exklusiven Veranstaltungen umfassend renovieren. Die hier bestehende Akademie für Redenschreiben wird aus Mitteln des Landes Brandenburg und des Europäischen Landwirtschaftsfonds mit finanziert. Im Objekt befinden sich außer den Tagungsräumen auch zwei Kamin-Salons, ein Blauer Salon, eine Bibliothek und eine Luxusküche mit Kamin sowie vier Dop-

Herrenhaus Penzlin

pelzimmer und zwei Einzelzimmer für Übernachtungen. Das Herrenhaus präsentiert sich als zweigeschossiger lang gestreckter Putzbau im englischen Burgenstil vom Anfang des 20. Jahrhunderts, mit Stufengiebel über den Stirnseiten und Mittelrisalit der Hauptfassade. Im Frontispitz liegen zwei Wappen sowie an der zur Straße gelegenen Giebelseite ein großes Wappenfeld. Nördlich der Straße befindet sich die Gutskapelle, ein kleiner Zentralbau mit Backsteineinfassungen von 1833, und nebenan das Erbbegräbnis von Rohr, ein schlichter kapellenartiger Bau der Neugotik aus der Mitte des 19. Jahrhunderts. Insgesamt besteht die Gutsanlage aus dem Herrenhaus, eine Einfriedung mit schmiedeeisernem Tor und zwei Wirtschaftsgebäuden.

Schloss Petzow

Schloss Petzow

14542 Petzow
Stadt Werder
Landkreis Potsdam-Mittelmark

Südöstlich von Werder/Havel und südlich von Potsdam, nahe dem Schwielowsee, findet man das 1419 erstmals urkundlich erwähnte Dorf Petzow mit seinem Schloss, umgeben von einem Park. Im Jahre 1542 wurde Petzow ein Amtsdorf. Seit 1814 saß hier die Familie von Kaehne, deren Amtsrat Friedrich August, ein wohlhabender Mann des Ortes und Gutsbesitzer, 1825 nach Plänen von Karl Friedrich Schinkel ein repräsentatives Herrenhaus erbauen ließ. Es entstand ein Bauwerk in der Stil-Mischung aus einem maurischen Kastells und englischem Tudorstil. Es stellt einen lang gestreckten Putzbau von zwei Geschossen dar, der 1952 zur L-Form erweitert wurde. Zum See gelegen hat er einen Aula-Anbau. Der Kernbau ist von vier runden, den Dachansatz weit überragenden Ecktürmchen mit Zinnenkranz eingefasst. Mittelrisalite befinden sich auf der Hof- und Gartenseite. Vom ehemaligen Wirtschaftshof nördlich des Schlosses ist nur die Portalanlage im Tudorstil aus dem Jahr 1828 von K. Krüger erhalten geblieben. 1840 wurde

Karl Friedrich Kaehne von König Friedrich Wilhelm IV. in den Adelsstand erhoben. Zwei Jahre zuvor gestaltete Peter Joseph Lenné den 15 Hektar großen Schlosspark zwischen Glindow- und Schwielowsee, der um 1845 und nach 1900 erweitert wurde. Von 1983 bis 1989 stellte man diesen wieder her. Bis 1945 besaß die Gutsbesitzerfamilie das Anwesen. 1990 wurde das Schloss Schulungs- und Erholungsheim, dem ein Hotel und Restaurant folgten. Das Schloss und der Park dienten zwischen 2004 und 2011 als Kulisse für Telenovelas und Märchenfilme. Das Schloss unterliegt zur Zeit keiner Nutzung, der Park ist öffentlich.

Herrenhaus Pinnow

16278 Pinnow

Landkreis Uckermark

Pinnow liegt im Südosten des Landkreises Uckermark, zwischen den Städten Schwedt/Oder und Angermünde. Das als Angerdorf angelegte Klostergut Pinnow wurde 1354 erstmals erwähnt und hatte mit den Familien von Arnim, von Beerens und von Diringshofen mehrere Eigentümer. Das Herrenhaus zeigt sich dem Betrachter als ein zweigeschossiger rechteckiger Putzbau mit rückwärtigem Flügel und Walmdach sowie einem dreiachsigen Mittelrisalit aus der zweiten Hälfte des 17. Jahrhunderts. Die Anlage mit einem rückseitigen Treppenturm wurde Mitte 19. Jahrhundert umgebaut. Der Portalvorbau mit Altan wird durch eine geschwungene Auffahrt erschlossen. An der Straße steht das um 1800 erbaute ehemalige Verwalterhaus. Veränderungen wurden am Anwesen, bestehend aus dem Herrenhaus, einer Scheune, dem Speicher, der Brennerei sowie dem Pferde- und Kuhstall, im 19. und 20. Jahrhundert vollzogen. Im Jahre 1990 erwarb die Gemeinde den Gutshof mit Gärtnerei und Schmiede und rekonstruierte das Anwesen mit Hilfe von Mitteln der Europäischen Union und des Landes Brandenburg. In einem Gebäu-

Herrenhaus Pinnow

de brachte man das Museum „Natur und Geschichte“ unter. Es gibt einen Spring- und Dressurplatz. Im Herrenhaus ist der Sitz des Amtes Oder-Welse mit dessen Standesamt. Auf dem Gutshof finden verschiedene Veranstaltungen statt und in einem Gebäude befindet sich ein Café.

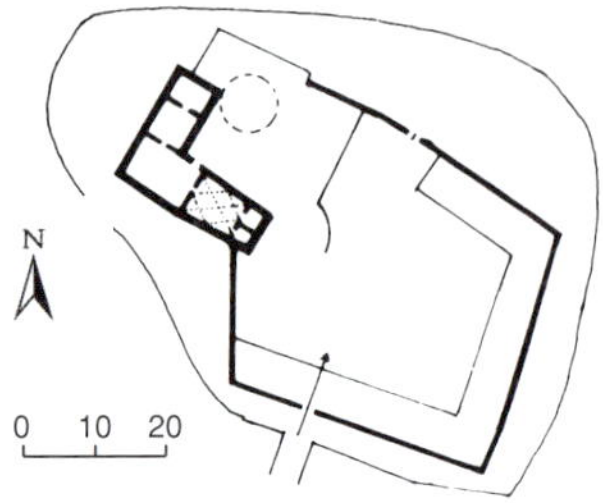

Plattenburg, Grundriss

Burg Plattenburg

19339 Plattenburg
Landkreis Prignitz

Im Jahre 1150 gründete man die Plattenburg als Grenzfeste nach der Eroberung der Mark im sogenannten Wendenkreuzzug 1147 durch Albrecht den Bären. Sie liegt östlich von Bad Wilsnack am Rande des Biosphärenreservats Flusslandschaft. Plattenburg wurde 1319 urkundlich erwähnt und war von da ab bis 1548 Residenz der Bischöfe von Havelberg. Kurfürst Joachim II. von Brandenburg gab 1552 die Burg Mathias von Saldern als Pfand und 1560 samt Herrschaft zu Lehen. In den Jahren 1600 bis 1609 wurde die Oberburg im Stil der Renaissance umgebaut. Drei Tage wurde 1675 die Anlage durch schwedische Truppen belagert. 1714 entstand die Barockkapelle im ehemaligen Back- und Brauhaus und von 1862 bis 1865 wurde erneut die Oberburg nach Entwürfen von Friedrich August Stüler neugotisch umgebaut. 1940 verbrachte man kriegsgefangene Franzosen in die Plattenburg und legte ein Lazarett ein. Nach dem Zweiten Weltkrieg enteignete man Sieghard von Saldern, der von 1925 die Herrschaft bis 1945 über-

Burg Plattenburg

nommen hatte. In der Burg wurden Flüchtlinge untergebracht. Von 1969 bis 1991 unterhielt die Deutsche Reichsbahn in der Plattenburg ein Kinderferienlager. Als 1991 der Verein zur Förderung und Erhaltung der Plattenburg e. V. gegründet wurde, hatte dieser gemeinsam mit der Gemeinde 1996 diese Anlage saniert. Es ist eine im Kern mittelalterliche Anlage, deren Ober- und Unterburg sich um zwei miteinander verbundene Burghöfe, von Wassergräben umgeben, gruppiert. Der dreigeschossige Bischofsflügel ist ein im Kern spätgotischer, später verputzter Backsteinbau, der um 1609 ausgebaut wurde. Der Kernbau erhielt bei den Umbauten zu Beginn des 17. Jahrhunderts Wand- und Deckenverkleidungen sowie aufwendig geschnitzte Türen. Im Innern befinden sich kreuzgratgewölbte Keller und im darüber gelegenen Bereich große saalartige Räume mit Veränderungen nach 1960. Im Erdgeschoss liegt der Speisesaal, der frühere Rittersaal. Der Nordflügel war das einstige Brau- und Backhaus mit reichen Stufengiebeln und kreuzgratgewölbter Halle im Erdgeschoss. Darüber befindet sich die 1714 errichtete Kapelle. Der südliche Flügel birgt das so genannte Knappenhaus aus der zweiten Hälfte des 16. Jahrhunderts, welches 1878 ausgebaut wurde. Heute ist die Plattenburg ein kulturelles Zentrum der Prignitz mit Museum. Hier finden kulturhistorische Seminare, Ausstellungen, Ritterspektakel und Konzerte statt. Im Burgkeller kann man gut speisen und feiern und von Mai bis September werden Falknervorführungen angeboten.

Schloss Plaue

14774 Plaue/Havel
Stadt Brandenburg/Havel
Kreisfreie Stadt Brandenburg/Havel

Bereits 1197 wird ein Zeuge Henrycus de Plawe urkundlich genannt und 1216 auch das „Feste Haus“ in Plaue erstmals erwähnt. Zu finden ist der Ort zehn Kilometer westlich der Stadt Brandenburg und ebenso

Schloss Plaue

weit entfernt von der Landesgrenze Sachsen-Anhalt. Die einstige Burg der Grafen von Königsmarck schützte den wichtigen Havelübergang. Im 13. und 14. Jahrhundert waren zwischen dem Markgrafen von Brandenburg und dem Erzbischof von Magdeburg der Ort und die Burg stark umkämpft. Der Besitz ging 1400 an Hans von Quitzow. 1411 hatte Plaue erstmals seine urkundliche Erwähnung als Stadt, die mit der Burg 1414 durch Kurfürst Friedrich I. und Erzbischof Günther von Magdeburg erobert wurde. Endgültig zur Mark Brandenburg kam Plaue 1421, deren Besitzer, die Edlen von Plaue, Vasallen des Erzbischofs von Brandenburg oder des Markgrafen waren. Aufgrund ihrer jahrelangen Raubzüge wurde den Quitzows die Herrschaft entzogen. 1459 gelangte sie in Pfandbesitz der Familie von Werdenfels. In den folgenden Jahrzehnten sind noch folgende Besitzer zu nennen: der Kurfürst selbst, die Familie von Arnim, 1620 der Magdeburger Domherr und der Finanzmakler Christoph von Görne. Der Dreißigjährige Krieg hinterließ auch in Plaue erhebliche Zerstörungen, die Georg Christoph d. Ä. später beseitigte und dabei seinen Besitz wesentlich vergrößerte. Die Blütezeit erlebte die Stadt mit dem preußischen Minister Friedrich von Görne, der 1713 einige Textilmanufakturen einrichtete und eine Porzellan- und Steinzeugfabrik gründete. Die Schlossanlage am Ortsrand entstand von 1711 bis 1716 anstelle der einstigen mittelalterlichen Burg. Hans Valentin Ferdinand Graf von Königsmarck regierte hier bis 1872. Die Dreiflügelanlage präsentiert sich mit zweigeschossigem Corps de Logis, eingeschossigen Seitenflügeln mit Kopfbauten, die 1861 bis 1865 umgestaltet wurden. Die Fassaden bekamen 1965 eine starke Vereinfachung. Die Hauptfassade zieren ein um ein Mezzanin erhöhter Mittelrisalit und flache vierachsige Seitenrisalite. Die Mittelachse zur Havel besitzt eine doppelläufige Freitreppe, darüber der 1876 geschaffene Balkon. Der am Seeufer parallel verlaufende, ins 18. Jahrhundert zurückgehende Park wurde in wesentlichen Partien ab 1860 landschaftlich gestaltet, 1912 erweitert, doch nach 1935 wieder verkleinert und stark verändert. Das Schloss wurde in sozialistischen Zeiten als Verwaltungsschule genutzt, steht heute leer und soll als Hotel ausgebaut werden. In Nebengebäuden und im Park befinden sich eine gastronomische Einrichtung und ein Gästehaus mit verschiedenen kulturellen Angeboten.

Schloss Plessow

14542 Plessow
Stadt Werder
Landkreis Potsdam-Mittelmark

Der Ort, der um 1179 erstmals urkundlich erwähnt wurde, liegt fünf Kilometer westlich des Stadtgebietes Werder/Havel, getrennt durch den Großen Plessower See. Hans Ernst I. von Rochow übernahm 1660 Plessow und 1787 trat Friedrich Ludwig V. von Rochow das Erbe an. Er baute sich von 1789 bis 1790 anstelle der verbliebenen Reste der Vorgängerbauten aus der ersten Hälfte des 17. Jahrhunderts ein Schloss. Der Herrensitz wurde um zwei große Räume im Erdgeschoss und einen darüber liegenden Saal gegenüber dem Vorgängerbau vergrößert. Das alte Torhaus wurde Wohnhaus, da 1850 bis 1870 eingreifende Umbauten vorgenommen wurden. Die Räume bekamen Kamine und Stuckschmuck und den Dielenboden ersetzte man durch Parkett. Es entstand ein repräsentatives Vestibül mit gusseisernen Säulen. Die Festsaaldecke erhielt einen neubarocken Schmuck. Das heutige Aussehen zeigt einen L-förmigen zweigeschossigen Putzbau mit Haupt- und flacherem Seitenflügel. Als Friedrich Ludwig VII. von Rochow 1914 verstarb, ging der Besitz an dessen Neffen Hans Wichard von Rochow. Auch hier, wie in vielen Schlössern oder Herrenhäusern, wurden nach dem Krieg Flüchtlinge untergebracht. Von 1948 bis 1951 unterhielt man eine Wirtschaftsschule und bis 1963 war das Schloss Schulungsstät-

Schloss Plessow

te des Ministeriums für Außenhandel der DDR, von 1964 bis zur Wende Fachschule der Zollverwaltung der DDR. Restauriert und mit Neubauten für die kommende Nutzung versehen wurde die Anlage 1995. Heute ist sie Sitz des Bildungs- und Wissenschaftszentrums der Bundesfinanzverwaltung für den mittleren Zolldienst und für die Öffentlichkeit nicht zugänglich.

Herrenhaus Polßen

17291 Polßen
Gemeinde Gramzow
Landkreis Uckermark

Polßen wurde 1319 erstmals urkundlich erwähnt und liegt südlich von Gramzow an der B 198 in Richtung Angermünde, am nördlichen Rande des Biosphärenreservats Schorfheide-Chorin. Die Schreibweise Polßen besteht seit dem 18. Jahrhundert. Im Jahre 1375 teilten sich die Familien von Poltzin, von Gryffenburg und von Lützow mit unterschiedlichen Anteilen den Besitz. 1450 lag ganz Polßen unter der Gerichtsbarkeit derer von Gryffenburg und von 1605 bis 1615 kam das Anwesen an die Familie von Buch, die wiederum bis 1731 durch die Familie von Aschersleben abgelöst wurde. Es folgte von 1732 bis 1831 die Familie von Vernezobre de Laurieux aus Hohenfinow. Schließlich kaufte der damalige Landrat des Kreises Angermünde, Karl Friedrich Ernst von Wedel-Parlow, für seine Söhne Albert und Moritz das Gut Polßen. Unter diesen wurde auch von 1844 bis 1846 das noch heute bestehende zweigeschossige Herrenhaus in den nüchternen Formen des Stüler-Kreises errichtet. An der Seite befindet sich der Belvedere-Turm und hofseitig eine hohe rechteckige Portalnische sowie gartenseitig ein von oktogonalen Stützen getragener Balkon über einer Terrasse mit Freitreppe. Westlich liegt der Gutspark, als Landschaftsgarten gestaltet. Bis zum Kriegsende hatte die Familie von Wedel–Parlow das Anwesen in ihrem Besitz. Die heutigen Eigentümer bieten Ferienwohnungen an.

Herrenhaus Polßen

Schloss Sanssouci, Potsdam

Schlösser und Parkbauten im Park Sanssouci und Neuen Garten

14469 Potsdam
Landeshauptstadt

Potsdam ist nicht nur die Hauptstadt Brandenburgs, sondern auch die bevölkerungsreichste Stadt des Bundeslandes und liegt unmittelbar südwestlich von Berlin. Die hier bestehenden Kulturlandschaften, mit den zahlreichen und einzigartigen Schloss- und Parkanlagen, wurden 1990 von der UNESCO als größtes Ensemble der deutschen Welterbestätten in die Liste des Weltkultur- und Naturerbes aufgenommen. Der Park ist ein Ensemble von Schlössern und Gartenanlagen und unterliegt der Verwaltung der Stiftung Preußische Schlösser und Gärten Berlin-Brandenburg. Friedrich der Große hatte im 18. Jahrhundert mit der Gestaltung der Anlage begonnen und im 19. Jahrhundert wurde sie unter Friedrich Wilhelm IV. erweitert. Sie ist mit ihren Museen, gastronomischen Einrichtungen und vielfältigen Veranstaltungen ein Besuchermagnet in Deutschland schlechthin. Im Mittelpunkt steht das **Schloss Sanssouci** („ohne Sorge"), die Sommerresidenz Friedrichs II. Im Jahre 1744 legte man nach Plänen des Georg Wenzelslaus von Knobelsdorff auf seine Anweisung und nach seinen Skizzen einen künstlichen Weinberg mit geschwungenen Terrassen und mittlerer Freitreppe an. Vor dieser Treppenanlage befindet sich mittig auf dem Platz ein Fontänenbecken. Gleichzeitig wurde die eingeschossige, lang gezogene Schlossanlage geschaffen, ein Hauptwerk deutscher Rokoko-

Park Sanssouci, Neues Palais, Potsdam

architektur, die von 1745 bis 1747 unter der Bauleitung von Johann Boumann innen prachtvoll ausgestattet wurde. Die seitlichen Flügelbauten fügten 1841/42 Ludwig Persius und Ferdinand von Arnim hinzu. 1819 begann der Gartenarchitekt Peter Joseph Lenné mit der Umgestaltung des Gartens in einen vielfältig gegliederten Landschaftspark. Der Hof des Schlosses ist von einer Säulenkolonnade umgrenzt und die Gartenseite durch einen ovalen kuppelbetonten Mittelbau hervorgehoben. An den Stirnseiten befinden sich pavillonartige Abschlüsse und die Fassade ist durch hohe rundbogige Fenstertüren und gekuppelte Hermenpilaster von Friedrich Christian Glume d. J. geziert. Die Hauptsäle liegen im Mittelbau, mit dem farbigen Marmorsaal mit korinthischer Säulengliederung und Oberlicht, Nischenstatuen von Venus, Urania und Apollon, die Decke mit Personifikation der Künste und Wissenschaften. Das Vestibül ist mit korinthischer Säulenordnung und bacchantischen Szenen ausgestaltet. Zu erwähnen sind noch die kleine Galerie und die Wohnräume des Königs mit Schlaf- und Arbeitszimmer und natürlich einem Musikzimmer sowie eine runde Bibliothek mit vorzüglicher Zedernholztäfelung und Bronzedekor. Selbstverständlich benötigte Friedrich II. Gästezimmer für seine auserlesenen Freunde, zu denen auch Voltaire zählte. Johann August Nahl, die Brüder Johann Michael und Johann Christian Hoppenhaupt sowie weitere Künstler gestalteten die Innendekoration. Im Jahre 1750 entwarf Georg Wenzelslaus von Knobelsdorff die ersten Pläne für den Bau des **Neuen Palais**, die von 1754 bis 1756 durch Johann

Gottfried Düring unter Beteiligung von Jean Laurent Le Geay erweitert wurden. Erst gut zehn Jahre später, nach dem Siebenjährigen Krieg, wurde mit dem Bau, den 1765 Carl von Gontard weiterführte, unter Dürings Leitung begonnen. Es war die letzte große Schlossanlage des preußischen Barocks, sie diente als Sommerresidenz und als Repräsentationsbau. Die Fassaden, Attiken und Giebel sind mit reichen allegorisch-mythologischen Figuren geziert, deren Figurenschmuck am Mittelrisalit Sinnbilder von Krieg und Frieden darstellen. Der gewaltige Bau hat mehr als 200 Räume, darunter eine Grotten-Salaterrena und darüber einen Marmorsaal mit Decken- und Wandgemälden aus der antiken Mythologie. Im Konzertzimmer ließ man sich musikalisch unterhalten. Auch ein Schlosstheater durfte nicht fehlen, das im südlichen Seitenflügel eingerichtet wurde. 1888 bis 1918 war das Neue Palais die Lieblingsresidenz Wilhelms II. 1986 begann man eine umfassende Restaurierung. Ebenso gewaltig sind die dem Neuen Palais zugeordneten Wach- und Wirtschaftsgebäude, die 1766 bis 1769 nach einem Entwurf von Geay durch Carl von Gontard errichtet wurden. Zwei Pavillons mit großen Freitreppen und prächtigen Kuppeln sowie ein verbindender Kolonnadengang bilden die prächtige Architekturkulisse zum Neuen Palais. Das Hauptparterre am Neuen Palais gestaltete 1823 Peter Joseph Lenné. Zur Gesamtanlage gehört der Freundschaftstempel, nach Vorschlägen Friedrichs II. erbaut 1768 bis 1770 von Carl von Gontard im Rehgarten. Auch der Antikentempel, genutzt als Mausoleum für die Kaiserin Auguste Viktoria, zählt zu dieser Anlage. Die **Bildergalerie** wurde 1755 bis 1763 für die königliche Gemäldesammlung durch Johann Gottfried Büring angelegt und war der erste eigenständige Museumsbau in Deutschland. Sie birgt niederländische, italienische und französische Barockmalerei vorwiegend des 18. Jahrhunderts, so auch Werke von Rubens, van Dyck und Caravaggio. Auch Berliner Malerei des 17. bis 19. Jahrhunderts ist vertreten. Die **Neuen Kammern** westlich der Weinbergstraße

Park Sanssouci, Bildergalerie, Potsdam

Park Sanssouci, Neue Kammern, Potsdam

Park Sanssouci, Chinesisches Teehaus, Potsdam

wurden 1747 nach Plänen von Knobelsdorff als Orangerie erbaut. Sie wurden von 1771 bis 1774 zum Gästeschloss Friedrichs des Großen durch Carl von Gontard und Georg Christian Unger mit Wohnappartements und Festsälen umgebaut, mit einem Jaspissaal, Intarsienkabinetten und Potsdamer Veduten. Das **Chinesische Teehaus** baute nach einer Idee Friedrichs II. von 1754 bis 1757 Johann Gottfried Büring, ein Gartensaal als eindrucksvolles Architekturbeispiel des 18. Jahrhunderts in Europa, eines der wichtigsten Beispiele europäischer Chinoiserie mit exotischen Details wie Palmen und reichhaltiger Vergoldung. Zur Erweiterung der Parkbauten zählen nach 1750 auch die Thetisgrotte und Neptungrotte. Das eingeschossige klassizistische **Schloss Charlottenhof** entstand von 1826 bis 1829. Es steht am südlichen Ende des Parks von Sanssouci, an der Stelle eines 1756 bis 1758 errichteten barocken Gutshauses von Karl Friedrich Schinkel unter Kronprinz Friedrich Wilhelm im klassizistischen Stil. Den noch nicht vollendeten Innenausbau schloss 1840 nach seiner Thronbesteigung König Friedrich Wilhelm IV. durch Ludwig Persius ab. Im Portikus des Schlosses befindet sich eine Wandmalerei im pompejanischen Stil aus dem Jahre 1833 von Bernhard Rosendahl. In der Zeit von 1965 bis 1967 führte man auf den Zustand der Inneneinrichtung von 1840 zurück. Die Wohnräume mit Terrasse, Dichterhain und Rosengarten bergen die Originalausstattung des Kronprinzenpaares Friedrich Wilhelm IV. und seiner Gemahlin Elisabeth. Sehenswert das Zeltzimmer und ein Raum mit schweizerischen und italienischen Ansichten von Johann Heinrich Bleuler um 1815. Unter den ausgestellten Gemälden befinden sich Werke von Caspar

David Friedrich, Carl Gustav Carus und Karl Blechen. Die Parklandschaft schufen Peter Joseph Lenné und Heinrich Ludwig Sello. Ein häufiger Gast war hier Alexander von Humboldt. Das malerische Gebäudeensemble der **Römischen Bäder** baute von 1829 bis 1840 ebenfalls Schinkel unter Mitwirkung von Persius nach dem Vorbild südlicher Landhäuser. Es besteht aus einem Gärtnerhaus mit Teepavillon, einer Großen Laube, Arkadenhalle und dem Römischen Bad. Die hinter den Arkaden entstandenen Räume sind einem römischen Wohnhaus nachempfunden und beherbergen ein Bad im pompejanischen Stil. Kronprinz Friedrich Wilhelm entwarf 1836 Skizzen für ein neues **Orangerieschloss** im Park von Sanssouci und 1840 zog er Ludwig Persius zu den Planungen hinzu. Der Bau wurde 1851 bis 1864 durch Friedrich August Stüler unter Mitwirkung von Persius und Hesse aufgeführt, doch die Fertigstellung konnte der König nicht mehr erleben, da er 1861 starb. Im Jahre 1993 restaurierte man den Raffaelsaal mit Kopien nach Werken Raffaels. Hier finden sich weiterhin eine Turmgalerie und ein Aussichtsturm. Das **Marmorpalais** liegt am Ufer des Heiligen Sees und wurde 1787 bis 1791 von Carl von Gontard und Carl Gotthard Langhans erbaut, nachdem König Friedrich Wilhelm II. 1783 einen Weingarten mit kleinem Landhaus erworben hatte. Im Jahre 1797 erfolgten ein Umbau und eine Erweiterung des Zentralbaus zur Dreiflügelanlage durch Anfügung eingeschossiger Seitenflügel von Boumann d. J. und 1843 bis 1848 durch Hesse. Der Skulpturenschmuck stammt von Entwürfen Christian Bernhard Rodes, ausgeführt durch Johann Christoph und Michael Christoph Wohler sowie Johann Eckstein. Es war die Gräfin Lichtenau, die vor allem die Innen-

Oben: Park Sanssouci, Schloss Charlottenhof, Potsdam

Unten: Park Sanssouci, Römische Bäder, Potsdam

Park Sanssouci, Orangerieschloss, Potsdam

Marmorpalais, Potsdam, Neuer Garten

ausstattung maßgeblich beeinflusste. Um das zentrale Treppenhaus wurde die Raumgruppierung vorgenommen, zum See hin die Sala terrena als Speisesaal. Im Obergeschoss findet man den Musiksaal mit dekorativer Malerei. Im Besitz des Hauses Hohenzollern war das Palais bis 1945, danach wurde es als Armeemuseum der DDR genutzt. Von 1989 bis 2004 erfolgte eine umfassende Renovierung der kostbaren Raumausstattung des Frühklassizismus mit Intarsienkabinetten und der Wedgwood-Keramik. Der das Marmorpalais umschließende Große Garten entstand 1787 bis 1797 unter Eyserbeck d. J., der von 1817 bis 1825 von Peter Joseph Lenné großzügig überarbeitet wurde. Am Jungfernsee befindet sich eine Muschelgrotte mit Deckenmalerei von Bartholomeo Verona. König Friedrich Wilhelm II. begann 1787 mit der Anlage des Neuen Gartens am Heiligen See und 1912 beschlossen Kronprinz Wilhelm und Prinzessin Cecilie von Mecklenburg-Schwerin den Bau eines großen Landhauses in Fachwerk als neue Hauptresidenz, **Schloss Cecilienhof**. Im Stil der englischen Landsitze baute es der Architekt Paul Schultze-Naumburg von 1913 bis 1917. Im Jahre 1918 gingen Kronprinz Wilhelm und sein Vater Kaiser Wilhelm II. ins Exil und

1923 kehrte der Kronprinz nach Deutschland zurück und erhielt 1926 das Wohnrecht im Schloss. Weltweit bekannt wurde Cecilienhof als historische Stätte der Potsdamer Konferenz der Siegermächte 1945. 1953 gab die sowjetische Besatzungsmacht das frühere Schloss an die DDR zurück. 1990 begannen die Restaurierungen der Wohnräume des letzten Kronprinzen. Das Schloss beherbergt ein Hotel mit Gastronomie, eine Gedenkstätte und bietet verschiedene Veranstaltungen zu besonderen Anlässen an. Das **Belvedere** auf dem Pfingstberg nördlich des Neuen Gartens gehört zum Ensemble der Potsdamer Schlösser und Gärten. Friedrich Wilhelm IV. ließ es wegen der schönen Aussicht errichten. Die Doppelturmanlage entstand nach Vorbildern der italienischen Renaissance und wurde 1847 begonnen und 1852 in der ersten Bauphase beendet. Von 1860 bis 1863 folgte die zweite Bauphase. Baulich umgesetzt wurde das Belvedere nach Entwurfszeichnungen des Königs durch die Architekten Ludwig Persius, Friedrich August Stüler und Ludwig Ferdinand Hesse. Die Planung der Außenanlagen übernahm der Gartenarchitekt Peter Joseph Lenné. Die Doppelturmfront und die gegenüberliegende Freitreppe sowie die seitlich liegenden Kolonnaden umschließen einen großen Innenhof mit Wasserbecken. Sehenswert sind das Maurische Kabinett von Carl von Diebitsch mit seinen bunten, glasierten und zum Teil vergoldeten Fliesen an den Wänden, das Römische Kabinett mit Genien, Schwänen, geflügelten Löwen, Portiken und Figuren auf rotem Untergrund. Die Kabinette sind durch einen Arkadengang miteinander verbunden. Schon nach der Fertigstellung wurden Feuchtigkeitsschäden entdeckt, die ständig beseitigt werden mussten, welches nach dem Zweiten Weltkrieg nicht mehr

Oben: Schloss Cecilienhof, Potsdam, Neuer Garten

Unten: Belvedere, Potsdam, Neuer Garten

Herrenhaus Pretschen

geschah. Der Verfall des Gebäudes begann. 1961 wurde mit dem Mauerbau das Belvedere gesperrt, da man von hier einen guten Blick auf die Grenzanlagen hatte. Unter dem Dach des Kulturbundes der DDR gründeten junge Menschen 1988 die „Arbeitsgemeinschaft Pfingstberg“, die 1990 in „Förderverein Pfingstberg e. V.“ umbenannt wurde. Durch Zuweisung von Fördermitteln und großzügige Spenden von privaten Sponsoren und Stiftungen konnte das Belvedere restauriert werden.

Herrenhaus Pretschen

15913 Pretschen
Gemeinde Märkische Heide
Landkreis Dahme-Spreewald

Nördlich von Lübben und südlich von Storkow in der Märkischen Heide liegt Pretschen, am Rande des Unterspreewalds, südwestlich von Beeskow. Mit einer Nennung 1004 ist es eines der ältesten Dörfer der Niederlausitz. Kaiser Heinrich II. schenkte zu jener Zeit dem Kloster Nienburg an der Saale ein Gebiet, dem auch Pretschen zugehörte. In einer späteren Urkunde von 1328 ist überliefert, dass Abt Dietrich von Dobrilugk, dem heutigen Doberlug, als Herr von Lübben dem Gunter Langen als Besitzer von Pretschen verschiedene Rechte im unteren Spreewald verkaufte. Der streng klassizistische Bau von zwei Geschossen entstand erst 1852 auf Resten einer mittelalterlichen Wehranlage. Die Fassade zur Auffahrt besitzt einen vortretenden Mittelrisalit mit Rundbogenfenster und Dreiecksgiebel und an der Gartenfassade ist eine Freitreppe mit Balkon auf vier dorischen Säulen vorgelagert. Das von einem Park gesäumte Herrenhaus ist in Privatbesitz und nicht zugänglich.

Schloss Prötzel

15345 Prötzel
Landkreis Märkisch-Oderland

Die verputzte Dreiflügelanlage nordöstlich von Strausberg wurde 1712 für den Grafen Paul Anton von Kamecke und späteren

Oberhofmeister König Friedrichs I. nach Planung des preußischen Barockbaumeisters Andreas Schlüter anstelle eines Vorgängerbaus vollständig von seinem Schüler Martin Böhme neu errichtet. Von 1800 bis 1945 ging die Anlage in das Eigentum des Freiherrn von Eckardstein über. Das Schloss zeigt sich heute dem Betrachter, wenn auch sehr marode, als gut proportionierter Backsteinbau unter Mansardwalmdächern. Das zweigeschossige Corps de Logis wird beidseitig von eingeschossigen Flügelbauten flankiert und durch beidseitige Mittelrisalite betont. Neubarock wurden 1859 von Friedrich August Stüler auf der Hofseite durch vorgeblendete Pilastergliederung und auf der Gartenseite ein durch einen von Säulen getragenen Balkon und Dreiecksgiebel verändert. Er gestaltete den Bau in ein klassizistisches Landschloss um. Der frühere Gartensaal wurde durch rundbogige Fenstertüren zur Terrasse geöffnet. Die Ausstattung der teilweise erhaltenen spätbarocken Raumfolge ging jedoch verloren. Der 1770 gestaltete Schlosspark, mit großem Parterre und Übergang vom Rokokogarten zum Landschaftsgarten, ist nur in kleinen Teilen erhalten geblieben. 1920 wurde der Bau erneut umgestaltet. Eine Rekonstruktion soll erfolgen, besonders mit Unterstützung von Künstlern, die im Schloss und Parkbereich Veranstaltungen durchführen.

Schoss Prötzel

Herrenhaus Protzen

16833 Protzen
Gemeinde Fehrbellin
Landkreis Ostprignitz-Ruppin

Am Nordrand des Rhinluches, südlich der Ruppiner Platte, liegt 18 Kilometer südwestlich

Herrenhaus Protzen

von Neuruppin das 1324 erstmals urkundlich erwähnte Straßendorf Protzen. Es ist slawischen Ursprungs und während des Dreißigjährigen Krieges 1638 zerstört worden. Von 1718 bis 1831 wurde Protzen insgesamt noch vier Mal von großen Bränden heimgesucht und wiederum erheblich zerstört. Das existierende Gut war nacheinander im Besitz der Familien von Quast, Kleist, Drieberg und Legde. Im Jahre 1753 ließ vermutlich Franz Ulrich von Kleist ein schlichtes zweigeschossiges Gutshaus errichten, dessen Kernbau gewölbte Keller besitzt. Zu Beginn des 19. Jahrhunderts wurde der Bau überformt und 1923 um zwei rückwärtige Nebenflügel erweitert. Der flache Mittelrisalit trägt über dem Portal Stuckfries und Rosetten. Die Familie von Kleist hatte das Anwesen bis 1826 in Besitz. Es kam bis 1852 an den Kammerherrn Friedrich von Drieburg und danach hatte vier Jahre Karl Friedrich Kohlbach, ein Mühlenbesitzer in Neumühle bei Altruppin, das Gut im Besitz. August Legde kaufte das Areal 1856, hatte jedoch nicht lange Freude daran, da er bereits 1861 verstarb. Das Gut verwaltete seine Witwe Sophie Legde, die kurz darauf Sigismund von Seydlitz-Kurzbach ehelichte, der schließlich bis 1876 Gutsherr war. Danach übernahm der Sohn von August und Sophie, Paul Legde, den Gutsbesitz bis zu seinem Tod 1932. 1945 kam es zur Enteignung und die Eigentümer wurden aus Protzen ausgewiesen. Das Herrenhaus, von Gartenanlagen und einem Park gesäumt, diente vorwiegend als Schule. Heute befinden sich im restaurierten Gebäude das Gemeindezentrum, ein Standesamt und das Dorf-, Torf- und Schulmuseum (nur sonntags geöffnet), finanziell unterstützt durch die Europäische Union, vom Land Brandenburg und der Gemeinde Protzen.

Philippshöfer Gutshaus und Burg Putlitz

16949 Putlitz

Landkreis Prignitz

Putlitz liegt im Norden der Prignitz an der Stepenitz, am Kreuzungsbereich der B 103 Rich-

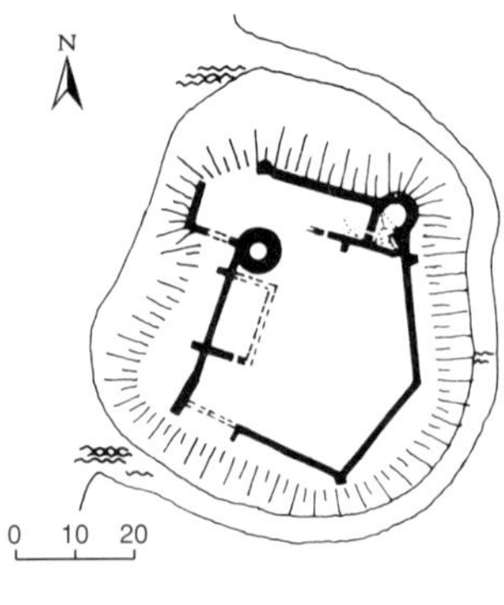

Burg Putlitz, Grundriss

tung Pritzwalk und der Straße von Meyenburg nach Karstädt. Eine der bekanntesten und einflussreichsten Uradelsfamilien in der Brandenburger Prignitz sind die Edlen Gans zu Putlitz. Über Jahrhunderte zählten sie zum märkischen Adel, ihre Hochzeit war das Spätmittelalter. Gegründet wurde das Gut im ausgehenden 16. Jahrhundert von Philipp Gans, Edlem Herr zu Putlitz. Das Philippshöfer **Gutshaus** wurde 1895 erbaut und war bis zum Ende des Zweiten Weltkriegs in Privatbesitz dieser Familie. Viele Jahre bis 2005 war es eine Grundschule und stand danach ungenutzt. Gegenwärtig wird das denkmalgeschützte Haus umfassende rekonstruiert und soll nach der Fertigstellung als Tagungshotel dienen.

Erstmals urkundlich erwähnt wurde eine slawische **Burg** bereits 946, als König Otto I. das Bistum Havelberg mit Burg und Burgbezirk „Pochlustin" ausstattete. 1179 wurde der Ritter Johannes Gans aus der Altmark mit der Burg und den Ländereien belehnt, daher auch der Kosename „Gänseburg". Aus der dörflichen Siedlung entwickelte die Familie die Stadt Putlitz und bis zur Reformation war der Bischof von Havelberg Territorial- und Oberlehnsherr der Herrschaft. Die Stadt erlebte im Verlauf der Jahrhunderte mehrere große Brände, der von 1638 und der Dreißigjährige Krieg machten die Stadt unbewohnbar. Die einst von einem Wasserlauf umflossene Rundburg mit Bergfried und Wallanlage gehört in das 14./15. Jahrhundert und wurde 1806 bis auf die starken Umfassungsmauern abgetragen, wobei nur der mächtige runde Bergfried aus Backstein erhalten blieb. Zu Beginn des 20. Jahrhunderts wurde dieser zum Aussichtsturm ausgebaut.

Burg Putlitz

Burg Rabenstein

14823 Raben

Gemeinde Rabenstein/Fläming
Landkreis Potsdam-Mittelmark

Burg Rabenstein, Raben, Grundriss

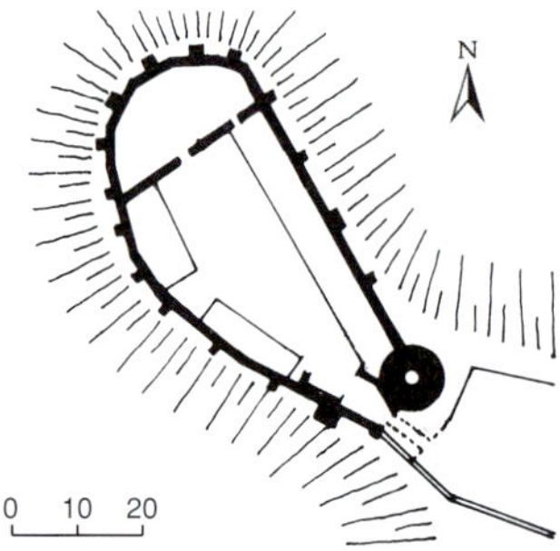

Die Burganlage steht auf einer nach drei Seiten steil abfallenden Anhöhe südöstlich des Ortes Raben im Planetal, inmitten des Naturparks Hoher Fläming, südlich von Bad Belzig. Sie wurde wohl um 1200 bis 1212 erbaut und beherrschte durch ihre strategisch günstige Lage die ehemalige Straße von Belzig nach Wittenberg. Ihre erste urkundliche Erwähnung war im Jahr 1251. Konrad von Ravensteyn, genannt Wolfsauge, trat als Urkundenzeuge in Belzig auf und 1296 waren Herzog Albrecht II. von Sachsen und seine Gemahlin Agnes auf der Burg zu Gast. Diese frühdeutsche Anlage, die nach einer Zerstörung 1395 durch den Erzbischof von Magdeburg in kurfürstlichen Besitz übernommen wurde, befand sich im 14./15. Jahrhundert in sächsischem Lehen. Im Jahre 1636 plünderten schwedische Truppen während des Dreißigjährigen Krieges das Dorf und 1665 kamen durch Erbschaft Burg und Gut in den Besitz der Familie Leyserl. Durch Verkauf ging der Rabenstein 1720 an die Familie Loesecke und deren Erben Laue und Grust über. 1786 verkaufte Georg Friedrich Grust die Anlage an den anhaltinischen Hofmarschall Carl August von Stangen. Die Herzogsfamilie von Anhalt-Dessau erwarb 1802 bis 1804 das Anwesen. 1813 bezog der schwedische Kronprinz Bernadotte hier sein Hauptquartier. Kurfürst August hielt sich oft in Raben auf der Burg auf, die 1815 an Brandenburg-Preußen kam. Der Bergfried aus Feldsteinen, mit dem Einstieg in 15 Meter Höhe, geht

Burg Rabenstein

auf das 12. Jahrhundert zurück. Die weiteren Bauten wurden im 18. und 19. Jahrhundert neuzeitlich überformt. Im Jahre 1717 wurde im Bereich des gewölbten Erd- und Obergeschosses eine Kapelle eingebaut. Das zweigeschossige Torhaus geht in seiner Entstehung auf das 18. Jahrhundert zurück und den Burghof begrenzt ein Wohnflügel. Am Westende des Hofes liegt der einstige Rittersaal, ursprünglich wohl Wirtschaftsgebäude. Im Jahre 1945 erfolgte die Enteignung der Herzogsfamilie, eine Forstschule zog ein. Schon 1956 wurde auf der Burg eine Jugendherberge eröffnet und 1990 eine umfangreiche Rekonstruktion vorgenommen. Die Gemeinde Rabenstein übernahm die Anlage 1993 und richtete noch zusätzlich den Sitz der Touristinformation und eine Gaststätte ein. Heute werden auf der Burg Burgfeste, Flugvorführungen in der Falknerei und andere Spektakel geboten, weiterhin gibt es ein Backhaus mit Verkauf.

Herrenhaus Radensleben

Herrenhaus Radensleben

16818 Radensleben
Stadt Neuruppin
Landkreis Ostprignitz-Ruppin

Das ehemalige Herrenhaus ist heute ein Seniorenheim im Ort Radensleben, der südöstlich von Neuruppin, Richtung Oranienburg, zu finden ist. Der zweigeschossige neugotische Rohziegelbau, mit blendengeschmücktem Giebel und hohem Rundturm, wurde 1894 bis 1896 unter Einbeziehung von Teilen eines bereits mehrfach veränderten, im Kern mittelalterlichen Vorläuferbaus errichtet. Nach dem Tod seines Vaters übernahm 1830 Alexander Ferdinand Wilhelm Robert von Quast das Gut und baute 1833 das Herrenhaus samt Nebengebäuden aus. Die Fassaden sind farblich kontrastreich und reich gegliedert. Sichtbar sind noch Reste des Fachwerkbaus vom Ende des 17. Jahrhunderts und barocker Deckenstuck. Der Gutspark wurde 1833 von Peter Joseph Lenné als Landschaftspark angelegt und durch den Besitzer, Architekten, Kunsthistoriker und ersten preußischen Staatskonservator Ferdinand von Quast, 1839 bis 1846 erweitert.

Herrenhaus Ragow, Ragow-Merz

Herrenhaus Ragow

15848 Ragow-Merz

Landkreis Oder-Spree

Ragow liegt nördlich von Beeskow, südlich der A 12 zwischen Rietz-Neuendorf und Müllrose. Erstmals genannt wurde der Ort als Straßendorf im Jahre 1344 und 1491 urkundlich erwähnt. Nach Johann von Biberstein zu Sorau und Beeskow kam 1438 Hans von Lossow zu Friedland an den umfangreichen Besitz. Im Jahre 1508 erwarb diesen die Familie von Strumen. Weiter wechselte das Gut 1577 mit der Familie von Rohr im Besitz, deren Grabplatten sich heute an der Kirche befinden. Die Herrschaft kam 1588 an die von Burgsdorf von Müllrose, es folgte die Zeit ab 1618, als der Dreißigjährige Krieg Not, Leid und Tod brachte. Mit dem Jahr 1652 wurde der Ort als vollkommen wüst bezeichnet. Graf von Barfuß war 1738 neuer Besitzer, dem nur drei Jahre später Carl Wilhelm von Schönholtz folgte. Seine Tochter erbte das Gut, das durch die Eheschließung 1758 an Carl Otto von Schwerin kam. 1790 wurde das Rittergut an den Grafen von Schmettau verkauft, 1803 an den Kriegsrat Hagemann. Dessen Erben bauten den Besitz 1852 aus, verkauften ihn jedoch ein Jahr später an Baron Bernhard von der Schulenburg. Unter Rittmeister Hans von Witte erfolgte 1887 ein weiterer Ausbau. So findet man heute einen zweigeschossigen Putzbau unter Walmdach mit einbezogenem Turm vor. Im Kern ist der Bau barock, doch wurde er im 19./20. Jahrhundert mehrfach umgebaut. Mittig befindet sich ein von dorischen Säulen getragener Balkon. Der ehemalige Pferdestall ist aus der Zeit vom 1810 bis 1820. Nach dem Zweiten Weltkrieg wurden die Besitzer enteignet und die umfangreiche Parkanlage wurde 1998 geteilt. Der Gemeindeteil wurde um 2000 saniert und ist öffentlich. Der private Teil mit dem Herrenhaus weist einen maroden Zustand auf.

Schloss Rauschendorf

16775 Rauschendorf
Gemeinde Sonnenberg
Landkreis Oberhavel

Schloss Rauschendorf ist ein preußischer Landsitz im gleichnamigen Ort, der nordwestlich von Gransee in Richtung Rheinsberg zu finden ist. Zuvor jedoch gab es hier einen Rittersitz, der nach 1220 von Gebhardt von Arnstein, später den Grafen von Lindow, zur Sicherung des Landbesitzes erbaut wurde. Als der letzte Graf von Lindow 1524 starb, fiel der Besitz mit Feldmark an den Kurfürsten Joachim von Brandenburg und kam 1581 durch Tausch an die Familie von der Groeben. Errichtet wurde der einstöckige Vorgängerbau mit Mezzaningeschoss, der im 19. Jahrhundert im Stil der Neorenaissance überformt wurde, 1723 von Hermann Graf von Wartensleben. Im gleichen Jahr ehelichte dieser Dorothea von der Groeben und kam dadurch in den Besitz weiterer Rittergüter. Das von ihm erbaute Schloss in Meseberg stellte das Rauschendorfer in den Schatten. Die Töchter des Hermann von Wartensleben verkauften es 1774 an den Prinzen Heinrich in Rheinsberg, der es seinem Günstling, Major von Kaphengst, zum Geschenk machte. Aus finanziellen Gründen verkaufte dieser noch vor seinem Tod 1798 das Gut an den Grafen Blumenthal, von dem es

Schloss Rauschendorf

Schloss Reckahn

schon 1810 an J. F. C. von Rieck ging. Der spätere Baron von Rieck ließ noch 1823 das Inspektorenhaus bauen, lebte bis 1856 im Schloss, nutzte es als Ruhesitz und verkaufte diesen an den Brauereibesitzer C. F. Kluge aus Berlin. Das Schloss bekam unter ihm 1860 von La Pierre eine Aufstockung mit dekorativen Schmuckelementen im Neorenaissancestil. Im Besitz des H. A. Bolle seit 1875 bekam der Herrensitz eine Erweiterung in Form eines Wintergartens mit darüber liegendem Balkon und es entstand der Park mit zahlreichen exotischen Bäumen. Im Jahre 1909 wurde Ernst von Beyme Besitzer der Gutsanlage mit dem Schloss. 1922 brannte es ab. Von Beyme ließ 1923 ein neues zweigeschossiges Barockschloss vom Architekten Ernst Paulus erbauen. Seine Witwe, Tilly von Beyme, kämpfte 1945 aufopferungsvoll gegen die Enteignung, die dennoch erfolgte, während der Rest der Familie bereits 1943 in den Westen geflohen war. Da sich im Schloss zahlreiche Flüchtlinge befanden, wurde das Gebäude nicht wie geplant abgerissen. In sozialistischen Zeiten befanden sich im Schloss das Gemeindezentrum, Kindertagesstätte, Poststelle, Friseur sowie kirchlich genutzte Räume und eine Gaststätte. 2007 kam das Schloss von der Gemeinde wieder in Privatbesitz. Es soll künftig für Yoga- und Schauspielseminare genutzt werden und auch Übernachtungsmöglichkeiten sind angedacht.

Schloss Reckahn

14797 Reckahn
Gemeinde Kloster Lehnin
Landkreis Potsdam-Mittelmark

Nur acht Kilometer südlich von Brandenburg/Havel an der A 7 findet man in Reckahn, in der Nähe der Kirche, das 1726 bis 1730 von einem Berliner Architekten des Schlüter-Kreises für Friedrich Wilhelm III. von Rochow errichtete dreiflügelige Schloss, mit einem polygonal vortretenden zweigeschossigen Mittelbau. Hofseitig liegt das doppelläufige Treppenhaus und zum Garten hin über zwei Geschosse der Garten- und Theatersaal. Das lang gestreckte Wirtschaftsgebäude nördlich des Schlosses hat einen schönen Schweifgiebel der Spätrenaissance vom Ende des 16. Jahrhunderts. Am Fluss Plane verläuft der Landschaftspark mit darin befindlicher Erbbegräbnisstätte der Familie von Rochow und Kapelle. Dieser Familie gehörten seit Jahrhunderten bis 1945 Schloss, Park und Gut Reckahn. Heute steht für die Öffentlichkeit durch den Förderverein Historisches Reckahn e.V. das Rochow-Museum zur Besichtigung offen. Weiterhin werden im Schloss Sonderausstellungen gezeigt, Konzerte gegeben und Tagungen abgehalten. Ein 1992 eröffnetes Schulmuseum mit einer Ausstattung von 1915 kann in dem von den Rochows erbauten Schulhaus besichtigt werden.

Schloss Reichenow

15345 Reichenow-Möglin
Landkreis Märkisch-Oderland

Eingebettet in eine gepflegte Parkanlage steht der malerische Gruppenbau im englischen Castle-Stil. Die Ortschaft ist auf halber Strecke zwischen Strausberg und Wriezen zu finden. Das am Nordende des Dorfes gelegene Schloss entstand mit Gutshof und Park von 1897 bis 1900 nach Entwürfen des Berliner Hofbaumeisters G. Hauer.

Schloss Reichenow, Reichenow-Möglin

Auftraggeber war August Friedrich Freiherr von Eckardstein, der es für seinen Sohn Ernst Julius bauen ließ. Diese reiche Fabrikantenfamilie wurde durch König Friedrich Wilhelm III. in den Adelsstand erhoben. Das Schloss stellt einen zweigeschossigen Putzbau mit hohem Sockel aus Granitbruchstein dar. Vorgebaute Loggien, Balustraden, Ecktürmchen und Zinnenbekrönungen verstärken den Schlosscharakter, in dem die ursprüngliche Raumstruktur erhalten geblieben ist. Karl Friedrich Schinkel, der bereits 1833 den Entwurf zu Schloss Babelsberg bei Potsdam erstellte, hatte die mittelalterlichen Architekturformen empfohlen. Im Innern liegen das Vestibül mit Treppenhaus, Salon und Gartensaal sowie die Repräsentationsräume und der Treppensaal im Obergeschoss mit Tudorbögen und wirkungsvoller Stuckgliederung. Das Schloss steht in einem 1900 bis 1904 angelegten weitläufigen Landschaftspark mit altem Baumbestand und einem See. Das märchenhaft wirkende Anwesen befindet sich im Eigentum der Brandenburgischen Schlösser GmbH, die es in den Jahren 1993 bis 1997 sanierte und zum Tagungs-, Verwöhn- und Hochzeits-Hotel mit vielen Arrangements und verschiedenen Veranstaltungen gestaltete.

Herrenhaus Retzin

Herrenhaus Retzin

16928 Retzin
Gemeinde Groß Pankow
Landkreis Prignitz

Retzin liegt mittig zwischen Perleberg und Pritzwalk an der B 189 und wurde erstmals 1367 erwähnt. Es war im Besitz der Familie Gans zu Putlitz und die Gutswirtschaft bestand seit dem 17. Jahrhundert. Errichtet hatte das Herrenhaus Albert Eduard Gans zu Putlitz 1816. Umgestaltet wurde der Bau von 1882 bis 1884 von W. Martens im Stil der norddeutschen Renaissance. Es entstand ein lang gestreckter, zweigeschossiger Backsteinbau mit leicht vorspringendem Seitenflügel, an diesem hohe Fialgiebel und über den Mittelrisaliten des Hauptflügels Schaugiebel, an der Hofseite das Wappen der Edlen Gans zu Putlitz und von

Königsmark. Der bestehende Landschaftsgarten wurde Mitte des 19. Jahrhunderts angelegt. Die sogenannte „Große Eiche“ wurde 1910 anlässlich der Hochzeit von Adrienne zu Putlitz mit Bernhard von Bülow geweiht und auch später als Kirchenersatz genutzt. Zu Zeiten des Dichters Gustav Gans zu Putlitz gab es auch Theater- und Opernaufführungen. Eine Scheune diente 1852 zur Aufführung von „Rübezahl“, zu dem Friedrich von Flotow die Musik komponierte. Das Herrenhaus in Retzin wurde durch den gemeinnützigen Verein Lebenshilfe Brandenburg e.V. in eine Förderungsstätte umgebaut, in dem schwer geistig Behinderte seit 1995 ein neues Zuhause gefunden haben.

Schloss Rheinsberg

16831 Rheinsberg

Landkreis Ostprignitz-Ruppin

Schloss Rheinsberg

Das beschauliche Städtchen Rheinsberg liegt nördlich von Neuruppin an der B 122, am Ufer des Rheinsberger Sees im Naturpark Stechlin-Ruppiner Land. Hier errichteten 1215 die Grafen von Ruppin eine Wasserburg. Der Ort wurde 1335 erstmals als Rynnsberg erwähnt. Im Jahre 1465 erwarb die Familie von Bredow Ort mit Burg. Achim von Bredow baute diese 1566 unter Verwendung des auch Klingenberg genannten Rundturmes zum einflügeligen Renaissanceschloss um. König

Rheinsberg

Schloss Rheinsberg, Frontseite

Friedrich Wilhelm I. kaufte 1733 das Schloss für Kronprinz Friedrich, der hier seine schönsten Jugendjahre verlebte. Von 1734 bis 1740 wurde durch Johann Gottfried Kemmeter und Georg Wenzeslaus von Knobelsdorff die Anlage mit dem ebenfalls Klingenberg genannten Flügel unter Hinzufügung des stadtseitigen Flügels umgebaut. Den durch Kolonnaden abgeschlossenen Ehrenhof richtete man auf den See aus. Eine Erweiterung folgte 1786 durch Boumann d. J. mit Raumdekorationen des frühen Rokokos und des Frühklassizismus. Zur Gestaltung des Schlosses wurde weiterhin der Maler Antoine Pesne und der Bildhauer Friedrich Christian Glume hinzugezogen. Unter Prinz Heinrich wurde 1753 der von Knobelsdorff in barocken Formen angelegte Landschaftsgarten zu einer Parkanlage erweitert. 1762 bis 1769 gab es Veränderungen im Innern des Schlosses durch Carl Gotthard Langhans d. Ä. und Karl Wilhelm Hennert. Im Park befindet sich das Grabmal des Prinzen Heinrich, der das Schloss bis 1802 bewohnte und dort starb. Mit ihm verlor der Wohnsitz der Hohenzollern seine Bedeutung. Im Mittelbau liegen das zweiläufige Treppenhaus, die Festräume im nördlichen Seitenflügel und im südlichen Seitenflügel die Appartements. Die Deckenbilder im Spiegelsaal, Ritterzimmer und im Turmzimmer schuf Pesne und Glume die Reliefs an den Türen des Spiegelsaals. Sehenswert ist das Kabinett mit chinesischen Lackmalereien, die Muschelgrotte und die Bibliothek, stellvertretend für weitere Räume genannt. Von 1771 bis 1778 entstand abseits der rechten Stirnseite des Schlosses ein Kavaliershaus mit Schlosstheater. In den Jahren von 1952 bis 1989 wurde das Schloss als Sanatorium genutzt und 1991 als Museum eröffnet. Auch Theateraufführungen werden seit 2000 im Theaterbau und im Schlosshof gegeben. Weitere Arrangements wie „Der singende See" mit Fahrgastschiffen und Gottesdienste in der St.-Laurentiuskirche erfreuen die Besucher. Die prächtige Sanierung der Gesamtanlage und das umfassende Angebot für die zahlreichen Besucher ist vor allem dem Engagement der Mitarbeiter der Stiftung Preußische Schlösser und Gärten Berlin-Brandenburg zu verdanken.

Schloss Ribbeck

14641 Ribbeck
Stadt Nauen
Landkreis Havelland

Ribbeck ist nordwestlich von Nauen im Havelländischen Luch an der B 5 zu finden. Der ursprüngliche Ort Rydbeke wurde bereits um 1354 durch Markgraf Ludwig VI. von Brandenburg an die von Bredow verpfändet, kam aber 1374 wieder an die von Ribbeck zurück, die es bis 1947 besaßen. Der Vorgängerbau des heutigen Schlosses wurde von 1822 bis 1826 als ein eingeschossiges Landhaus mit Mittel- und Eckrisaliten, Krüppelwalmdach und Fledermausgauben erbaut. Das Schloss wurde aufgrund der Zerstörung des Vorgängerbaus durch einen Brand von Hans Georg Henning von Ribbeck 1893

Schloss Ribbeck

bis 1895 neu oder unter Verwendung von Resten des alten Baus errichtet. Bis 1947 war es im Besitz der Familie von Ribbeck und ging dann an den Kreis Nauen über. In den 1950er-Jahren kam es zu mehrfachen Veränderungen. Die Fassade wurde vereinfacht und die geschwungenen Giebel begradigt sowie das Familienwappen und das Wandgemälde im Treppenhaus entfernt. Eine Nutzung als Alten- und Pflegeheim erfolgte von 1956 bis 2004. Nach der Wiedervereinigung Deutschlands stellte die Familie von Ribbeck Rückübertragungsansprüche. Man einigte sich 1999 mit einem Vergleich. Heute ist Schloss Ribbeck Eigentum des Landkreises Havelland. Es wurde bis 2009 umfassend denkmalgerecht saniert. Das Museum „Werk und Leben Theodor Fontanes", der auch die Ballade „Herr von Ribbeck auf Ribbeck im Havelland" schrieb, zeigt auch Wechselausstellungen. Das Standesamt im schönen Ambiente wird gern genutzt. Ein Restaurant steht auch für große Feierlichkeiten zur Verfügung. Im Park und Schloss finden die beliebten Konzerte sowie verschiedene Märkte statt.

Herrenhaus Rietzneuendorf

15910 Rietzneuendorf-Staakow
Landkreis Dahme-Spreewald

Westlich der A 13 und nördlich von Golßen liegt Rietzneuen-

Herrenhaus Rietzneuendorf, Rietzneuendorf-Staakow

dorf, das auf einen schmucken, erst jüngst sanierten zweigeschossigen Putzbau in schweren Neurenaissanceformen verweisen kann. Im Jahre 1455 wurde der Ort mit „Nuwendorf“ erstmals erwähnt und 1460 nannte man ihn urkundlich aufgrund der neu angelegten Siedlung „Nawendorf“. Die Herrschaft gehörte von Beginn an zur benachbarten Burg Golßen. Im Jahre 1757 ging der Besitz von der später in den Adelsstand erhobenen Familie von Sutterheim an die Familie von Schlieben. Nach häufigem Besitzerwechsel ließ 1891 der damalige Eigentümer Siehe das barocke Schloss erbauen. Der Schmuckgiebel im Stil der Gründerzeit ist ein Blickfang für Besucher. Im Jahre 1989 und erst jüngst wurde das reizvolle Herrenhaus restauriert, nur die vorgelagerte Rasenfläche bedarf noch einer Verschönerung. Die Anlage befindet sich in Privatbesitz und ist für die Öffentlichkeit nicht zugänglich.

Herrenhaus Roskow

14778 Roskow

Landkreis Potsdam-Mittelmark

Die erste urkundliche Erwähnung des Ortes, den man 14 Kilometer nordöstlich von Brandenburg findet, stammt aus dem Jahre 1317. Das Herrenhaus ist eine zweigeschossige Dreiflügelanlage von 1723 bis 1727, gebaut für Christoph III. von Katte, nachdem diese Familie den Besitz 1650 von den Bredows erworben hatte. Sie besaß ihn bis 1945. In den Jahren von 1880 bis 1890 erhielt der Bau mit einer hofseitigen Treppe im Corps de Logis und einem Festsaal mit stuckierter Decke im Obergeschoss ein neues Fassadendekor von G. Hauer. Auf der Hof- und Gartenseite befinden sich flache, dreiachsige Mittelrisalite, deren reicher Schmuck im Wesentlichen barock ist. Die Portale und deren Bekrönung sind aus Sandstein. Die an das Herrenhaus grenzende Gartenanlage ist in ihren ursprünglichen Resten erhalten. Der Herrensitz bekam 1968 eine Restaurierung, war viele Jahre Schule und ist derzeit ohne Nutzung.

Herrenhaus Roskow

Herrenhaus Rühstädt

19322 Rühstädt
Landkreis Prignitz

Rühstädt liegt südöstlich von Wittenberge, direkt an der sachsen-anhaltinischen Landesgrenze, im Naturpark Flusslandschaft Elbe-Brandenburg. Abgeleitet ist der Name wohl vom Wort „Ruhestätte". Er ist mit der Krypta der Dorfkirche zu verbinden, in der sich die alte märkische Ritterfamilie derer von Quitzow befindet, die im Spätmittelalter eine wichtige Rolle in der Geschichte der Mark Brandenburg spielte. Das Herrenhaus wurde 1728 als spätbarocker einflügeliger Bau errichtet. Nachdem dieses 1780 abgebrannt war, erbaute man noch im gleichen Jahr für Georg Otto Friedrich von Jagow das neue Gebäude im Barockstil. 1911 wurde es am Südgiebel und 1991 an der Nordseite erweitert. Am Mittelrisalit und am gartenseitigen befinden sich ionische Kolossalpilaster, Puttenreliefs und ein Konsolfries. Die ursprünglich figurengeschmückte Bekrönung wurde nach 1945 reduziert und die Treppe 1970 verändert. Gartenseitig liegt eine Terrassenanlage von 1823 mit einer Balustrade von 1855. Die reiche Innendekoration des 18. Jahrhunderts wurde im 19. Jahrhundert ergänzt und ist in großen Teilen erhalten. Verschiedene Räume sind mit Stuckdecken, Marmorkaminen und Rokokokachelöfen ausgestattet. Die Anlage in Rühstädt befand sich bis 1945 im Eigentum dieser Familie. Der ehemalige Barockgarten wurde nach 1782 angelegt, später landschaftlich überformt und erweitert. Seit 2002, nach einem umfangreichen Umbau, befindet sich im Herrenhaus ein Wellnesshotel mit zahlreichen Angeboten.

Herrenhaus Rühstädt

Schloss Sacrow

14469 Sacrow
Stadt Potsdam
Landeshauptstadt

Sacrow ist ein nördlicher Stadtteil von Potsdam, mit dem in die märkische Wald- und Seenlandschaft eingebetteten Schloss und Park. Die Ursprünge liegen in einem Rittergut, welches im 14. Jahrhundert erstmals im Landbuch von Kaiser Karl IV. erwähnt wurde. 1764 erwarb der Festungskommandant der Zitadelle Spandau und schwedische Generalleutnant Graf Johann Ludwig von Hordt das Gut. Er ließ 1773 an der Stelle eines Vorgängerbaus ein neues Herrenhaus, das später Schloss Sacrow genannt wurde, errichten. Das an den Südgiebel angefügte große Gewächshaus stellte seinerzeit eine Besonderheit dar. 1779 erwarb Heinrich Karl de la Motte Fouqué aus Brandenburg das Gut nebst Herrenhaus, in dem sein Sohn, der Dichter Friedrich de la Motte Fouqué, einige Jahre seiner Jugend verlebte. 1789 erwarb Graf Hordt das Haus für seinen Schwiegersohn, Graf von Haeseler, zurück, und nahm Erweiterungen vor. Der Berliner Bankier Magnus kaufte 1816 das Gut und hatte seinen Freund Moses Mendelssohn öfter im Herrenhaus zu Gast. Felix Mendelssohn Bartholdy komponierte hier einige seiner Stücke. Schließlich erwarb 1840 König Friedrich Wilhelm IV. das Anwesen. Unter Persius entstand der zweistöckige Anbau am Nordgiebel, mit repräsentativem Eingang im italienischen Stil. Das Herrenhaus ist ein ver-

Schloss Sacrow

putzter, zweigeschossiger Bau unter Krüppelwalmdach. Peter Joseph Lenné wurde durch den König beauftragt, den Park zu gestalten. In ihm steht noch heute eine denkmalgeschützte tausendjährige Eiche. Der preußische Staats- und Finanzminister Albert Südekum wohnte nach der Novemberrevolution 1918 zeitweise im Schloss, von 1922 bis 1934 Eberhard Cranz. 1938 legte man ins Schloss nach einem Umbau den Wohn- und Dienstsitz des Generalforstmeisters Friedrich Alpers. 1945 Überführung in Volkseigentum. Der einstige Herrensitz wurde Kinder- und Erholungsheim. Im Jahre 1961 zog mit dem Mauerbau die Nationale Volksarmee und ab 1973 die Zollbehörde der DDR ein. Die Stiftung Preußische Schlösser und Gärten nahm sich ab 1993 des Schlosses an, restaurierte es und der Park wurde (nach Plä-

Schloss Sallgast

nen Lennés) wieder hergestellt. Kurzzeitig für ein Museum eingerichtet, musste das Schloss bald wegen einer Absenkung gesperrt werden und ist zurzeit nicht zugänglich. Der Park wurde in die Liste des UNESCO-Welterbes aufgenommen.

Schloss Sallgast

03238 Sallgast
Landkreis Elbe-Elster

Im Ursprungsgebiet des Flusses Kleine Elster und inmitten ehemals ausgedehnter Sümpfe, südöstlich von Finsterwalde, liegt Sallgast. Von 1652 bis 1714 hatte die Familie von Rohr den als Wasserburg konzipierten Bau inne. Es ist eine zweigeschossige Vierflügelanlage um einen quadratischen Hof, an den Ecken dicke Rundtürme mit geschweiften Hauben und Laternen. Von 1744 bis 1775 kam sie an den preußischen Kommerzienrat von Jampert, der Veränderungen am bestehenden Schloss vornehmen ließ. Die Besitzer wechselten häufig, bis 1878 Robert von Loebenstein das Anwesen erwarb und den Park des Rittergutes in heutiger Form anlegte. 1911 bis 1914 ließ der Berliner Bankier und Kommerzienrat Max Abel aus dem Schloss einen repräsentativen Sommersitz gestalten und auch sein Nachfolger aus Berlin, Johannes Schwartz, setzte ab 1917 die Arbeit seines Vorgängers in ähnlicher Form fort.

Als die Braunkohlebergbaugesellschaft (BUBIAG) den Besitz kaufte, richtete sie im Schloss ab 1939 ein Mütter- und Kinder-Genesungsheim ein, das 1946 verstaatlicht wurde. Eine Schlossgaststätte existierte bereits seit 1966 im ehemaligen Herrensitz, der 1993 von der Gemeinde Sallgast erworben wurde. 1975 bekam das Obergeschoss eine neue Aufteilung, die Wand- und Deckendekoration des Erdgeschosses in altdeutschem Stil von Bodo Ebhardt aus dem Jahre 1911 blieb weitgehend erhalten. Die Gemeinde richtete später ein Trauungszimmer des Standesamtes, ein Heimatmuseum und Gästesuiten ein. Hier finden beliebte Kochseminare oder das Kochgaudi im Rittersaal statt. Seriöser geht es im Bereich des Bürgermeisters zu. Der Park stammt aus dem Jahr 1911, gestaltet von Bodo Ebhardt.

Herrenhaus Sauen

15848 Sauen
Gemeinde Rietz-Neuendorf
Landkreis Oder-Spree

Das kleine Straßenangerdorf Sauen im Osten von Brandenburg, nördlich von Beeskow gelegen, besitzt ein schmuckes, breitgelagertes Herrenhaus unter Mansarddach aus der Mitte des 18. Jahrhunderts. Die zweigeschossige Fassade ist durch einen fünfachsigen Mittelrisalit gegliedert. Die erste urkundliche Erwähnung von Sauen geht in das Jahr 1346 zurück. Der Erfinder der Lumbalanästhesie, Chirurg August Bier, lebte hier von 1912 bis zum Tode 1949. Er machte den Sauener Wald zu seinem Lebenswerk, als er begann, den Kiefernwald auf märkischem Sandboden zum Mischwald umzugestalten. Restaurierungen am Herrenhaus wurden 1912 von E. Blunck vorgenommen sowie nochmals von 1991 bis 1993. Ein Landschaftspark begrenzt das Anwesen. Heute ist der klassizistisch-spätbarocke Gutshof der zentrale Ort im Dorf. Im Herrenhaus haben die Kunsthochschulen Berlins ihren Sitz.

Herrenhaus Sauen

Herrenhaus Schmerwitz

14827 Schmerwitz
Gemeinde Wiesenburg/Mark
Landkreis Potsdam-Mittelmark

Erstmals im Jahre 1388 erwähnt, entwickelte sich Schmerwitz, heute im Naturpark Hoher Fläming westlich von Bad Belzig, am Knotenpunkt der B 107 und 246 gelegen, zunächst vom Vorwerk mit Schäferei zum Rittergutsdorf. Im 18. Jahrhundert dann zum großräumigen Wirtschaftsgut mit Herren- und Verwalterhaus sowie einer eigenen östlich gelegenen Gutskirche. Das Herrenhaus, als eingeschossiger Kernbau mit mächtigem Walmdach und gartenseitigen Stummelflügeln, wurde 1736 für Carl Friedrich Brand von Lindau gebaut. Die Hoffassade mit dem zweigeschossigen Mittelrisalit wurde Anfang des 20. Jahrhunderts verändert und die 1774 angelegte Terrasse der Gartenseite 1928 erneuert. Im Jahre 1892 brannte der Südflügel ab. Der östlich vorgelagerte Hof bekam bereits im 18. Jahrhundert lang gestreckte Seitenflügel und hofseitig ist der Mittelrisalit mit Vasenaufsätzen und Volutenzwerchgiebel geziert. Ab 1765 gehörten der Ort und das Vorwerk der Herrschaft Wiesenburg, die 1945 enteignet wurden. Das barocke Herrenhaus beschlagnahmte die sowjetischen Militärkommandantur. Anschließend richtete man hier die Landesparteischule der Kommunistischen Partei Deutschlands ein. Das Gut blieb als solches, nur als volkseigenes, bis zur Wende 1990 bestehen und wurde weiter von Landar-

Herrenhaus Schmerwitz

Schloss Schönhagen

beitern bewirtschaftet. Das Herrenhaus liegt heute auf dem Gelände einer Seniorenresidenz und befindet sich in Rekonstruktion.

Schloss Schönhagen

14959 Schönhagen
Stadt Trebbin
Landkreis Teltow-Fläming

Die erste urkundliche Erwähnung erfuhr Schönhagen im Jahre 1372. Es liegt östlich von Beelitz und westlich von Trebbin im Naturpark Nuthe-Nieplitz. Im Jahre 1300 erschien ein Heidenreich von Trebbin als Besitzer der Stadt und Burg, die er aber wüst verließ und in Blankensee eine neue Burg errichtete. Die Familie von Thymen aus Kursachsen tauchte 1388 im Besitz von Dorf und Schloss Blankensee mit Gutshof Schönhagen auf und nahm von 1400 bis 1600 wichtige weltliche und kirchliche Ämter ein. Auch hier zerstörten 1615 Brände zwei Gutshöfe und mehrere Wohnstätten sowie später zwei Meiereien und Viehställe des Thymen-Besitzes. Während des Dreißigjährigen Krieges zogen schwedische Truppen über das heutige brandenburgische Land, zerstörten, plünderten und töteten alles, was ihnen in den Weg kam, worauf Schönhagen wüst wurde. Christian Wilhelm von Thymen ließ 1738 bis 1740 ein neues, zweigeschossiges Schloss im märkischen Land-Barockstil errichten. Hauptmann a. D. Steinäcker pachtete 1853 die Rittergüter Schönhagen und Ahrendorf, dessen Pachtwirtschaft aufgrund von Streitigkeiten 1856 aufgehoben wurde. Ein erneuter Brand zerstörte 1864 mehrere Gutsgebäude. 1895 erbaute man am Ritterberg ein neues Schloss, dessen Besitzer in der Folge häufig wechselten. Die von Thymen verkauften wegen Zahlungsunfähigkeit Schloss und Gutsbesitz an die „Deutsche Ansiedlungsgemeinschaft GmbH" Berlin. Das Anwesen gehörte in den 1920er-Jahren dem jüdischen Zeitungsverleger Mosse. Er wurde in den 1930er-Jahren von den Nationalsozialisten enteignet und der Besitz ging von 1937 bis 1945 an die Firma Feistel, die das Anwesen zu einer Munitionsfabrik ausbaute. Von 1945 bis 1989 diente das Schloss in Schönhagen als Kindergarten und später als Weiterbildungsstätte für Pädagogen des ehemaligen Bezirkes Potsdam. Es liegt abseits in einem gepflegten Landschaftspark und kann von außen besichtigt werden.

Herrenhaus Schönow

16306 Schönow
Gemeinde Passow
Landkreis Uckermark

Nordwestlich von Schwedt/Oder, nahe dem Welsebruch und südwestlich von Casekow, liegt Schönow. Schon 1272 gibt es hier ein Lehen des Hinricus de Sydow. Im 18. Jahrhundert war bereits ein Gutshaus vorhanden. Das Herrenhaus im neugotischen Stil stammt vermutlich aus der zweiten Hälfte des 19. Jahrhunderts, wohl von Rittmeister Gustav Karl

Herrenhaus Schönow

Knickebusch zu Schwedt erbaut. Dieser hatte Schönow 1863 aus dem Besitz derer von Sydow erworben, dessen Gut und Herrenhaus ab 1902 bis 1945 in den Besitz der Familie von Lettow-Vorbeck kam. In der Folge wurde es zum Teil für Wohnzwecke, als Gemeindezentrum sowie Konsum genutzt. Aus dem Pferde- und Kuhstall entstand der Schlosspark-Gasthof und die Scheune wurde zur Reithalle umfunktioniert. Das Herrenhaus stellt sich als eingeschossiger neugotischer Putzbau mit einem Dach-Belvedere dar. Der zweigeschossige Portalrisalit besitzt Zinnengiebel und im vorderen Bereich einen polygonalen Portalvorbau mit doppelläufiger Treppe, eine Freitreppe zur Loggia mit einem darüber liegenden Altan. Alle Öffnungen sind rundbogig und an den Gebäudeecken, Giebeln und am Turm befinden sich oktogonale Ecktürmchen. Das restaurierte Herrenhaus unterliegt zurzeit keiner Nutzung.

Schloss Dammsmühle

16348 Schönwalde
Gemeinde Wandlitz
Landkreis Barnim

Im Norden Berlins, südöstlich von Oranienburg und westlich von Bernau bei Berlin, liegt Schönwalde mit dem abseits in einem Waldgebiet gelegenen Schloss. Urkundlich erstmals genannt wurde der Ort 1750, den König Friedrich II. auf dem westlichen Teil der Barnim-Hochfläche zu einem Kolonistendorf anlegen ließ. Das heute marode Schloss ging durch Um- und Anbau aus einer ehemaligen Wassermühle hervor. Den Namen erhielt der damalige Ort nach dem Berliner Lederfabrikanten Peter Friedrich Damm, der die 1747 errichtete Mühle 1755 kaufte. Mehrfach wurde diese von Bränden heimgesucht und 1768 wieder aufgebaut. Als diese nach mehreren Vorgängerbesitzern Adolf Friedrich Wollank 1894 erwarb, ließ er sie bis 1896 in neubarockem Stil umbauen und erweitern. Ab

Schloss Dammsmühle, Schönwalde

Herrenhaus Schorbus

1959 nutzte das Ministerium für Staatssicherheit der DDR das aus der Mühle entstandene neubarocke Schloss. Der dreigeschossige Hauptflügel, im Kern das Herrenhaus des 18. Jahrhunderts, wurde Ende des 19. Jahrhunderts aufgestockt und nördlich um einen Flügel erweitert. Der hohe Turm ist in die Fassade eingebunden. Von 1968 bis 1978 wurde das Mansarddach durch ein weiteres Stockwerk ersetzt. Der um 1830 angelegte Landschaftsgarten wurde um 1900 erweitert und umgestaltet, befindet sich heute auch in verwildertem Zustand. Nur um den an das Schloss grenzenden Mühlenteich sind Spuren von Pflege zu erkennen, an dem sich vor allem Angler in wohltuender Ruhe ihrem Hobby hingeben können. Das Schloss selbst ist leer stehend und verfällt von Jahr zu Jahr mehr.

Herrenhaus Schorbus

03116 Schorbus
Stadt Drebkau
Landkreis Spree-Neiße

Zwischen Cottbus und Drebkau, an der B 169, liegt das 1225 urkundlich erstmals erwähnte Schorbus. Das von einem Park umgebene Herrenhaus präsentiert sich neubarock, zweigeschossig, trägt ein Mansarddach und stammt aus dem Jahr 1911. Der Bau hat einen schwach ausgeprägten Mittelrisalit, Kantenquaderung und einen südlich gelegenen Seitenflügel. Ernst von Werdeck war Leutnant und Rittergutsbesitzer auf Schorbus. Er war Mitglied des Preußischen Abgeordnetenhauses zwischen 1888 und 1904 und verstarb im Jahre 1905. Bogumil Šwjela, ein bedeutender evangelischer sorbischer Geistlicher, wurde 1873 in Schorbus geboren, wirkte als Sprachforscher und Publizist, war Vorsitzender und Mitbegründer des sorbischen Dachverbands Domowina. Das Herrenhaus befindet sich heute wieder in Privatbesitz und ist nicht zugänglich.

Schloss Schulzendorf

15732 Schulzendorf

Landkreis Dahme-Spreewald

Schulzendorf liegt am südöstlichen Stadtrand Berlins in der alten Dorflage, in der sich auch das ehemalige Gutshaus und heutige Schloss befindet. Ein „Schultendorpp" wurde im Jahre 1375 im Landbuch Kaiser Karls IV. erwähnt. Zahlreich wechselnde Besitzer beeinflussten auch über mehrere Jahrhunderte die Dorfentwicklung. Von 1718 bis 1812 hatten auch die Hohenzollern das Gut Schulzendorf im Besitz. Aus ihrer Zeit blieb kaum etwas erhalten. Die ältesten Teile des Dorfes mit dem ehemaligen Rittergut, bestehend aus dem Schloss mit Park, der Patronatskirche, dem Verwalterwohnhaus sowie den beiden Gesindewohnhäusern wurden unter Schutz gestellt. Das Schloss wurde 1889 im Stil der Neorenaissance von Moritz Israel errichtet, der das Rittergut 1888 erworben hatte. Als man später die jüdische Familie vertrieb, brachte man hässliche Bauten an dem Schloss an, zerstörte die prächtige große Freitreppe und ersetzte den ursprünglich großen Turm durch den heutigen. Der von vier Säulen getragene große Balkon im Obergeschoss blieb erhalten und ist eine schöne Zierde für das Schloss. Im Innern schmückt eine weiße Stuckkassettendecke den Festsaal. Auch der Gutspark war einst eine prachtvolle Anlage mit seinen Blumenrabat-

Schloss Schulzendorf

ten und seltenen Bäumen, den zierlichen Brücken und dem Schwanenteich. Der Wintergarten barg Orchideen, Palmen, Orangen- und Zitronenbäume. Moritz Israel schenkte das Anwesen seinem Sohn Richard zu dessen Hochzeit mit Bianca Cohn, die vier Kinder auf die Welt brachte. Richard baute 1899 im Ort eine vierklassige Schule und in der Spielschule wurden die Kinder der Gutsarbeiter und auch des Dorfes beaufsichtigt, beschäftigt und beköstigt. Auch das künstlerische Schaffen wurde auf dem Gut gefördert. Ab 1933 wurde diese Familie terrorisiert und die Menschen, die bei ihnen arbeiteten, als Judenfreunde beschimpft, worauf sich immer mehr von ihnen abwandten. Im Jahre 1939 mussten die Israels ihren Besitz verlassen und kamen nach Berlin. Während die Kinder in die Emigration gingen, wurden Bianca und Richard Israel 1943 in das KZ Theresienstadt deportiert, worauf kurz danach Richard starb. Bianca Israel überlebte, zog nach kurzem USA-Aufenthalt nach Hannover und starb hier hochbetagt. Das Schloss ist für die Öffentlichkeit nicht zugänglich.

Herrenhaus Schwaneberg

17291 Schwaneberg
Gemeinde Randowtal
Landkreis Uckermark

Östlich der Kreisstadt Prenzlau und nördlich der A 11 ist die uckermärkische Gemeinde mit dem prächtigen, restaurierten Herrenhaus zu finden. Erwähnt wurde der Ort erstmals urkund-

Herrenhaus Schwaneberg

lich 1239 unter dem Namen „Henricus de Svaneberch". Das Straßendorf mit dem Rittergut war im Mittelalter im Besitz der Familie von Arnim. Das von den Arnims in der zweiten Hälfte des 18. Jahrhunderts erbaute Gutshaus steht heute gemeinsam mit der Kirche unter Denkmalschutz. Verändert wurde der Bau um 1850 vom Gutsbesitzer Hans Kühne durch Um- und Anbauten im Stile des Klassizismus. Heute zeigt sich der breit gelagerte zweigeschossige Putzbau auf Backsteinsockel mit hohem Mansarddach und Dachgauben. Der dreiachsige Portalrisalit mit Ecklisenen wird von einem Segmentgiebel bekrönt. Das Herrenhaus befindet sich in Privatbesitz und ist nur von außen einsehbar.

Herrenhaus Schwante

16727 Schwante
Gemeinde Oberkrämer
Landkreis Oberhavel

Schwante liegt südwestlich von Oranienburg an der B 273. Südwestlich des Ortskerns steht das stattliche zweigeschossige dreiflüglige Herrenhaus. Bauen ließ dieses der Gutsbesitzer Erasmus Wilhelm von Redern 1741 bis 1743 für sich und seine Gemahlin, Catherina Elisabeth von Bredow, anstelle eines Festen

Herrenhaus Schwante

Hauses von 1618. Kellergewölbe stammen noch von diesem Gebäude. Richard Sommer, Bauherr von Schloss Sommerswalde im Schwanter Forst, erwarb 1888 das hiesige Gut und ließ von 1903 bis 1905 neue Wirtschaftsgebäude errichten und die Innengestaltung des Herrenhauses 1910 weitgehend verändern. So versetzte man auch die zweiarmige dreiläufige Treppe der Durchgangsdiele. Nach dem Tode Richard Sommers wurde der Herrensitz von den Erben an Vicco von Bülow verkauft, der sich darauf Vicco von Bülow-Schwante nannte. Dieser ließ in den 1920er-Jahren am rückwärtigen Bereich einen Balkon und eine Terrasse mit Freitreppe anbauen. 1936 kam eine Sandsteinauffahrt mit Rampenbrüstung und Portallöwen an der Eingangsseite hinzu. Den Landschaftspark legte man im 19. und frühen 20. Jahrhundert an. Nach dem Krieg wurde das schlichte Herrenhaus mit hohen

Walmdächern als Behelfskrankenhaus für Typhuskranke genutzt und später als Bildungseinrichtung der Freien Deutschen Jugend (FDJ). Im Jahre 1962 übernahm die Gemeindeverwaltung das Haus. 2009 stand das Herrenhaus ungenutzt. Die Hexenkessel Hoftheater und Strand GmbH kaufte es und betreibt hier ein Theater.

Herrenhaus Schwarzbach

01945 Schwarzbach
Landkreis Oberspreewald-Lausitz

Die Gemeinde mit Herrenhaus liegt südlich von Senftenberg im Lausitzer Seenland, der nordwestlichen Oberlausitz. Der ehemalige Gutshof aus der Zeit um 1650 wurde stark verändert. Der zweigeschossige, frühbarocke Putzbau wurde erst 1727 durch Carl Siegfried Freiherr von Hoym auf Guteborn errichtet, als dieser das Rittergut kaufte. Das Haus liegt unter einem Mansarddach und besitzt ein mit schönem Pilaster gerahmtes Korbbogenportal. Im Jahre 1900 bekam das Herrenhaus einen Umbau und 1939 nahm Prinz Wilhelm von Schönburg-Waldenburg hier seinen Wohnsitz. Mit dem Ende des Zweiten Weltkrieges zogen Flüchtlinge in das Haus ein. Die Anlage wurde an einen privaten Käufer vergeben, der das ehemalige Herrenhaus restaurierte. Der Rasenbereich vor dem Herrenhaus wird durch ein schmuckes Blumenrondell geziert.

Herrenhaus Schwarzbach

Herrenhaus Selchow

15859 Selchow
Stadt Storkow
Landkreis Oder-Spree

Der neubarocke Putzbau in Selchow von 1913 unter Mansardwalmdach ist noch ein recht junger Bau, zu finden nahe dem gleichnamigen See, südwestlich von Storkow. Das sich in bedauerlichen Zustand befindende Objekt mit dreiachsigem Mittelrisalit an beiden Fronten ist leer stehend. Den Balkon über dem gartenseitigen Mittelportal und an der zweiläufigen

Terrassentreppe zieren historisierende schmiedeeiserne Geländer. Im Park stehen Bronzefiguren einer Schwanengruppe und eines Hundes, wohl aus der Zeit um 1913. Friedrich Schneider wurde 1811 Besitzer des Vorwerks Selchow. Er baute hier nach 1830 wohl eine spätbarocke Gutsanlage im Stile italienischer Villen mit in nahgelegener Ziegelei produzierten Ziegeln um. Auch dieses Herrenhaus, von einem Park umgeben, dürfte nach 1945 von verschiedenen kommunalen Stellen genutzt worden sein.

Herrenhaus Selchow

Herrenhaus Sembten

03172 Sembten

Gemeinde Schenkendöbern
Landkreis Spree-Neiße

Nördlich von Guben, nahe der polnischen Grenze, findet man das Dorf Sembten mit dem ehemaligen, Ende des 15. Jahrhunderts erwähnten Rittergut. Das damalige Herrenhaus wurde 1757 erwähnt und ab 1846 das Gut wirtschaftlich ausgebaut. Zu den verschiedenen Betrieben kamen noch eine Brennerei und eine Schmiede hinzu, sodass hier insgesamt 32 Familien zu Beginn des 20. Jahrhunderts wohnten und beschäftigt waren. Nach 1945, im Zuge der Bodenreform kam das Volksgut Sembten bis 1970 an die Anlage und danach wurden die Flächen bis 1995 für den Obstanbau genutzt. Schon 1986 wurde die Brennerei aufgegeben, der Gutshof bis 1990 noch zur Tierhaltung genutzt. In das Herrenhaus zogen ein Kindergarten und später ein Schulungszentrum ein. Der zweigeschossige Putzbau mit Altan und Mansardwalmdach besteht im Kern aus dem 18. Jahrhundert. Das Tor-

Herrenhaus Sembten

Herrenhaus Semlin

haus, ein zweigeschossiger Feldsteinbau mit Satteldach, entstand Ende des 18. Jahrhunderts. Die bogige Durchfahrt an der Hofseite wird von korbbogigen Blenden flankiert. Die einst zusammenhängende bauliche Anlage mit Herrenhaus, Park, Gutshof, Wohn- und Wirtschaftsgebäuden befindet sich heute in einem maroden Zustand. Ein kleiner englischer Park begrenzt das Areal.

Herrenhaus Semlin

19357 Semlin
Gemeinde Karstädt
Landkreis Prignitz

Semlin, das erstmals im Jahre 1312 genannt wurde, liegt südöstlich von Ludwigslust und nördlich von Wittenberge an der B 5. Zu jener Zeit verkauft Markgraf Woldemar dem Kloster Eldena die Besitzungen Perleberg, Lenzen und Grabow. Im Jahre 1440 kam Semlin an die Quitzows zu Stavenow. Lütke von Quitzow zu Stavenow betrieb eine Schäferei und Meierei. Nach dem Dreißigjährigen Krieg kam Freiherr von Blumenthal an das Anwesen und baute Semlin als Wirtschaftshof wieder auf, den er mit Gut Stavenow verpachtete. Der nachfolgende Besitzer, Hans-Joachim von Bonin, war gezwungen, das Gut Semlin 1929 aufzugeben. Es fiel an den Staat. Von 1930 bis 1932 siedelte man das Land auf. Das Herrenhaus aus der ersten Hälfte des 18. Jahrhunderts wurde 1923 um- und ausgebaut sowie später nochmals verändert. Die Gutsanlage besteht neben dem Herrenhaus weiterhin aus Resten der Einfriedung, einem schlichten dreigeschossigen Speicher von 1778 und zwei Wirtschaftsgebäuden. In den 1960er-Jahren nutzte man das Herrenhaus als Säuglingsheim und als Kinderkrippe. Nach der Wiedervereinigung richtete die Lebenshilfe Kreisvereinigung Prignitz e. V. 2004 eine Wohnstätte für Menschen mit geistiger Behinderung ein und das Haus wurde behindertengerecht umgebaut.

Schloss und Festung Senftenberg

01968 Senftenberg

Landkreis Oberspreewald-Lausitz

Die Stadt liegt an der Schwarzen Elster und am Senftenberger See. Sie bildet mit Hoyerswerda den Kern des Lausitzer Seenlandes. Um 1100 ist hier eine erste Befestigung, wohl ein Palisadenwall mit Wachturm, und ab 1290 eine Wasserburg urkundlich belegt. Bis 1815 war die Renaissanceanlage eine Festung Sachsens im heutigen Brandenburg zum Schutze Dresdens und ging aus der mittelalterlichen Burg hervor. Bekanntester Burginhaber war Hans von Polenz. Das Kurfürstentum Sachsen machte Senftenberg 1446 zum landesherrlichen Amt. Die Burg sicherte den Besitz. Mit dem Bau des zweigeschossigen, vierflügligen Renaissanceschlosses begann man 1544 bis 1548 als ein festes Haus mit Ausbau zur Festungsanlage mit Wall und umgebenden Stausee. Die Bauaufsicht führte wohl der sächsische Militärarchitekt C. Voigt von Wierandt. Ende des 16. Jahrhunderts erfolgte ein weiterer Ausbau der Festung, wohl unter Leitung des Kriegsbaumeisters R. Guerrini Graf zu Lynar. Sachsen gab die Wehranlage 1764 auf und ab 1815 gehörte das Amt zu Preußen. Den Südflügel hat man 1837 abgetragen. Im Schloss waren ein Staatsgefängnis, Amtsgericht, später ein Rentamt und eine Schule von 1913 bis 1932 eingerichtet, wodurch es im Innern stark verändert wurde. Auf dem Schlosshof befindet sich die Keramikplastik „Bettler auf Krücken“ von Ernst Barlach. Im Westflügel liegt ein rundbogiges pilasterge-

Schloss und Festung Senftenberg

rahmtes Renaissanceportal, vermutlich von 1570. Die dreieckigen Bastionen der Festung sind noch gut erkennbar. Auf der Nordostbastion steht ein oktogonaler Pulverturm mit Zeltdach von 1672. Das zweigeschossige Kommandantenhaus wurde in Mauer- und Fachwerk Mitte des 18. Jahrhunderts aufgeführt. Das Museum übernahm ab 1933 schrittweise die Räumlichkeiten der Anlage, mit zahlreichen Sonderausstellungen und Veranstaltungen. Das Schloss wurde ab 1992 grundlegend saniert sowie restauriert. Der Schlosspark im Bereich der Festungsgräben besitzt einen alten Baumbestand und ein Tiergehege. In den Ausstellungen präsentieren sich unter anderem Ausgrabungsfunde der Lausitzer Region, Kultur, Bergbau, Bauernstube, Kircheninventar, ein historisches Klassenzimmer und ein Bergwerksstollen. Anziehungspunkte für Besucher sind weiterhin die Konzerte und verschiedene Märkte. Im stilvollen Ambiente kann man auf dem Schloss heiraten und Räumlichkeiten für Feiern mieten.

Herrenhaus Senzke

Herrenhaus Senzke

14662 Senzke
Gemeinde Mühlenberge
Landkreis Havelland

Senzke liegt südlich der B 5 zwischen Friesack und Pessin sowie 20 Kilometer westlich von Nauen. Der Ort, ein Bestandteil des Ländchens Friesack, dessen erste Besitzer die Herren von Jerichow waren, wurde 1331 erwähnt. Diesen folgten 1335 auf der Burg die von Bredow, verloren den Besitz jedoch 1399. Neuer Lehnsherr wurde 1427 Hasso II. von Bredow und 1587 kam Lippold von Bredow an Senzke. Von 1872 bis 1874 wurde das Herrenhaus nach einem Brand in klassizistischen Formen erneuert. Heute präsentiert sich der zweigeschossige Putzbau in spätklassizistischen Formen mit übergiebelten Mittelrisaliten und Säulenportikus, im Kern 18. Jahrhundert. Das Rittergut bestand aus mehreren Wohn- und Wirtschaftsgebäuden, darunter eine Ziegelei, eine Brennerei, ein Weinberg und eine Schäferei. Der Park wurde vermutlich um

Herrenhaus Siethen

1750 angelegt und im 19. Jahrhundert landschaftlich verändert. Heute ist er nur noch in Resten erhalten. Nach 1945 fanden zahlreiche Umsiedler im Herrenhaus eine Bleibe und danach legte man eine Schule in den historischen Bau. Senzker Bürger retteten 1950 das Herrenhaus vor dem Abriss. Es befindet sich in Privatbesitz.

Herrenhaus Siethen

14974 Siethen
Stadt Ludwigsfelde
Landkreis Teltow-Fläming

Die Ersterwähnung des Dorfes Siethen, das wenige Kilometer westlich der Stadt Ludwigsfelde im Naturpark Nuthe-Niepitz liegt, war im Jahre 1275. Der Ort kann auf eine wechselvolle Geschichte zurückblicken, besonders unter der Familie Badewitz. Die letzten Eigentümer von Gut Siethen, zwei adlige Damen derer von Scharnhorst, richteten 1855 ein Kinderasyl ein, das Tabea-Haus. Das Herrenhaus aus der Zeit um 1880, ein stattlicher Putzbau in neuklassizistischen und neubarocken Formen, wurde errichtet für den Berliner Kaufmann Badewitz. Das zweite Obergeschoss und das Dach wurden um 1960 bis 1970 vereinfacht erneuert. Im Innern liegen einige Repräsentationsräume, Treppenhäuser, ein Vestibül und großer Saal mit Ausstattung und Holzvertäfelung. Der Kamin im Hauptvestibül stammt aus dem Jahr 1684. Im Haus befand sich einst ein Lazarett und nach dem Krieg zogen Flüchtlinge ein. Heute besteht hier ein Jugendheim mit Berufsausbildung.

Herrenhaus Sieversdorf

Herrenhaus Sieversdorf

15236 Sieversdorf
Gemeinde Jacobsdorf
Landkreis Oder-Spree

Sieversdorf liegt in der Lebuser Hochfläche nordwestlich von Frankfurt/Oder und wurde 1393 als Ort „Syuerstrop" in einer Urkunde erwähnt, in der Heinrich Strantz mit Sieversdorf belehnt wurde. Das Gutshaus, ein zweigeschossiger barocker Rechteckbau mit Mittelrisalit, stammt aus dem Jahr 1689. 1789 kam das Anwesen in den Besitz der Familie von Stünzner und 1875 bekam das Herrenhaus einen neuen Innenausbau. 1945 erfolgte die Enteignung der Familie und 1947 wurden Teile des Hauses abgebrochen, einschließlich des Verbindungstrakts zum rückwärtigen Erweiterungsbau von 1898. Im Innern sind drei Erdgeschossräume mit Stuckdecken der 1690er-Jahre erhalten. Im Saal des Obergeschosses eine reich gestaltete Decke mit Akanthusranken sowie ein Kaminaufsatz mit Blumenfries aus der Zeit um 1875 von A. von Werner. 1993 erwarb die Familie Stünzner-Karbe das Anwesen zurück. Der einst beseitigte Flügel wurde als Bed & Breakfast 2006/07 wieder errichtet und im Saal finden die beliebten Konzerte statt.

Schloss Sonnewalde

03249 Sonnewalde
Landkreis Elbe-Elster

Im Norden in der Stadt Sonnewalde liegt das von 1536 bis 1945 im Besitz der Grafen zu Solms befindliche Schloss. Im 12. Jahrhundert hatte man hier bereits eine Wasserburg errichtet. Botho von Ileburg ließ nach einem Brand von 1470 bis 1477 eine neue Burg bauen. Von 1577 bis 1592 baute sie die Familie der Grafen zu Solms zu einer zweiteiligen Renaissanceanlage aus Vorder- und Hinterschloss um, mit umgebendem Wassergraben und Mauer mit acht Türmen. Die mächtige vierflügelige Anlage des 1647 erneuerten Hinterschlosses brannte 1949 aus und wurde abgetragen. Erhalten blieben nur tonnen- und kreuzgratgewölbte Keller von Süd- und Ostflügel. Ein Rest der Befestigung besteht noch im sogenannten Roten Turm. Das Vorderschloss mit Torhaus wird von Nebengebäuden beziehungsweise von Stallungen begrenzt. Auf der hohen, von einem Pelikan bekrönten Attika das Allianzwappen von Otto zu Solms und seiner Ehefrau Anna, geborene Gräfin von Nassau. Hofseitig befindet sich ein schlichtes spitzbogiges Backsteintor mit Volutengiebel aus dem 17. Jahrhundert. Sehenswert auch die beiden Schmuckgiebel an den Bauten. Einst gab es hier eine Zugbrücke. Im Jahre 1869 wurde wohl eine umfassende Renovierung der Anlage vorgenommen, dann nochmals 1991. Im weitläufigen Schlosspark gibt es eine moder-

Schloss Sonnewalde

ne Bühne für Veranstaltungen und ge-genüber der Heimwiese liegt das Erbbegräbnis der Grafen zu Solms-Sonnewalde aus dem ausgehenden 19. Jahrhundert. Im Schloss befinden sich eine Heimatstube, Bibliothek sowie Trauzimmer.

Schloss Spremberg

Schloss Spremberg

03130 Spremberg
Landkreis Spree-Neiße

Quellen bezeugen Spremberg erstmals 1301, gelegen südlich von Cottbus an der Grenze zum sächsischen Landkreis Bautzen. Eine deutsche Wasser- oder

Schloss Spremberg

Sumpfburg im slawischen Gebiet wurde bereits 1200 errichtet und 1272 wurden erstmals die Herren von Spremberg erwähnt. Nach 1550 fügte man den zweigeschossigen Nordflügel mit Zufahrt an den Hauptturm an. Im Jahre 1650 beschädigte ein Brand die Anlage, die sich daraufhin Herzog Heinrich von Sachsen-Merseburg 1680 zu einer stattlichen dreigeschossigen Sommerresidenz mit zwei Flügeln ausbauen ließ. Nach dem Aussterben der Merseburger Linie fiel das Schloss 1738 in kursächsischen Staatsbesitz. Ab diesem Jahr wurde es zu militärischen Zwecken genutzt. 1878 zog die Kreisverwaltung ein. Eine Restaurierung erfolgte 1991. Im Untergeschoss des Hauptturms finden sich Reste eines großen Kamins und in den Flügeln mehrere kreuzgratgewölbte Räume. Im Erdgeschoss des Westflügels Reste von Deckenmalereien der Spätrenaissance, die 1912 und 1993 restauriert wurden. Die einläufige Treppe mit schwerem hölzernen Balustergeländer im Ostflügel stammt aus der barocken Bauzeit. Das 1911 ins Leben gerufene und seit 1997 wieder im Schloss untergebrachte Niederlausitzer Heimatmuseum zeigt Bergungsstücke aus abgebrochenen Dorfkirchen, ein Lapidarium mit Grenz- und Meilensteinen und auf dem Freigelände ein niedersorbisches Heidebauernhaus aus der Zeit um 1780. Dem in Spremberg geboren Schriftsteller Erwin Strittmatter ist eine ständige Ausstellung zu seinem Leben und Werk gewidmet. Besondere Höhepunkte im Jahr sind die Weihnachtsausstellungen und der Ostereiermarkt im Schlossbereich.

Schloss Stechau

Schloss Stechau

04936 Stechau
Gemeinde Fichtwald
Landkreis Elbe-Elster

Schon 1181 wurde Stechau als Stecchowe urkundlich erwähnt, im Laufe der kommenden Jahrhunderte mehrfach in abgewandelter Schreibweise. Das Straßenangerdorf ist südöstlich der Stadt Schlieben zu finden. 1354 wurden hier Werner und Heinrich von Stechau als Lehensträger genannt und 1474 hatte Albrecht Raßig über die Hälfte des Dorfes als Lehen inne. Der Dreißigjährige Krieg hinterließ auch in Stechau seine zerstörende Wirkung, sodass der Ort 1645 als wüst galt. Die zweigeschossige Dreiflügelanlage mit gartenseitigen Anbauten und hohen Mansardwalmdächern stammt im Kern von 1757 und wurde für die Familie von Birkholtz 1914 umgestaltet. Gutsbesitzer Röder wurde 1848 zur Preußischen Nationalversammlung als Abgeordneter nach Berlin entsandt. Eng verbunden mit Stechau und dem Herrenhaus ist die Familie von Gontard, die als letzte Besitzer 1945 enteignet wurden und deren Nachkommen nach der Wende nicht zögerten, den Besitz zurückzukaufen. 1994 bekam das Schloss eine umfassende Sanierung mit Umbau. Im Innern befinden sich ein Festsaal und im Foyer ein neuklassizistischer

Schloss Steinhöfel

Kamin von 1914. Die Parkanlage und das Schloss sind die kulturellen Mittelpunkte von Stechau für zahlreiche Veranstaltungen, so u. a. die beliebten Sommerkonzerte.

Schloss Steinhöfel

15518 Steinhöfel

Landkreis Oder-Spree

Das prächtige Schloss, nordöstlich von Fürstenwalde, wurde um 1790 bis 1795 von Baumeister David Friedrich Gilly erbaut und zählt zu den frühen herausragenden Werken des Klassizismus und der preußischen Landschaftskunst. Geprägt wurde das Schloss im Wesentlichen durch den Hofmarschall Valentin von Massow. Es diente dem preußischen König Friedrich Wilhelm III. und seiner Gemahlin Königin Luise als Vorbild für ihren Sommersitz in Paretz. Der ursprünglich zweigeschossige Putzbau mit zwei rückseitigen Flügeln ist wohl unter Einbeziehung eines Vorläufers aus dem 17./18. Jahrhundert errichtet worden. Nach 1843 wurde das Schloss aufgestockt und viergeschossige quadratische Ecktürme mit Zinnenbekrönung wurden angebaut. Von einem erneuten Umbau 1880 stammen der übergiebelte Mittelrisalit und die Veränderung der Seitenflügel. Das Gesamtareal mit den Sphinxen am Eingang von 1792 stellt eines der schönsten Ensembles aus Architektur, Gartenkunst und Landschaftskultur der Mark Brandenburg dar. Der weitläufige Landschaftspark im englischen Stil mit Parkarchitekturen wurde 1795 unter Mitwirkung von Johann August Eyserbeck und Peter Joseph Lenné überformt. In den Jahren 1997 und 2002 wurden zahlreiche Veränderungen und eine Sanierung für die Nutzung als Hotel erforderlich. Diese außergewöhnliche Kulisse wird heute für Hochzeiten, Tagungen, Familienfeiern und Events in einem exklusiven Rahmen genutzt. Das Hotel bietet neben den mit Antiquitäten ausgestatteten Räumen und den gastronomischen Einrichtungen auch Wellnessbehandlungen sowie Verkaufsausstellungen an. Eigentümer sind die Brandenburgische Schlösser GmbH und die Gemeinde Steinhöfel, die auch den Innenhof neu gestalteten und zwei neue Treppenhäuser errichten ließen.

Schloss Neuhaus

15907 Steinkirchen
Stadt Lübben
Landkreis Dahme-Spreewald

Unmittelbar am südlichen Stadtrand von Lübben gelegen, findet man in Steinkirchen das vorbildlich restaurierte Schloss Neuhaus. Von 1822 bis 1845 lebte im frühklassizistischen Bau der Dichter und Landsyndikus der Niederlausitz Christoph Ernst Freiherr von Houwald, der sich hier mit zahlreichen Persönlichkeiten umgab. Zu ihnen zählten unter anderen Bettina und Achim von Arnim, Emanuel Geibel, Friedrich de la Motte Fouqué und Eduard Hitzig. Houwalds Witwe Auguste verkaufte 1845 das Anwesen an den Neffen und Landrat Karl von Houwald und nach dessen Tod 1883 lebte seine Witwe Veronica von Houwald bis 1913 im Schloss. Danach erwarb es Franz von Poncet, der bereits 1914 im Ersten Weltkrieg fiel. Auch der deutsche Diplomat Götz von Houwald lebte in seiner Jugend im Schloss Neuhaus. Schließlich erwarben das Anwesen die Stände des Markgraftums Niederlausitz, die es verpachteten. 1931 hatten es Albrecht und Helene von Houwald zur Pacht.

Schloss Neuhaus, Steinkirchen

Nach dem Zweiten Weltkrieg brachte man obdachlose Bürger und Flüchtlinge in dem Gebäude unter, danach ein Kinderheim. Für einen Schulhort und zwei Klassenräume wurde 1960 ein Umbau vorgenommen, bis es schließlich wegen maroden Zustands ab 1986 nicht mehr genutzt wurde. Erste Sicherungsmaßnahmen erfolgten 1990, ab 1994 wurde umfassend saniert und umgebaut sowie der Rote und Blaue Saal einschließlich Kuppelsaal aus Ernst von Houwalds Zeiten wiederhergestellt. An der offiziellen Einweihung im Dezember 1996 nahm auch Götz von Houwald teil. Ein Gedenkzimmer im Schloss Neuhaus wurde mit einer Dauerausstellung zum Dichterkreis Houwalds ausgestaltet und es finden hier regelmäßige Veranstaltungen, Ausstellungen und Konzerte statt. Eine umfassende Restaurierung erhielt der eingeschossige Putzbau mit hohem Sockelgeschoss aus der Zeit von 1801 im Jahr 1995. Die Fassade ist durch Seitenrisalite und Mittelrisalit gegliedert, an der Gartenseite mit einem Portikus und an der Hofseite mit einem Balkon. Schloss Neuhaus ist auch Sitz der Kreismusikschule Dahme-Spreewald.

Burg Storkow

Burg Storkow und Jagdschloss Hubertushöhe

15859 Storkow/Mark

Landkreis Oder-Spree

Storkow befindet sich am gleichnamigen See und wurde 1209 erstmals erwähnt. Die Stadt liegt eingebettet zwischen Scharmützelsee im Osten, dem Unterspreewald im Süden und dem Dahmeland im Westen. Vermutet wird, dass hier zum Ende des 12. Jahrhunderts anstelle der heutigen **Burg** eine deutsche Holzburg existierte, die als Stützpunkt für die Expansionspolitik der Wettiner diente. In einer Urkunde von Kaiser Otto IV. wurde 1209 erstmals eine Burg erwähnt, die nach der Niederlage der Wettiner im Teltower Krieg zu einer steinernen Anlage ausgebaut wurde. Die einflussreichen Ritter von Strele wurden 1250 mit der Herrschaft Beeskow-Storkow belehnt, die 1384 die Herren von Bieberstein übernahmen. Die Lebuser Bischöfe kamen mit Dietrich von Bülow 1518 an die Herrschaft und 1520 ließ sich dieser das Alte Schloss zu einem bischöflichen Wohnschloss umbauen. Es war ursprünglich eine von Wassergraben umgebene mittelalterliche Anlage aus Backstein der Lebusischen Zeit. Vom mittelalterlichen Kern blieb nur das ehemalige Brauhaus westlich des Hauptbaus erhalten. Auf der Südseite steht ein Fachwerkgebäude von 1937. Im Jahre 1556 kam die Anlage an den Markgrafen Johann von Küstrin, der das Renaissanceschloss erbauen ließ. Im Jahre 1655 verpfändete man die Burg an Generalmajorin Margarethe von Lange. Ein Brand zerstörte 1775 das Amtshaus und das zweite Stockwerk des Renaissanceschlosses. Von 1769 bis 1820 war die Anlage Sitz der Amtsverwaltung unter dem Amtsrat von Bülow und kam 1899 an die Stadt. 1910 kaufte sie der Berliner Architekt Emil Schaudt und 1934 ließ sie der Jugendherbergsverband zu einer Jugendburg umbauen. Nach Kriegsende zogen die Stadtverwaltung und der Polizeigruppenposten in der Burg ein. In der Folge wurden Schulräume, eine Nähstube und das Arbeitsamt eingerichtet. Ein erneuter Brand zerstörte 1978 den Burgpalas mit Stadtverwaltung vollständig, der mit Hilfe der Landesregierung und Mitteln der EU wiedererrichtet wurde. Heute findet man hier Museumsräume mit der Dauerausstellung Mensch und Natur. Darüber hinaus organisieren der Burg-Kultur Verein Storkow e.V. und der Burgförderverein Konzerte, Theateraufführungen, Sonderausstellungen, Lesungen und anderes mehr. Hier ist auch der Sitz der Tourist-Information und Stadtbibliothek. Das Burgcafé lädt zum Verweilen ein und man kann hier auch den Bund fürs Leben schließen. Das **Jagdschloss** ist ein repräsentatives Landhaus mit Nebengebäuden und Landschaftspark. Es wurde von 1899/1900, nach Entwürfen von M. Jacob und G. Roensch, für den Berliner Bankier Georg W. Büxenstein direkt am Westufer

Jagdschloss Hubertushöhe, Storkow

des Storkower Sees errichtet. Der Putzbau besteht aus Wohn- und Wirtschaftsflügel mit oktogonalem Eckturm und Spitzhelm und die kräftig gegliederten Fassaden sind mit Jagdmotiven und dem Relief des heiligen Georg geziert. Die Innenausstattung besitzt eine dekorative Malerei von M. J. Bodenstein sowie eine Tiermalerei von K. Wagner. Holzbildwerke von G. Riegelmann findet man in der Diele und im Speisesaal. Kaiser Wilhelm II. war von der exponierten Lage des Schlosses begeistert, als er 1905 Hubertushöhe aufsuchte. Nun fügt sich auch das 1998 neu restaurierte Jagdschloss mit seiner Hoteleinrichtung in die große Parklandschaft mit altem Baumbestand ein. Zur Schlossanlage zählen die Seeresidenz und das Kutscherhaus. Die traumhafte Kulisse ist besonders bei Hochzeitspaaren sehr beliebt. Mit zahlreichen Freizeitangeboten wie der Oldtimer-Rallye, Jagdgesellschaften, Segelregatta und Wellness-Oase wird der Besucher verwöhnt.

Herrenhaus Straupitz

Herrenhaus Straupitz

15913 Straupitz

Landkreis Dahme-Spreewald

Ursprünglich befand sich in Straupitz, gelegen am nördlichen Rand des Spreewaldes und östlich von Lübben, eine Wasserburg, umgeben von einem bis zu acht Meter breiten Wassergraben. Von 1655 war die Familie von Houwald im Besitz der Herrschaft Straupitz, doch die heutige Anlage entstand von 1795 bis 1798 unter dem Familienmitglied Carl Gottlob Willibald von Houwald im Stil des Spätbarocks anstelle eines Renaissanceschlosses. Es stellt einen schlichten zweigeschossigen spätbarocken Putzbau unter Mansardwalmdach dar. In der zweiten Hälfte des 19. Jahrhunderts erhielt er durch Ernst Otto von Houwald eine Umgestaltung, die jedoch sein Sohn Christoph Heinrich von Houwald 1903 wieder veränderte. Die Hauptfassaden sind durch flache Eckrisalite und einen Mittelrisalit gegliedert. Die erhaltenen Wohn- und Wirtschaftsgebäude wurden später überformt. 1945 wurde die Familie enteignet und eine Schule 1947 im Herrenhaus untergebracht. Von 1997 bis 2002 hat man das Gebäude gründlich restauriert. Der Schlosspark mit Seen entstand nach dem Vorbild englischer Landschaftsgärten um 1900, mit umfangreichem Baumbestand aus verschiedenen Weltteilen und freien Wiesenflächen. Die historische Anlage dient noch heute als Schule.

Herrenhaus Streckenthin

16928 Streckenthin
Stadt Pritzwalk
Landkreis Prignitz

Streckenthin ist ein Ortsteil von Pritzwalk, unmittelbar östlich der Kernstadt, nahe der B 103. Die Stadt Pritzwalk kaufte 1325 das Dorf Streckenthin, doch über zwei Jahrhunderte später ruinierten die Pest und der Dreißigjährige Krieg die Stadt, die hundert Jahre brauchte, um sich zu erholen. Verbunden mit Streckenthin ist die Familie von Kameke, die hier Kartoffelanbau und Saatzucht betrieb und 1944 fliehen musste. Das Herrenhaus stellt einen quer gelagerten eingeschossigen Putzbau mit Mansardwalmdach von 1823 dar, der 1913 neu klassizistisch überformt wurde. Der Eingang ist zentral mit Freitreppe angeordnet. Ein Altan ruht auf ionischen Säulen, über ihm ein Zwerchgiebel mit Wappenkartusche, an den Seitenfassaden gleichartige Giebel. Der Dramaturg und Intendant Tom Stromberg beschloss im Alter von 45 Jahren, ein Sabbatjahr einzulegen, und zog in das Herrenhaus von Streckenthin. Das Herrenhaus ist zum Stützpunkt gemeinsamer Theaterprojekte von Peter Zadek und Tom Stromberg geworden. Hier fanden auch die Proben zum Shakespearestück „Was ihr wollt“ statt. Heute wird das Herrenhaus privat bewohnt und kann nur von außen besichtigt werden.

Herrenhaus Streckenthin

Schloss Stülpe

Schloss Stülpe

14947 Stülpe
Gemeinde Nuthe-Urstromtal
Landkreis Teltow-Fläming

Im Baruther Urstromtal, südöstlich von Luckenwalde, liegt das kleine Örtchen Stülpe. Das Schloss steht im Nordwesten des Dorfes und wurde 1754 als stattlicher, zweigeschossiger, rechteckiger Putzbau anstelle eines kleineren nach Mitte des 16. Jahrhunderts vollzogenen Renaissancebaus errichtet. Dem hervorgehobenen Mittelrisalit wurde eine Freitreppe vorgebaut und in den 1920er- sowie 1930er-Jahren wurden am Gebäude Veränderungen vorgenommen. Die Familie von Rochow war Besitzer von Stülpe vom Ende des Dreißigjährigen Krieges bis 1945. Die ursprüngliche Raumaufteilung blieb im Wesentlichen erhalten sowie auch das Treppenhaus mit seiner Stuckierung. Eingeschossige Wirtschaftsgebäude flankieren die Zufahrt zum Schloss und im rückwärtigen Bereich zieren ein Rosenparterre und ein Landschaftspark des 19. Jahrhunderts das Gesamtareal. Im Jahre 1999 beschädigte ein Brand den Bau, der parkseitig einen dreiachsigen übergiebelten Mittelrisalit mit Kolossalpilastern aufweist. Langjährig war im Schloss ein Pflegeheim untergebracht. Neu restauriert ist der heutige Privatbesitz bei Brautpaaren für ihre Hochzeit sehr gefragt, um in stilvollen Räumlichkeiten diesen unvergesslichen Tag zu begehen.

Herrenhaus Tornow

16798 Tornow
Stadt Fürstenberg/Havel
Landkreis Oberhavel

Der Ortsteil Tornow der Stadt Fürstenberg/Havel liegt an der Straße nach Zehdenick, im Naturpark Uckermärkische Seen. Erwähnt wurde das Angerdorf erstmals 1318 und war bis 1945 ein Gutsdorf. Die Familie von Buch war über Jahrhunderte im Besitz des Gutes. Das erste nachweisbare Herrenhaus brannte 1726 ab. Das stattliche neugotische Herrenhaus wurde 1888 bis 1898 nach Plänen des Strelitzer Hofbaumeisters Georg Daniel errichtet. In der benachbarten Scheune hat die Templerkomturei ihren Sitz. Im Herrenhaus existiert seit 1993 eine nicht staatliche Bildungsstätte mit Übernachtungsmöglichkeiten und vor 15 Jahren begann der gemeinnützige Verein „Begegnungsstätte Ökowerk“, es nach ökologischen Gesichtspunkten wiederherzustellen als internationales Tagungs- und Seminarzentrum mit vielfältigen Angeboten.

Herrenhaus Tornow

Schloss Trebnitz

15374 Trebnitz
Stadt Müncheberg
Landkreis Märkisch-Oderland

Das Gut in Trebnitz wurde erstmals 1224 urkundlich erwähnt und liegt am Rande der Märkischen Schweiz, nordöstlich von Müncheberg und westlich von Seelow. Bis 1498 war das Kloster Lehensherr des Dorfes, danach wechselten häufiger die Besitzer. 1827 fiel es durch Erbe an die Familie von Brünneck, die es bis zur Enteignung 1945 mit dem letzten Gutsbesitzer, Harald von Brünneck, im Familienbesitz hatte. Die neubarocke Form bekam das Schloss mit

Schloss Trebnitz

den Umbauten von 1900, bei denen die beiden Seitenflügel am Mittelbau hinzugefügt wurden. Dann entstand ein stattlich verputzter neubarocker Ziegelbau von zweieinhalb Geschossen in der Zeit von 1904 bis 1910. In den mittleren Kernbau wurde wohl ein älteres Gutshaus mit einbezogen. Die westliche Eingangsseite trägt das Familienwappen der Freiherren von Brünneck. Der Eingangshalle im Innern schließt sich eine dreiläufige Treppe mit schmiedeeisernem Geländer an. Im Obergeschoss befindet sich der zentrale Saal unter einer gewölbten und stuckierten Decke. Die umfangreiche Parkanlage mit reichem ausländischen Baum- und Pflanzenbestand wurde um 1730 durch Rittmeister Georg Friedrich von Ziethen angelegt. Dieser war seit 1707 Grundherr in Trebnitz. Mitte des 19. Jahrhunderts legten Peter Joseph Lenné und E. Neide den Park mit der Erbbegräbnisstätte neu an. Im Jahre 1945 ging das Schloss an die Gemeinde und wurde zu unterschiedlichen Zwecken bis 1992 genutzt. Es diente als Lazarett, Schule, Kindergarten und Ferienlager und wurde nach 1992 umfassend saniert. Heute ist es ein Bildungs- und Begegnungszentrum e. V., vorwiegend für Jugendliche und Erwachsene, die Wert auf künstlerische Kreativität legen.

Schloss Uebigau, Uebigau-Wahrenbrück

Schloss Uebigau

04938 Uebigau-Wahrenbrück

Landkreis Elbe-Elster

Die Stadt Uebigau-Wahrenbrück liegt im Südwesten des Landes Brandenburg, südlich der Kreisstadt Herzberg und nördlich von Bad Liebenwerda. Eine erste Burg zur Sicherung von Handelswegen und eines Flussübergangs wurde bereits um das Jahr 1000 erwähnt. Der Ort wurde 1251 urkundlich als „Vbgowe“ genannt und seit 1303 besitzt Uebigau das Stadtrecht. Das neobarocke Schloss, mit Elementen des Jugendstils, geht auf ältere Vorgängerbauten zurück. Die Grafen von Isenburg waren 1285 Besitzer des Fleckens, den zuvor Peter von Glubatzk als Burgherr besaß.

Johann Friedrich von Schönberg bekam 1586 vom sächsischen Kurfürsten das Rittergut Uebigau zu Lehen. Im Jahre 1601 vernichtete ein gewaltiger Brand nahezu alle Objekte, bis auf die Kirche und das Rathaus. Letzteres fiel dann 1693 doch einem weiteren Brand zum Opfer. Es war Rittergutsbesitzer Paul Beskow, der ab 1868 im historischen Stadtkern das Schloss errichten ließ, das durch einen Umbau nach einem Entwurf von J. G. Pflaume 1904 seine heutige Gestalt erhielt. Neben einem Ausbau bekam das historische Gebäude im Mittelteil eine Aufstockung. Im Innern befindet sich eine zentral gelegene zweigeschossige Eingangshalle mit Treppe und Galerie. 1928 wurde der selbstständige Gutsbezirk in die Stadt eingemeindet. Der damalige Besitzer, Rittmeister a. D. von Bomhardt, wurde 1945 enteignet und ab 1951 wurde im Schloss eine Jugendherberge eingerichtet. Seit 1990 städtische Schlossherberge, bekam es 1996/97 eine Dach- und Fassadenerneuerung und 2000 sanierte man die Schlossinnenräume. Das Mansarddach besitzt eine Aussichtsplattform und einen Dachturm. Die Herberge ist besonders für Schulklassen, Freizeitgruppen oder Familien geeignet. Ein Trauzimmer befindet sich ebenfalls im Schloss. Im rückwärtigen Bereich schließt sich ein großer Landschaftspark mit einem kleinen See aus dem 19. Jahrhundert an, der Anfang des 20. Jahrhunderts und nochmals 1979/80 verändert wurde.

Schloss Vetschau

Schloss Vetschau

03226 Vetschau/Spreewald

Landkreis Oberspreewald-Lausitz

Die Kleinstadt Vetschau liegt am Südrand des Spreewaldes, südöstlich von Lübben. Im 10. Jahrhundert entstand unter Graf Gero auf den Resten eines slawischen Walls im sumpfigen Gelände eine auf Eichenpfählen ruhende Wasserburg mit Wehranlage, nahe der ehemaligen Salz- und Heerstraße. Eustachius I. von Schlieben, ein Freund Luthers und Berater des Kurfürsten, erwarb 1540 das Anwesen und ließ die alte Anlage abtragen. Darauf errichtete er das neue Schloss im Renaissancestil und ließ den Park mit Schlossgärtnerei anlegen. Der spätere Kaiser Ferdinand I. verlieh 1543 auf Drängen von Eustachius Vetschau das Stadtrecht. Nachdem die von Schlieben 1540 bis 1688 Besitzer des Anwesens waren, wechselte dieses von 1688 bis 1879 häufig die Eigentümer, bis es 1879 Hermann Albert Graf zu Lynar erwarb. Er ließ weitere tief greifende Umbauten vornehmen, so den Rittersaal und die Galeriegänge auf dem Hof vermauern. Um 1720 wurde dem Herrensitz mit kleinem rechteckigen Innenhof ein kleiner Turm mit Barockhaube aufgesetzt. Die Stadt kaufte 1920 das dreigeschossige Schloss. Sie nutzt es bis heute als Verwaltungsgebäude. In dieser Zeit entstanden auch die Wandvertäfelung und der Keramikbrunnen im Vestibül. Mitte der 90er-Jahre des vergangenen Jahrhunderts erfolgte eine Restaurierung und nochmals 2004 eine Sanierung des Innenhofs und der wieder geöffneten Galerie im Erdgeschoss. Der Innenhof und der Rittersaal sind heute ein Blickfang für Besucher. Zahlreiche Kulturveranstaltungen finden statt und eine Heimatstube zeigt das Leben in der Region.

Herrenhaus Vichel

Herrenhaus Vichel

16845 Vichel
Gemeinde Temnitztal
Landkreis Ostprignitz-Ruppin

Vichel liegt südwestlich von Neuruppin und nordwestlich von Fehrbellin am Rande des Naturparks Westhavelland. Geprägt wurde der Ort im 19. Jahrhundert durch das von der Familie von Quast errichtete Gutshaus. Diese Familie war bereits vom 14. Jahrhundert an im Kreis Ruppin ansässig. Bis zum Ende des Zweiten Weltkrieges hatte die Quast'sche Familie nebst anderen Orten Vichel durchgehend im Besitz. Bekanntester des Geschlechts war wohl Albrecht Christoph von Quast, ein kurbrandenburgischer Geheimer Kriegsrat und General-Feldwachtmeister, der dem Großen Kurfürsten diente. Ausgezeichnet hatte sich Quast im Krieg bei Nyborg 1659, als er auf der Insel Fünen die Schweden besiegte. Im Jahre 1664 kaufte er von seinem Kampfgefährten Adam von Pfuhl das Rittergut Vichel. Das Herrenhaus von 1850 ist ein repräsentativer zweigeschossiger Putzbau in der Art italienischer Landvillen. Der Mittelteil wurde hofseitig als florentinische Loggia mit vorspringenden Seitenflügeln gestaltet. Der Wirtschaftshof wird von einem mächtigen Fachwerkspeicher von 1844 begrenzt. Der Landschaftspark geht auf einen barocken Garten zurück und wurde in der zweiten Hälfte des 19. Jahrhunderts gestaltet. Das Herrenhaus wird privat genutzt, ist aber unter dem Motto „Kaffee und Kultur“ zu bestimmten Zeiten öffentlich zugänglich.

Herrenhaus Vietznitz

14662 Vietznitz
Gemeinde Wiesenaue
Landkreis Havelland

Südöstlich von Friesack und südlich von Neuruppin, nahe der B 5 im Havelländischen Luch, liegt das 1365 erstmals urkundlich erwähnte Vietznitz.

Herrenhaus Vietznitz

Wahlsdorf

Herrenhaus Wahlsdorf

Dieses Rittergut besaß über Jahrhunderte hinweg die Familie von Bredow. Im Laufe der Zeit erfolgte die Aufteilung an einzelne Mitglieder dieser Adelsfamilie. So verteilte bereits Hartwich von Bredow zu Lebenszeiten 1578 seine Güter an seine Söhne Lippold und Georg. Schließlich entstand 1860 das zweigeschossige Herrenhaus im modernen gotisierenden Stil, dessen Turm nicht mehr vorhanden ist. Rückseitig wurde der Bau später verändert. An der westlichen Traufseite befindet sich eine Pfeilervorhalle vor dem Risalit. Dieser und die Seitenfassaden sind durch zinnenbekrönte Treppengiebel und Spitzbogenfenster ausgezeichnet und an der Südseite ist eine Wappentafel der Familie von Bredow angebracht. Deren Ära endete 1936, als der damalige Freiherr von Bredow das Gut aus wirtschaftlichen Gründen an einen Herrn Thomae verkaufte. Dieser wurde im Zuge der Bodenreform enteignet und 1954 wurde die erste Landwirtschaftliche Produktionsgenossenschaft (LPG Typ II) gegründet. Heute wird das Herrenhaus zu Wohnzwecken genutzt.

Herrenhaus Wahlsdorf

14913 Wahlsdorf
Stadt Dahme/Mark
Landkreis Teltow-Fläming

Das Herrenhaus des ehemaligen Rittergutes im Ortsteil Wahlsdorf, nordwestlich von Dahme und südöstlich von Jüterbog gelegen, wurde 1914/15 erbaut. Der Ort wurde erstmals 1229 als

Angerdorf „Walistrop“ erwähnt. Anfangs war es ein freies Bauerndorf, kam 1449 in adligen Besitz und wechselte häufig den Besitzer. Bis 1680 gehörte es zum Erzbistum. Die Familie von Schlieben und die von Hake hatten den Besitz am längsten in ihrer Hand. Das Architekturbüro Cremer & Wolffenstein hatte 1914 das stattliche, zweigeschossige Gutshaus in schweren neubarocken Formen mit Mansardwalmdach und Mittelrisalit mit Schweifgiebel im Jugendstil aufgeführt. Auf der Hofseite entstanden spätere Anbauten. Während der DDR-Zeit befand sich darin eine Schule, deren Turnhalle noch aktiv genutzt wird. Der Herrensitz ist heute ein Seminarhaus und Herberge mit Restaurant für Familien, Vereine und andere Gruppen. Vielseitige Beschäftigungsmöglichkeiten mit Kinderspielplatz, Turnhalle, Freiluftkino und weiteren Kreativangeboten bieten sich den Besuchern.

Herrenhaus Waltersdorf

15926 Waltersdorf
Gemeinde Heideblick
Landkreis Dahme-Spreewald

Das zweigeschossig verputzte, mit klassizistischen Zügen versehene Herrenhaus in Waltersdorf ist südwestlich von Luckau zu finden. Das schlicht gehaltene Gebäude unter Mansardwalmdach von 1790 ist heute ein Diakonissenhaus. Um 1930 gestaltete und erweiterte die Bankiersfamilie Kortes das Haus neubarock, indem sie einen Säulenportikus an der Auffahrt schaffen und den östlichen Anbau errichten ließ. Die Fassaden sind durch einen dreiachsigen Mittelrisalit und Eckrisalite gegliedert. An der Parkseite befindet sich eine Terrasse mit Freitreppe. Noch heute ist das ehemalige Parterre mit Fernblick erkennbar. Von der Gartenplastik blieb die „Kugelspielerin“ von W. Schott erhalten. Den Eingang zum Gutshof bilden zwei Torpfeiler und auch im Park blieben einige Plastiken erhalten.

Herrenhaus Waltersdorf

Schloss Wansdorf

14621 Wansdorf
Gemeinde Schönwalde-Glien
Landkreis Havelland

Wansdorf liegt unmittelbar nordwestlich von Berlin am Rande des Krämer Forsts und wurde erstmals als das „Dorf des Wan“ 1313 erwähnt. Den Mittelpunkt bildet das 1908 bis 1910 errichtete Schloss in neubarocken Formen, es ist zweigeschossig unter einem Walmdach. Erbaut hatte dieses der Architekt Otto Kohtz aus Berlin. Das Schloss ist mit Mittelrisaliten und geschwungenen Giebeln sowie an der Westseite mit einem hohen Uhrturm geschaffen worden. Innen liegt eine zweigeschossige Eingangshalle und Galerie in unaufdringlichen neuklassizistischen Formen. Geschlossen wird das historische Dorf-Ensemble mit den zwei ergänzenden Gutshäusern. Besitzer des Rittergutes war einst der preußische Generalleutnant und Ritter des Johanniterordens Hermann von Redern. Im Laufe des letzten Jahrhunderts beherbergte das Schloss unter anderem ein Kinderheim, eine Melkerschule sowie ein Lehrerseminar, was vor allem ständige Veränderungen im und am Gebäude nach sich zog. Zurzeit befindet es sich in Rekonstruktion und ist vom Eigentümer Daniel Claus für private Wohnzwecke, aber auch für Veranstaltungen vorgesehen.

Schloss Wansdorf

Schloss Wartin

16306 Wartin
Gemeinde Casekow
Landkreis Uckermark

Wartin liegt unmittelbar an der mecklenburg-vorpommerischen Landesgrenze, nordwestlich von Casekow im Nationalpark Unteres Odertal. Ursprünglich war das Rittergut im Besitz der Adelsfamilie von Blankenburg. Später, im 18. Jahrhundert, wurde Joachim Bernd von der Osten Besitzer des Gutes. Aus diesem Jahrhun-

Schloss Wartin

dert stammt auch das noch heute bestehende Schloss, das im 19. Jahrhundert durch neugotische Ecktürmchen ergänzt wurde. Im Jahre 1928 kaufte die Gesellschaft für innere Kolonisation das Gut, teilte dieses auf und siedelte knapp 100 Bauern an. Wie einige andere Schlösser auch, wurde es nach 1933 als Gau-Führerschule genutzt. Im Zuge der Wiedervereinigung Deutschlands renovierte die Stiftung Collegium Wartinum das historische Gebäude, um es vor dem Verfall zu bewahren und es perspektivisch für den Verein Europäische Akademie zu nutzen. Es soll ein Zentrum für Kunst, Kultur und Wissenschaft hier entstehen, in dem heute bereits die beiden Professoren Hans-Joachim Mengel und Charles Elworthy wohnen. Sie stehen der Europäischen Akademie e. V. als Vorsitzender und Direktor vor und gestalten bereits Studienwochenenden mit Studenten. Das Schloss besteht aus einem zweigeschossigen Putzbau mit kurzen Seitenflügeln, Eckrustizierung und Mansarddach. 1844 wurde das Gebäude gotisierend mit zweieinhalbgeschossigen Mittelrisaliten der Hof- und Gartenseite sowie Stuckbüsten und -reliefs umgebaut. Zinnenbekrönte Attiken und oktogonale Ecktürmchen zieren das Gebäude. 1990 wurde mit Restaurierungsarbeiten begonnen. Das Schloss steht auch für Festlichkeiten und Tagungen offen.

Herrenhaus Wentow

Herrenhaus Wentow

16775 Wentow
Stadt Gransee
Landkreis Oberhavel

Wentow liegt nördlich von Oranienburg zwischen Gransee und Fürstenberg/Havel, östlich der B 96, direkt am Großen Wentowsee im Naturpark „Uckermärkische Seen“. Hier kämpfte 1316 Markgraf Waldemar erfolglos gegen mecklenburgische Fürsten. Im Dreißigjährigen Krieg zogen Kaiserliche und Schweden durch die Stadt und verwüsteten sie. Letztlich zermürbten Tributforderungen, Raub und Brandstiftungen die Bevölkerung. Auch im schwedisch-brandenburgischen Krieg 1674/75 plünderten schwedische Eindringlinge die Stadt und im Siebenjährigen Krieg erlitt die Bevölkerung schwere materielle Verluste. Prägend für den Stadtteil Wentow ist der 1810 geschaffene Gutshof. Leider konnten wir über die Entstehung und Besitzer des Herrenhauses keine verbrieften Angaben ermitteln. Im 20. Jahrhundert wurde das Herrenhaus als Gaststätte und später als Gemeindehaus genutzt, bis es schließlich nach der Wiedervereinigung allmählich verfiel. Heute ist es restauriert und befindet sich in Privatbesitz.

Herrenhaus Werbelow

Herrenhaus Werbelow

17337 Werbelow
Gemeinde Uckerland
Landkreis Uckermark

Der Ort wurde 1343 erstmals urkundlich erwähnt und ist nördlich von Prenzlau, unmittelbar an der Landesgrenze zu Mecklenburg-Vorpommern, südöstlich von Strasburg (Uckermark)

Schloss Werneuchen

zu finden. Auf dem Friedhof von Werbelow sehenswertes Erbbegräbnis der früheren Gutsbesitzer, zu denen die Grafen von Arnim in der Zeit von 1828 bis 1857, die Karbe von 1902 an und die Rose von 1929 an gehörten. Das erst jüngst renovierte Herrenhaus, ein breit gelagerter barocker eingeschossiger Putzbau mit Mansarddach, stammt aus der zweiten Hälfte des 18. Jahrhunderts. Verschiedene Epochen sind in der Ausstattung, der Lebensweise und den Wohnansprüchen märkischer Gutsfamilien im 18. und 19. Jahrhundert zu erkennen. Es ist heute ein privat bewirtschaftetes Gut und die Eigentümer wurden für die Instandsetzung mit einem Denkmalpflegepreis ausgezeichnet.

Schloss Werneuchen

16356 Werneuchen
Landkreis Barnim

Zwischen Bernau bei Berlin und Strausberg liegt das 1247 erstmals urkundlich erwähnte Werneuchen auf dem Barnim, einem Höhenzug zwischen Berlin und Eberswalde. Das im Stil der französischen Renaissance errichtete Schloss ist ein historistischer Bau von 1913. Errichten ließ ihn Hans Müller, der Schwiegersohn des Berliner Motorpflugfabrikanten Robert Stock, der Anfang des 20. Jahrhunderts das Anwesen erwarb. Gebaut wurde es anstelle einer früheren Poststation. Im rückwärtigen Bereich des Gebäudes erstreckt sich ein Park mit besonders alten Bäumen wie Linden, Eichen und Blutbuchen, der später durch eine Baracke und Garagen entstellt wurde. Als die Familie Müller im Zuge der Bodenreform enteignet wurde, verlegte man in das Erdgeschoss eine Schule. Das Obergeschoss wurde zu Wohnzwecken umgestaltet. In den 70er-Jahren des 20. Jahrhunderts zog die Schule aus und auch die Mieter verließen das Schloss, worauf dieses leer stand und verfiel. Als Otto Müller 1990 auf sein Erbe verzichtete, gelangte es an die Stadt und wurde restauriert. Eine Nutzung ist noch nicht in Sicht.

Wiepersdorf

Herrenhaus Wiepersdorf

14913 Wiepersdorf
Gemeinde Niederer Fläming
Landkreis Teltow-Fläming

Das heutige Künstlerhaus mit prächtiger Außenanlage in Wiepersdorf ist südöstlich von Jüterbog zu finden. Das zweigeschossige Herrenhaus mit kurzen eingeschossigen Flügelbauten entstand anstelle eines vor 1550 gebauten Festen Hauses in den Jahren 1731 bis 1738 für den preußischen General Gottfried Emanuel von Einsiedel. Die im Gartensaal erhaltenen gebliebenen zwei Kamine und einige Rokokodekorationen sind noch aus der Bauzeit. Im Jahre 1780 kam Achim Erdmann von Arnim an das Grundstück und an Wiepersdorf, das darauf märkischer Mittelpunkt geistigen Lebens wurde. Der Enkel des Dichterpaares und Historienmaler, Achim von Arnim, gestaltete 1880 die Gartenseite in neubarocken Formen entscheidend um. Die Märchendichter Wilhelm und Jacob Grimm, Hermann Fürst Pückler-Muskau, Freiherr vom Stein und die Fürsten von Hardenberg weilten hier oft in ruhiger und schöner Umgebung. Für Bettinas Bruder, Clemens Brentano, war das Herrenhaus zweites Zu-

Herrenhaus Wiepersdorf

Orangerie Wiepersdorf

hause und ihre Urenkelin Bettina Encke durfte den Sitz nach 1945 weiter nutzen. Sie trug auch weitgehend dazu bei, dass die Begegnungsstätte für Künstler erhalten blieb. Nochmals wurden 1958 bauliche Veränderungen im Innern des Herrenhauses vorgenommen. Die Räume bergen zum Teil noch Rokokodekorationen und eine reiche, nicht aus Wiepersdorf stammende Möblierung. Drei Räume im Nordflügel werden museal genutzt, darunter das Atelier Achim von Arnims mit eigenhändiger Deckenmalerei in altdeutscher Manier. Den ursprünglich barocken Park gestaltete man im 19. Jahrhundert zum Landschaftsgarten mit rebarockisierten Teilen um. Die Freiplastiken stammen aus Süddeutschland oder Italien. Die Orangerie wurde um 1800 errichtet. In der Gutskirche befindet sich die Grabstätte des Dichterpaares Ludwig Achim von Arnim und Ehefrau Bettina, geborene Brentano. Heute dient die Gesamtanlage als Erholungsstätte und Künstlerhaus. Von 1974 bis 1980 und nach 1989 bekam die Gesamtanlage eine Restaurierung.

Heute finden hier öffentliche Veranstaltungen statt und das Café in der Orangerie steht auch für Feierlichkeiten aller Art zur Verfügung.

Schloss Wiesenburg

Schloss Wiesenburg

14827 Wiesenburg
Landkreis Potsdam-Mittelmark

Im Jahre 1161 wurde das magdeburgisch-erzbischöfliche Lehen erwähnt, das heute mit Schloss Wiesenburg südwestlich von Belzig im Naturpark Hoher Fläming zu finden ist. Das Lehen ging im 14. Jahrhundert an Kursachsen über und war 1456 im Besitz der Familie Brandt von Lindau. Nachkommen dieser Familie ließen nach einem Brand nach 1550 ein Renaissanceschloss errichten. Erneut wurde das Schloss 1656 zerstört, doch anschließend wieder erneuert und verändert, ebenfalls 1730 bis 1740. Neben der Anlage eines Parks im italienischen Stil von 1864 bis 1880 durch Oskar Mothes wurde auch eine eingreifende Wiederherstellung des Schlosses in der Neurenaissance vorgenommen. Bis 1945 war das Anwesen im Besitz der Reichsgrafen von Plauen. Von der mittelalterlichen Burg wurde nur der Bergfried als Unterbau des mächtigen galeriebekrönten Rundturms einbezogen. Das Vorderschloss besteht aus zwei Gebäuden, dessen südliches 1929 neu errichtet, das nördliche von 1682 stammt und 1864 restauriert wurde. Die Supraporten der Hofportale sind weitgehend im Original erhalten geblieben. Der Schlosshofbrunnen geht in die Zeit von 1609 zurück und wurde 1865 an

Schloss Wiesenburg, Torhaus

die heutige Stelle versetzt. Eine breite Terrasse mit Eckrondellen führt zum Schlosspark, vor dessen Terrassenmitte eine Grotte und ein Rondell liegen. Der Park ging aus einem im 18. Jahrhundert bestehenden Wildgehege hervor. Ein „Luisensruhe" genannter achteckiger Pavillon steht im nördlichen Teil der Parkanlage, die mit zahlreichen seltenen Baumarten bestückt ist. Künstlich angelegte Teiche bringen ein wechselvolles Bild in die Anlage und die Plastiken sind in das 19. Jahrhundert einzuordnen. Geprägt und erweitert wurde der einstige Garten 1864 bis 1881 unter Curt Friedrich von Watzdorf und dabei in Schlossnähe das terrassierte Teppichbeetparterre angelegt, welches seit 1986 wieder hergestellt wurde. Nachdem man den Reichsgrafen enteignete, legte man in das Schloss eine Schule. Heute besteht im Torhaus ein Museum, der Turm kann bestiegen werden. Eine Schlossschänke sorgt für das leibliche Wohl. Die Touristinformation und eine Wohnanlage befinden sich ebenfalls auf dem Areal.

Schloss Wilkendorf

15345 Wilkendorf
Stadt Altlandsberg
Landkreis Märkisch-Oderland

Wilkendorf liegt nördlich von Strausberg und kann auf ein neu saniertes zweiflügliges Schloss im Tudorstil aus dem 19. Jahrhundert verweisen. Der

Schloss Wilkendorf

denkmalgeschützte Adelssitz gehörte seit 1536 der uradligen märkischen Adelsfamilie Pfuel. Das erste herrschaftliche Gebäude im Ort wurde 1856 im Auftrag von Gustav Felix Bertram von Pfuhl als bescheidene Schlossanlage errichtet. Hier hatte Theodor Fontane seine Idee für den Roman Effi Briest, als er Ahnenporträts aus dem Besitz des Landrates von Briest auf Nennhausen betrachtete. Brände zerstörten im Laufe der Jahrhunderte viele historische Bauwerke, so auch 1891 zu zwei Drittel das hiesige Schloss, das 1892/93 teilweise wieder aufgebaut wurde. Weitgehende bauliche Veränderungen erfuhr es um 1900, als der Großindustrielle Georg von Caro an den Besitz kam und ihn 1909 umbaute. Sogar das Wappen derer von Pfuhl über dem Haupteingang ließ er entfernen und ersetzte dieses durch sein eigenes. Als Dr. von Caro verstarb, ging der Besitz samt Dorf und Schloss 1914 an Frau Carolina Wolff und deren Mann über. 1920 verpachtete Wolff die Güter, behielt aber das Schloss, bis später ein Herr von Dippe den Besitz in seinen Händen wieder vereinte. Wegen der lang anhaltenden Luftangriffe auf Berlin im Zweiten Weltkrieg wurde der spanische Botschafter im Schloss Wilkendorf einquartiert. Nach 1945 wurde es Gästehaus des DDR-Verteidigungsministeriums. Hier hatte das Ministerium für Nationale Verteidigung Detailpläne für den Einsatz der Nationalen Volksarmee der DDR im Zusammenhang mit der Errichtung der Berliner Mauer ab dem 13. August 1961 festgelegt. Seit 1990 wurde das Schloss nicht mehr genutzt und stand leer. Russische Investoren kauften 2005 den Bau und lassen ihn unter der Schloss Wilkendorf Liegenschaften GmbH zu einer Luxus-Residenz sanieren und umbauen. Fertigstellung soll 2013 sein.

Herrenhaus Wilsickow

17337 Wilsickow
Gemeinde Uckerland
Landkreis Uckermark

Erstmalige Erwähnung erfuhr Wilsickow 1375, sein Herrenhaus steht in einem romantischen Park. Zu finden ist der Ort am nördlichen Rand der Uckermark, an der Grenze zu Mecklenburg-Vorpommern. Größere Ortschaften in der Nähe sind Strasburg im Westen, Pasewalk im Osten und Prenzlau im Süden. Aus einer Urkunde von 1466 geht hervor, dass Ritter Henning von Oldenvlyt, dessen Geschlecht um 1617 erlosch, das Dorf an Friedrich und Christoph

Herrenhaus Wilsickow

von Arnsdorf verkaufte. 275 Jahre lang hatte diese Familie das Gut im Besitz, die im Dreißigjährigen Krieg in Vermögensverfall geriet. Der zum hiesigen Uradel zählende Henning Joachim von Holtzendorff, Landesdirektor der Uckermark, kaufte 1742 Wilsickow, seine Familie besaß es bis 1945. Wann genau das zweigeschossige Herrenhaus errichtet wurde, ist nicht bekannt, wird aber für die Mitte des 18. Jahrhunderts vermutet. Um 1850 Sanierung, wobei man gleichzeitig einen Anbau beseitigte. Weiter modernisiert hatten das Herrenhaus um 1900 Axel von Holtzendorff und seine Frau Cäcilie, geborene Lentzen. Letztere bekam 1923 eine Villa als Alterssitz zum Gutshaus hinzugebaut, in dem sich heute ein Café befindet. Letzte Gutsbesitzer waren Dietrich von Holtzendorff und seine Ehefrau Ehrengard, die man 1945 enteignete. Es folgte eine vielfältige Nutzung im Herrenhaus. Zu Beginn fanden Flüchtlinge ein neues Zuhause, später kam es an eine Landwirtschaftliche Produktionsgenossenschaft (LPG), danach wurde es Gemeindebüro, Konsum, Kindergarten, Schwesternstation und Arztpraxis. 1986 suchten Joachim Friedrich von Holtzendorff, der Sohn des letzten Gutsbesitzers, und seine Frau Gudrun, den einstigen Besitz ihrer Vorfahren auf, doch erst nach der Wende konnte 1994 die Enkelin Ilsa-Marie von Holtzendorff und Ehemann Georg das Gut wieder in den Familienbesitz zurückholen. Sie gestalteten das Areal zu einer Jugendhilfeeinrichtung und 2008 wurde im ehemaligen Speicher das Tanzcafé „Wunder-Bar" eröffnet. Der Gutshof bietet Unterkünfte, Möglichkeiten für Tagungen und Seminare sowie Wellness-Angebote.

„Alte Burg" Wittenberge

19322 Wittenberge
Landkreis Prignitz

Wittenberge liegt an der sachsen-anhaltinischen Landesgrenze im Naturpark Flusslandschaft Elbe-Brandenburg und wurde 1226 in einer Urkunde erstmals urkundlich erwähnt. Nach der Zerstörung einer Vorgängeranlage im Dreißigjährigen Krieg ließen die Edlen Herren Gans zu Putlitz 1699 ein sogenanntes „Weißes Schloss" erbauen, dessen schlichter Herrensitz am Rande der Altstadt noch bis in das 19. Jahrhundert ein klassischer Gutshof war. Die „Alte Burg", welche 1950 saniert und 1997 restauriert wurde, ist wohl das älteste Wohnhaus der Stadt. Beherbergt hat es im Laufe der Jahre eine Gärtnerei, eine Töchterschule, ein BDM-Heim und schließlich diente es als Wohnhaus. Die ehemalige Burg barg seit 1971 zuerst ein Arbeiter- und Industriemuseum und heute das Stadtmuseum. Nach erfolgter umfangreicher Sanierung werden neue interessante Dauer- und wechselnde Sonderausstellungen gezeigt. Für Erwachsene und Kinder gibt es zahlreiche Veranstaltungen. 2007 wurde die Dauerausstellung „Ein VEB war mehr als ein Produktionsbetrieb – die Geschichte des Nähmaschinenwerkes von 1945 bis 1991" eröffnet. Die „Alte Burg" ist ein beschauliches, winkelförmiges zweigeschossiges Fachwerkhaus mit Feldsteinsockel und Krüppelwalmdach.

„Alte Burg" Wittenberge

Alte Bischofsburg

16909 Wittstock/Dosse
Landkreis Ostprignitz-Ruppin

Die Stadt liegt an der A 19, nicht weit entfernt von der Landesgrenze zu Mecklenburg-Vorpommern. Der Burgbezirk liegt an der südlichen Spitze der Stadt. Die Wittstocker Burg entstand auf den Fundamenten einer slawi-

Alte Bischofsburg, Wittstock/Dosse

schen Befestigung und diente den Bischöfen von Havelberg von 1271 bis 1548 als Residenz und Wohnsitz, weshalb sie auch den Namen Alte Bischofsburg bekam. 1548 verstarb der letzte katholische Bischof. Die Burg bestand aus der Unter- und Oberburg mit einem hohen Bergfried, dem Amtturm und aus einer Burgmauer mit drei Wiekhäusern. Nach der Reformation wurde die Burganlage Amtshof. Zum Jahreswechsel 1703/04 zerstörte ein Wintersturm in Teilen die Burganlage. Die umfassende, jetzt teilweise überbaute Unterburg war ehemals der Wirtschaftshof und die Oberburg, ehemals Hauptburg, ist von einer erneuerten Backsteinringmauer umgeben. Das darin befindliche Südtor, ein in Mauerhöhe erhaltener Backsteinbau, stammt wohl aus dem 17. Jahrhundert. Außen flankieren Halbrundtürme und innen ein angegliederter großer Halbrundturm die Anlage. Im Jahre 1920 bekam sie eine Restaurierung und wurde durch ein Satteldach geschlossen. 1930 wurde ein Fachwerkhaus als Jugendherberge errichtet. Ein Rathausbrand zerstörte 1954 große Teile der eingelagerten Museumsbestände, worauf 1957 das Museum im Torturm neu aufgebaut wurde. Durch ein Europäisches Förderprojekt wurden von 1995 bis 1998 alle Museumsgebäude verbunden. Sie zeigen neben Sonderausstellungen auch eine Dauerausstellung zum Dreißigjährigen Krieg. Des Weiteren gibt es noch das Ostprignitzmuseum. Gern angenommen werden auch Veranstaltungen wie Kindergeburtstage, Hochzeiten und Projekttage für Schüler.

Woddow

Herrenhaus Woddow

Herrenhaus Woddow

17326 Woddow
Stadt Brüssow
Landkreis Uckermark

Woddow liegt am nordöstlichen Ende des Landes, an der Landesgrenze zu Mecklenburg-Vorpommern und der polnischen Staatsgrenze Richtung Stettin. Die erste schriftliche Erwähnung des Ortes geht in das Jahr 1416 zurück. Die Familie von Bruch machte um 1470 Woddow zu einem ihrer Stammhäuser. Diese saßen in der Uckermark bereits seit etwa 1350 und waren ein sehr begütertes Geschlecht. Der Besitz wurde im Dreißigjährigen Krieg besonders arg heimgesucht. Im Jahre 1761 kaufte Landrat Friedrich von Arnim auf Kröchlendorf das Dorf, dessen Nachkommen 1806 bis 1844 hier sesshaft waren. Der eingeschossige rechteckige Putzbau auf Sockelgeschoss mit Mansarddach wurde Ende des 18. Jahrhunderts erbaut. 1932 kaufte Otto von Birkenstedt das Rittergut. Schwer beschädigt wurde das Gutsgelände in den letzten Kriegstagen durch die Kampfhandlungen im Randowtal. Gegen Ende April rückten die sowjetischen Truppen im Ort ein. Im Laufe der Jahre richtete man hier eine Verkaufsstelle und eine Gaststätte ein. Es folgten Büroräume, bis mit den Jahren die unter Schutz gestellte Anlage dem Verfall preisgegeben war. Die Gutsanlage entstand zwischen 1760 und 1801 und bestand aus dem Herrenhaus, den Gebäuden des südlichen Wirtschaftshofs mit zwei Gesindehäusern, zwei Stall-Scheunen und einem Stall mit Taubenturm, Resten eines Parks mit einem Teepavillon um 1800. Das Herrenhaus im Barockstil weist an der Hof- und Gartenseite Lisenen auf. Ein flacher Mittelrisalit mit Stichbogenportal und doppelläufiger Freitreppe prägt den Bau. Vor dem Herrensitz befinden sich frei stehende Kavaliershäuser. 1998/99 wurde das wieder in Privatbesitz befindliche Herrenhaus restauriert und ein Kavaliershaus instand gesetzt.

Burgruine Blankenburg

17337 Wolfshagen
Gemeinde Uckerland
Landkreis Uckermark

Wolfshagen, erstmals urkundlich 1292 erwähnt, liegt direkt an der Grenze zu Mecklenburg-Vorpommern, auf halber Strecke zwischen Neubrandenburg und Prenzlau an der B 198. Die Burg war eine um 1250 von der Familie von Raben auf einer Insel im Haussee erbaute Niederungsburg. Aufgrund ihrer Lage an der Grenze zählte sie zu den wichtigsten brandenburgischen Befestigungen in der Zeit der Grenzkonflikte zwischen Brandenburg, Mecklenburg und Pommern. Die Herren von Blankenburg waren den Markgrafen von Brandenburg als ihren Lehnsherren verpflichtet. Da sie zahlreiche Fehden austrugen und dem Raubritterunwesen zusprachen, fielen sie 1456 beim Kurfürsten Friedrich II. von Brandenburg in Ungnade und ihre Burg wurde erobert. Sie bekamen aber aufgrund des Versprechens, für immer bei Brandenburg zu bleiben, ihr Lehen zurück. Im Dreißigjährigen Krieg wurde die Burg zerstört und verfiel zur Ruine. Finanzielle Schwierigkeiten zwangen 1652 die Familie von Blankenburg, den Besitz an den Reichsfreiherrn Otto von Schwerin zu verkaufen, der Wolfshagen zu seinem Stammsitz erhob. In der Zeit von 1727 bis 1738 baute sein Enkel, Graf Otto von Schwerin, anstelle des alten Renaissanceschlosses ein Barockschloss. Die Wehrmacht nutzte das Schloss als Lager und zerstörte es in den letzten Kriegswochen. Die Anlage wurde in jüngster Vergangenheit mit Burgmauer, Burggraben und Bergfried, auch als Fangelturm bezeichnet, saniert. Der Park wurde nach Plänen Peter Joseph Lennés Anfang des 19. Jahrhunderts angelegt und entstand unter der Herrschaft des Grafen Hermann von Schwerin. Er bietet dendrologische und gartenkünstlerische Kostbarkeiten.

Burgruine Blankenburg, Wolfshagen

Wolfshagen

Schloss Wolfshagen

19348 Wolfshagen
Gemeinde Groß Pankow
Landkreis Prignitz

Das Schloss steht im gleichnamigen Ortsteil der Gemeinde Groß Pankow an der Stepenitz, westlich von Pritzwalk, im Nordwesten von Brandenburg. Im Jahre 1147 brachte die ursprünglich aus der Altmark stammende Familie Gans Edle Herren zu Putlitz das hiesige Gebiet unter ihre Herrschaft und behielt das Anwesen bis 1945. Diese errichteten zunächst eine Wasserburg und um 1590 erweiterten sie diese zu einem vierflügligen Renaissanceschloss mit Wallanlagen. Nach dem Dreißigjährigen Krieg verfiel das Schloss, das Albrecht Gottlob Gans Edler Herr zu Putlitz in den Jahren 1771 bis 1787 unter Verwendung von Teilen der Vorgängeranlage zu einer spätbarocken Zweiflügelanlage neu erbaute. Die schlichten Fassaden bekamen 1911 eine neubarocke Überformung mit flachen gebänderten Doppelpilastern am Obergeschoss und ein breites Dachgesims. Im Gegensatz zu den meisten anderen Schlössern befand sich im hiesigen der Gartensaal im Obergeschoss mit stuckierter Decke und Kaminnische aus dem 19. Jahrhundert. Der einstige große Landschaftspark wurde um 1850 durch Peter Joseph Lenné beiderseits der Stepenitz angelegt, doch in den 1950er-Jahren größtenteils abgeholzt und später bebaut. Der verbliebene Rest wurde 1998 rekonstruiert. Der Wirtschaftshof des Rittergutes bekam von 1853 bis 1863 einen umfassenden Ausbau nach Plänen von R. Pin-

Schloss Wolfshagen

Schloss Wulkow

der. 1945 plünderte die Rote Armee das Schloss. Mit der Einrichtung als Schule wurden auch Veränderungen vorgenommen. Schließlich zerstörte man dabei die barocken Leinwandtapeten, die beiden Innentreppen und das bis dahin noch erhaltene Herrschafts- und Familienarchiv. Auch die Originalöfen und Kamine des 18. und 19. Jahrhunderts wurden in den 1960er-Jahren entfernt und der Altan abgerissen. Die Schlosskapelle, 1975 unter Denkmalschutz gestellt, wurde dennoch 1982 beseitigt. Als die Schulnutzung aufgegeben wurde, gründete sich 1995 der Förderverein Schlossmuseum Wolfshagen e. V. Unterstützt wurde der Verein mit Mitteln von verschiedenen Institutionen und Vereinen, Sponsoren und der Familie Gans zu Putlitz. Heute findet man hier Zeugnisse der historischen Wohnkultur des preußischen Landadels. Auch verschiedene kulturelle Veranstaltungen wie Konzerte, Kunstausstellungen, Vorträge, Tagungen und Lesungen werden durchgeführt. Von 2000 bis 2003 wurde das Schloss mit Mitteln des Landes Brandenburg umfassend saniert.

Schloss Wulkow

15320 Wulkow
Gemeinde Neuhardenberg
Landkreis Märkisch-Oderland

Wulkow liegt zwischen Neuhardenberg und Müncheberg am östlichen Rand der Märkischen Schweiz und besitzt ein prächtiges Schloss, das 1868 errichtet und 1912 repräsentativ umgebaut wurde. Die Adelsfamilie von Schapelow war von 1361 bis 1646 Grundherr. Anton von

Schapelow wurde 1643 von schwedischen Raubrittern ermordet. Georg von Derflinger übernahm als Erbe den Besitz, nachdem er Margarete Tugendreich von Schapelow geheiratet hatte. Im Jahre 1724 starb Derflingers Sohn kinderlos und Wulkow kam in den Besitz des Rittmeisters Georg Friedrich von Ziethen, der diesen wiederum 1792 an den Landrat Albrecht Wilhelm von Pannewitz verkaufte. Er saß auf Wulkow bis 1825. Als auch dieser kinderlos verstarb, kam das Gut bis 1945 an die Familie von Brünneck. In sozialistischen Zeiten wurde das Schloss als Krankenhaus, Flüchtlingsheim und Schulungsgebäude für Kombinate genutzt. 1992 kam die Familie Heselhaus aus dem Münsterland durch die Treuhandgesellschaft an den Adelssitz und renovierte den Bau grundlegend. Im Jahre 1994 eröffnete das Parkhotel „Schloss Wulkow“ mit vielen Arrangements und Angeboten für Tagungen, Feiern, Heiraten, Ausstellungen, Konzerte, mit Sauna, Wellness-Oase und Tennisplatz seine Pforten. Westlich an das Schloss schließen sich die Reste eines Landschaftsparks an.

Herrenhaus Wulkow

16868 Wulkow
Gemeinde Wusterhausen/Dosse
Landkreis Ostprignitz-Ruppin

Wulkow, dessen Herrenhaus aus der Zeit um 1850 stammt, liegt nordöstlich von Kyritz in Richtung Wittstock/Dosse. Im

Herrenhaus Wulkow

Schloss Wustrau, Wustrau-Altfriesack

Zuge der Eroberung durch deutsche Feudalherren errichtete hier ein Ritter um 1150 zur Verteidigung seines Landes eine Burg. Später entwickelte sich ein Gut und 1280 wird ein Johannes de Wolkow erwähnt. Im Jahre 1621 gehörte es zur Herrschaft Fretzdorf, denn bereits um 1503 soll Wulkow verwaist gewesen sein. Als die Familie von Warnstedt sich als Lehnsträger des Bischofs von Havelberg niederließ, entstand wieder eine Gutssiedlung. Da dieses Geschlecht ausstarb, folgte ihnen 1689 die Familie von Jürgaß, 1752 die von Saldern, die von Calbow und 1809 die von Rohr. Letztere bauten auch 1850 das noch bestehende zweieinhalbgeschossige Herrenhaus im normannischen Burgenstil, mit einem im runden Saal befindlichen Oberlicht. Im Jahre 1906 erwarb es der „Ostafrikakämpfer“ Oberleutnant Herrmann, dem 1933 Dr. Haykandt im Besitz folgte, der es seinem Sohn schenkte. Schon 1936 erwarb Graf von der Schulenburg den Besitz, der es wiederum bereits sechs Jahre später einem Herrn Edye aus Havelberg verkaufte. Dieser betrieb hier bis 1945 eine Saatzucht und wurde 1946 enteignet. Das Herrenhaus diente zu Wohn- und anderen Zwecken. Heute ist es wieder in Privatbesitz und kann nur äußerlich besichtigt werden.

Schloss Wustrau

16818 Wustrau-Altfriesack
Gemeinde Fehrbellin
Landkreis Ostprignitz-Ruppin

Die Ortsteile Wustrau und Altfriesack liegen am Ufer des Ruppiner Sees, südlich von Neuruppin und östlich der A 24. Bereits im 13. Jahrhundert siedelten hier Slawen. Wustrau wurde erstmals 1462 urkundlich genannt. Im Jahre 1690 wurde ein zweigeschossiges Kavaliershaus errichtet. Das alte Gutshaus war 1699 Geburtsort von Hans Joachim von Zieten, dem Spross einer preußischen Offiziersfamilie, der es vom Rittmeister zum Chef der Leibhusaren und bis zum General brachte. Der erste zweigeschossige Schlossbau im ländlich-barocken Stil entstand zwischen 1747 und 1750. Das heutige Aussehen geht auf das letzte Drittel des 19. Jahrhunderts unter Graf Albert-Julius von Zieten-Schwerin zurück. Er ließ unter anderem Nebenflügel, einen polygonalen Eckpavillon und neubarocken Fassadendekor schaffen. Das Treppenhaus des 18. Jahrhunderts wurde in die Neugestaltung einbezogen. Der umfangreiche Landschaftspark entstand um 1830 im englischen Stil. Der Eiskeller im Feldsteinbau an der Dorfstraße wurde 1750 von Friedrich Christian Glume d. J. mit zwei Hermen geziert. Während des Zweiten Weltkrieges wurde das Schloss von der SS-Wehrwirtschaftsführung und der zentralen SS-Führungsdienststelle genutzt. SS-Chef Heinrich Himmler hatte hier zum Kriegsende seinen Befehlsstand. Nach den Plünderungen zum Kriegsende wurde das Schloss verstaatlicht und für Notunterkünfte genutzt. Von 1950 bis 1975 war hier eine Berufs- bzw. Oberschule untergebracht, ab 1981 eine Fortbildungsstätte des DDR-Ministeriums der Justiz. Von 1983 bis 1988 und 1996 bekam das Schloss eine umfassende Restaurierung. Heute ist es Tagungsstätte der Deutschen Richterakademie, Außenstelle des Bundesjustizministeriums.

Havelschloss Zehdenick

16792 Zehdenick
Landkreis Oberhavel

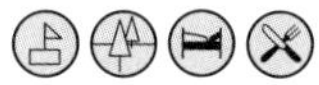

Nördlich von Oranienburg, an der B 109, liegt die Kleinstadt mit ihrem Schloss auf einer idyllischen Halbinsel direkt an der Havel. Stadt und Schloss haben eine Geschichte, die bis in das Mittelalter zurückreicht. Im Jahre 1216 wurde der „burgwardis Cedenic“ erwähnt, eine vor 800 Jahren errichtete Slawenburg. Auf ihr saßen wohl 1323 die Grafen von Lindow-Ruppin. Die Relikte der mittelalterlichen Grundmauern bildeten die Grundlage des späteren Renaissanceschlosses. Gericke von Holzendorf bekam 1416 vom Markgrafen Stadt und Schloss als Pfand. Es folgten 1421 Hans von Berge und 1424 wurde es

Havelschloss Zehdenick

Lehen des Werner von Holzendorf. Der Markgraf belehnte 1438 Hans von Arnim und seinen Neffen Jasper mit Schloss nebst allem Zubehör, das über 90 Jahre in deren Händen lag. 1528 erwarb das Schloss Kurfürst Joachim I. in einem Tausch gegen den Herrensitz Boitzenburg und nutzte es als Jagdschloss. Als während des Dreißigjährigen Krieges 1631 ein verheerender Stadtbrand ausbrach, fiel diesem das Renaissanceschloss zum Opfer. Die verbliebenen Steine setzte man für den Bau des Oranienburger Schlosses ein. Auf den Fundamenten des einstigen Havelschlosses errichtete man 100 Jahre später einen Fachwerkbau, in dem ein häufiger Besitzerwechsel vollzogen wurde. 1809 kaufte das Anwesen Oberamtmann Klemming, dessen Nachfahren es fast 100 Jahre als Privatwohnsitz inne hatten. In der Folge wurde der Herrensitz mehrfach umgebaut und vielfältig genutzt. Es ist ein stattliches eingeschossiges, später verputztes Fachwerkhaus mit Mansarddach aus der Zeit um 1700, über den gewölbten Kellern der zerstörten Burg erbaut. Den nördlichen Seitenflügel bekam es 1804. Wohnsitz des Amtmanns war es mehrfach im 18. und 19. Jahrhundert und wurde 1927 als Jugendheim Havelburg ausgebaut, restauriert und später verändert. Nochmals 1935 in Privatbesitz ging das Schloss an den Mühlenbesitzer Trambow bis zu dessen Enteignung. Zwischen 1952 bis 1995 befanden sich im Schloss ein Internat und ein Seniorenheim. Von 2001 bis 2003 wurde es durch die Familie Waffler vollständig rekonstruiert und

Schloss Zernikow

2004 der Öffentlichkeit mit Ferienwohnungen und Restaurant im mittelalterlichen Schlossgewölbe zugänglich gemacht. Auch ein Standesamt für Trauungen wurde mit einbezogen.

Schloss Zernikow

16775 Zernikow
Gemeinde Großwoltersdorf
Landkreis Oberhavel

Erstmals urkundlich erwähnt wurde Zernikow 1362, das im Naturpark Stechlin-Ruppiner Land, östlich von Rheinsberg liegt. Als das Rittergeschlecht derer von Zernikow Mitte des 17. Jahrhunderts wegen Verschuldung den Besitz nicht mehr halten konnte, erwarb 1737 Kronprinz Friedrich das Gut, das er 1740 seinem Geheimen Kammerherrn Michael Gabriel Fredersdorf schenkte. Fredersdorf erweiterte das Gut und ließ 1746 das Gutshaus nach Plänen des Knobelsdorffer Büros bauen. Der Eigentümer ließ von 1747 bis 1751 u. a. eine Maulbeerplantage anlegen. 1750 schloss er die Ehe mit der Bankierserbin Caroline Maria Elisabeth Daum. Nach dem Ableben ihres Gatten heiratete diese 1760 Johann Freiherr von Labes, dem sie die Kinder Amalie Karoline und Hans von Labes schenkte. Hans ließ später die Burg Schlitz erbauen und Amalie Karoline von Labes heiratete 1777 Joachim Erdmann Freiherr von Arnim. Aus dieser Ehe gingen die Kinder Carl Otto, genannt Pit von Arnim, und der spätere romantische Dichter Ludwig Achim hervor. Bis 1945 herrschten Friedmund Freiherr von Arnim und seine Frau Clara Freifrau von Arnim, geb. von Hagens, auf Schloss Zernikow, in dem Achim von Arnim als Kind häufig seine Ferien verbrachte, dem heute hier eine kleines Museum gewidmet ist. Der stattliche rechteckige zweigeschossige Putzbau unter Mansardwalmdach weist eine schlicht gegliederte Fassade auf. Zur Gartenseite liegt ein polygonaler Vorbau. Im Innern befindet sich eine Eichenholztreppe aus der Bauzeit und im Gartensaal eine Stuckdecke mit Rosetten. Heute bietet das Schloss Übernachtungen im Inspektorenhaus, Räume für Feierlichkeiten aller Art, Lesungen, Ausstellungen und Konzerte. Der Aufenthalt ist besonders bei Freunden des Reitsports beliebt.

Herrenhäuser Lohm, Zernitz-Lohm

Herrenhäuser Lohm

16845 Zernitz-Lohm

Landkreis Ostprignitz-Ruppin

Nur sieben Kilometer nordwestlich von Neustadt (Dosse), im äußersten Osten der Prignitz, sind die beiden Herrenhäuser von Zernitz-Lohm zu finden, dessen erste urkundliche Erwähnung 1336 als „tu Deme Luome" erfolgte. Urkundlich nachgewiesen ist auch, dass 1336 Heinrich und Jordan von Kröcher mit dem Dorp tho deme Lume belehnt wurden. Ihre Nachkommen waren es auch, die Lohm von 1512 bis 1522 wieder belebten. Dieses alte angesehene Adelsgeschlecht der Mark besaß beide Güter im Ort, die das Dorf bis 1945 prägten. Hans von Kröcher war von 1817 bis 1850 Landrat des Kreises Ostprignitz. Beide barocken Herrenhäuser der einstigen Güter sind noch gut erhalten. Das eine ist ein sparsam gegliederter Putzbau von 1737, mit einem zweigeschossigen Corps de Logis zum Garten. Er wird von zwei eingeschossigen Flügeln flankiert. Über dem hofseitigen Eingang das Allianzwappen Georg Vollraths von Kröcher und Sophie Charlottes von Winterfeldt. Heute befinden sich im Haus Wohnungen und ein Friseursalon. Der zweite stattliche Putzbau trägt ein hohes Mansardwalmdach und wurde 1745 erbaut. Das Portal besitzt eine reiche Sandsteinrahmung mit darüberliegendem Allianzwappen Caspar Achims von Kröcher und Sophia Magdalenas von Platen. Die Gartenseite zieren ein jüngerer Balkonvorbau und seitlich stehende eingeschossige Kavalierhäuser mit Mansardzeltdach. In den Jahren 1995/96 wurde das Herrenhaus restauriert und ist in Privatbesitz.

Burg und Schloss Zichow

16306 Zichow
Landkreis Uckermark

Zichow ist slawischen Ursprungs und wurde erstmals in einer Urkunde des Klosters Gramzow aus dem Jahre 1288 erwähnt. Zu finden ist der Ort nördlich von Angermünde und nordwestlich von Schwedt/Oder, nahe der B 166. Während der deutschen Ostkolonisation im 13. Jahrhundert wurde eine **Burg** erbaut, von der heute nur noch der urkundlich erstmals 1527 genannte Bergfried mit hoch gelegenem Einstieg steht. Das Obergeschoss und der Helmabschluss wurden nach 1945 abgetragen. Die Bezeichnung als Hungerturm weist wohl auf die Nutzung als Gefängnis hin. Im Vertrag von Oderberg aus dem Jahre 1354 ist festgehalten, dass Markgraf Ludwig II. der Römer die Burg an Pommern abgegeben hat, welches auch in den Grenzverträgen von 1355 erwähnt wurde. Die Anlage ging 1447 unter Kurfürst Friedrich II. wieder an Brandenburg zurück und wurde 1449 zur Unterhaltung sowie Bemannung an Hans von Beerfelde verpfändet. Auch hier tauchen 1456 die Herren von Arnim als Besitzer auf, die nach einem Brand 1745 ein zweigeschossiges **Schloss** auf den Grundmauern errichteten. Es zeigt im Giebel das Wappen der Familie von Arnim. Die rechtwinklig zueinander stehenden Flügel sind mit Eckrustizierung und Mansardwalmdächern versehen. Das Schloss unterliegt zurzeit keiner Nutzung.

Burg und Schloss Zichow

Burg Ziesar

Burg Ziesar

14793 Ziesar

Landkreis Potsdam-Mittelmark

Etwas mehr als 20 Kilometer südwestlich von Brandenburg, an der B 107 und der A 2, liegt die Burg Ziesar, in einer Stiftungsurkunde des Bistums Brandenburg erstmals 948 oder 965 als civitas „Ezeri" erwähnt. In diesem Zusammenhang wurde sie dem Bischof von Brandenburg als Grundbesitz übertragen. Gelegen auf einem Höhenrücken zwischen Seen und dem Feuchtgebiet des Fiener Bruchs, diente die Burg zur Sicherung der Verbindungswege zwischen Magdeburg und Brandenburg. Um 1350 bis 1560 wurde die Anlage zur bischöflichen Residenz ausgebaut, die im Hauptteil Bischof Dietrich von Stechow vollendete. Ihm wird auch der Bau der noch bestehenden Kapelle und im Erdgeschoss der kreuzgewölbte Saal mit Fußbodenheizung und repräsentativer Fassadengestaltung zugeschrieben. Ausgemalt wurden die bischöflichen Wohnräume im 16. Jahrhundert und erhalten haben sich bis heute Maßwerk- und Vorhangmalereien sowie ein Erkerraum. Von 1740 bis 1745 riss man die Vorburg ab. Neben dem Eingang befindet sich eine überlebensgroße Sandsteinskulptur, wohl aus dem späten 18. Jahrhundert. Zwei ähnliche Wächterfiguren aus der Werkstatt von Alexander Calandrelli entdeckt man noch vor dem Burgtor und dem Bergfried. Friedrich II. ließ 1775 im Vorfeld der Burg ein Gebäude mit einer barocken Gartenanlage errichten, die dem König während der jährlichen Inspektionsreisen sowie Gästen als Reisequartier dienen sollte. Im Zuge der Reformation blieb die Verwaltung des Kurfürstlich-brandenburgischen Amtes von 1570 bis 1819 auf der Burg, die von 1820 bis 1945 in Privatbesitz überging. Von 1917 bis 1945 hatte die Burg der Geheime Kriegsrat Paul Schneider im Besitz. Nach 1945 wurde die Burg verstaatlicht. Flüchtlinge fanden 1946 eine Unterkunft. Sie wurde von 1955 bis 1993 als Schulinternat genutzt und von 2001 bis 2005 zur musealen Nutzung für die Dauerausstellung „Wege in die Himmelsstadt" hergerichtet. Auf der Anlage findet der Besucher die Touristinformation und es gibt Räumlichkeiten für Feste aller Art, aber auch Open-Air-Veranstaltungen finden im Burghof statt.

Schloss Zinnitz

03205 Zinnitz
Stadt Calau
Landkreis Oberspreewald-Lausitz

Zinnitz liegt in der Niederlausitz, im Naturpark Niederlausitzer Landrücken, südöstlich von Luckau und südwestlich von Lübbenau nahe der A 13. Im Jahre 1255 wurde der Ort erstmals urkundlich erwähnt. Jan von Buxdorf und seine Brüder saßen hier ab 1434 und noch 1655 hatte mit Heinrich von Buxdorf diese Familie das Gut im Besitz. 1784 baute Major Friedrich Gottlob von Schladen ein neues zweigeschossiges verputztes Rechteckhaus, wohl schon mit seitlichem Belvedereturm. Zahlreich wechselten sich noch bis

Schloss Zinnitz

1939 namhafte Generäle und Staatsminister, so Erasmus Robert Freiherr von Patow 1786, unter Friedrich Wilhelm IV. als Besitzer ab. Einen eingreifenden Umbau erhielt die Anlage 1864 in Formen der späten Schinkelschule, schon dem Historismus zuneigend. Die Hauptfassade mit dreiachsig übergiebeltem Mittelrisalit ist von korinthischen Pilastern gegliedert. Generalmajor Egon Freiherr von Patow erneuert 1882 den Gutshof. Im Jahre 1917 kauft die Ilse Bergbau AG das Anwesen und von 1939 bis 1944 ist es Arbeitsmaidenlager. Von 1949 bis 1990 beherbergte das Schloss eine Schule, LPG und die Gemeindeverwaltung. Der Architekt Robert Viktor Scholz kaufte 1992 die Anlage und rekonstruiert sie. Die Turmrekonstruktion war 2000 fertig gestellt.

Herrenhaus Zützen

16303 Zützen
Stadt Schwedt/Oder
Landkreis Uckermark

Das Dorf Zützen liegt im Nationalpark Unteres Odertal, unmittelbar südlich von Schwedt/Oder an der polnischen Staatsgrenze. Ersterwähnung in einem Vertrag von 1354 als „wendischen dorppe tzützen bie der Oder“. Das Rittergut, welches bis 1945 bestand, ist in mehreren Lehnsurkunden belegt. Der königlich-preußische Regierungspräsident und Politiker Axel von Colmar war Gutsherr in Zützen. Gegenüber dem Herrenhaus befand sich der Speicher und östlich liegen die Reste des nach Plänen von Peter Joseph Lenné ab 1832 angelegten Landschaftsparks. In unmittelbarer Nachbarschaft der Kirche liegt das Mausoleum, welches 1792/93 der ehemalige Besitzer, Christian Bernhard von Bredow, als Begräbnisstätte für seine Familie bauen ließ. Bredow wollte wohl die Innenbemalung, auf der ein Sensenmann ein Stundenglas und eine Sense als Symbole des Todes hält. Heute befindet sich im Herrenhaus der Sitz einer Firma und Ferienwohnungen.

Herrenhaus Zützen

Objektregister

Berlin

Brandenburg

Objektregister

Objektregister

Objektregister

Objektregister

Objektregister

Objektregister

Objektregister

Objektregister

Quellenverzeichnis

Georg Dehio
Handbuch der Deutschen Kunstdenkmäler, Berlin
Deutscher Kunstverlag, München, Berlin 2006

Georg Dehio
Handbuch der Deutschen Kunstdenkmäler, Brandenburg
Deutscher Kunstverlag, München, Berlin 2000

Bruno J. Sobotka und Jürgen Strauss
Burgen, Schlösser, Gutshäuser in Brandenburg und Berlin
Konrad Theiss Verlag GmbH & Co., Stuttgart 1996

Knaurs Kulturführer, Brandenburg
Droemersche Verlagsanstalt Th. H. Knaur, München 1991

Faszination Burgen und Schlösser Brandenburg
Verlagsgruppe Weltbild GmbH, Augsburg 2006

Knaurs Kulturführer, Berlin
Droemersche Verlagsanstalt Th. H. Knaur, München 1995

Neuhardenberg, Schloss und Park
DKV-Kunstführer
Deutscher Kunstverlag GmbH Berlin, München, 2009

Thaddäus Troll
Romantische Burgen in Deutschland
Sigloch Edition, Künzelsau – Thalwil – Salzburg, 1979
Autorisierte Lizenzausgabe für den Stürtz Verlag Würzburg

Hermann Boekhoff, Gerhard Joop, Fritz Winzer (Hrsg.)
Paläste, Schlösser, Residenzen – Zentren europäischer Geschichte
Schuler Verlagsgesellschaft München

Norbert Lewandowski
Schlösser und Burgen in Deutschland
Bruckmann, München 1995

Hans-Joachim Giersberg
Königliche Schlösser In Berlin und Brandenburg
Stiftung Preußische Schlösser und Gärten Berlin-Brandenburg
E. A. Seemann Verlag, Leipzig 2001

Quellenverzeichnis

Paul Mahrt, Roger Rössing
Schlösser und Herrenhäuser in Brandenburg
Verlag Weidlich/Flechsig, Würzburg 1995

Schencks Schlösser & Gärten
Schenck Verlag GmbH, Hamburg 2008

Schlösser und Gärten um Berlin
Georg Piltz
VEB E. A. Seemann Verlag Leipzig

Burgen und Schlösser der Hohenzollern,
Friedrich J. Wörner
Drei Lilien Verlag GmbH, Wiesbaden 1981

Des Weiteren wurden uns Auskünfte (mündlich und schriftlich) sowie Schriftstücke, Auszüge, Kopien u. a. Materialien von Besitzern der Anwesen, Hotels, Museen und von den Fremdenverkehrsvereinen freundlichst überlassen, wofür wir uns an dieser Stelle recht herzlich bedanken. Auch Schautafeln an den Objekten sowie das Internet haben wir als Quellen genutzt.